LES AVENTURES

DE

MAITRE RENART

ET

D'YSENGRIN SON COMPERE

Une risée et un gabet.

(PIERRE DE SAINT-CLOUD.)

LES AVENTURES

DE

MAITRE RENART

ET

D'YSENGRIN SON COMPERE

MISES EN NOUVEAU LANGAGE
RACONTÉES DANS UN NOUVEL ORDRE ET SUIVIES DE NOUVELLES
RECHERCHES SUR LE ROMAN DE RENART

PAR

A. PAULIN PARIS

MEMBRE DE L'INSTITUT, PROFESSEUR DE LANGUE ET LITTERATURE
DU MOYEN AGE AU COLLEGE DE FRANCE

PARIS

J. TECHENER, LIBRAIRE

RUE DE L'ARBRE-SEC 52

M DCCC LXI
1860

A

PAULINE T....

Il y a deux ans, ma chère Paula (c'est du plus vieux qu'il te souvienne), que nous trouvant tous ensemble à Avenay, tu t'avisas de pousser, en sautant et en chantonnant, la porte d'une chambre dans laquelle je m'étois retiré pour achever la *Table des matières* d'un livre qui ne t'intéressera pas de longtemps, si jamais il t'intéresse. Tu interrompis tes fredons, et posant ta terrible petite main sur mes paquets alphabétiques : « Grand-papa, qu'est-ce « que vous faites là ? — Laisse-moi, cher « enfant ; va jouer ailleurs. — Maman dit « que vous faites un livre. C'est vrai ? Com- « ment donc qu'on fait un livre ? — Laisse- « moi. — Oh ! grand-papa, dites, dites !

« je vous en prie ! — Eh bien ! on prend
« une plume, du papier et de l'encre; on
« écrit des lettres qui font des mots, puis
« des lignes et puis des pages. Quand on
« a fait beaucoup de lignes et qu'on a
« rempli beaucoup de pages, on attache
« les pages avec du fil, on y met une
« belle couverture et le livre est fait. —
« Ah ! c'est comme ça qu'on fait un livre ?
« alors, ça n'est pas bien difficile. Grand-
« papa, voulez-vous me faire un livre ?
« — Allons, laisse-moi. — Je vous en
« prie, faites-moi un livre ! mais un livre
« à moi, comme *Lydie de Gersin*, les *Con-
« tes de Fées*, les *Fables de La Fontaine*.
« — Rien que cela ! — Vous voulez bien,
« grand-papa ? — Mais tu as déjà tous ces
« livres-là. — Oui, même que j'ai la
« grammaire et que j'apprends mes ver-
« bes; mais celui-là je ne l'aime pas. —
« Tu sais par cœur maître Corbeau; ta
« maman t'a fait lire, bien souvent j'en
« suis sûr, comment la petite Lydie étoit
« un jour assise à regarder des images;
« ta bonne t'a conté l'histoire du Petit
« Poucet et de la Belle au bois dormant.
« — Oui, grand-papa. Aussi je ne vous

« demande pas ces livres-là, puisque je
« les connois et que je les ai. Maman
« m'a donné Lydie, ma sœur Michette
« m'a donné ses contes de fées, et Mamoi-
« selle m'a donné ma grammaire. Mais si
« vous me faisiez un livre, je dirois : c'est
« grand-papa qui m'a donné ce livre de....
« de quoi, grand-papa ? dites.

« — Eh bien, cher enfant, *de Maître*
« *Renart et de son compère Ysengrin*.

« — Maître Renart ? oh ! je le connois
« aussi celui-là. C'est lui qui a mangé le
« fromage au Corbeau ; qui invita à dîner
« commère la Cigogne ; qui laissa dans le
« puits son compagnon, son bon ami Bouc;
« qui vouloit embrasser (censé) le vieux
« coq, pour le manger, et qui trouvoit
« les raisins trop verts, parce qu'il n'y
« pouvoit atteindre. Mais Ysengrin.... je
« sais pas.

« — Eh bien, tu feras connoissance
« avec lui. Tu verras son histoire dans ton
« livre, et tu en verras bien d'autres, des
« histoires; même qui ont amusé, il y a
« longtemps longtemps, des enfans, je
« ne dis pas plus sages, mais plus grands
« que toi.

« — Pourquoi qu'elles ne les amusent
« plus maintenant?

« — Oh! parce que celui qui a fait le
« livre ne parloit pas comme on parle au-
« jourd'hui, et qu'on n'entendroit plus ce
« qu'il disoit. Mais vois-tu, mon enfant, je
« comprends un peu ce qu'il a voulu dire,
« et, pour te faire plaisir, je changerai les
« anciens mots qu'il écrivoit, pour en faire
« des histoires nouvelles que tout le monde
« pourra lire; quand on saura lire, s'en-
« tend.

« — Tout le monde, grand-papa? Est-
« ce que tout le monde aura mon livre?

« — Non; mais, quand je te l'aurai
« donné, tu permettras bien aux mar-
« chands de livres d'en vendre d'autres
« tout pareils, n'est-ce pas?

« — Oh! oui, pourvu que ça soye tou-
« jours mon livre.

« — Ça le sera toujours; j'écrirai tout
« au devant que je l'ai commencé et fini
« pour faire plaisir à ma chère petite-fille,
« à ma chère petite Paula.

« — Oh! grand-papa, que je vous remer-
« cie! Je vais bien travailler avec Mamoi-
« selle, pour lire plus vite et plus couram-

« ment dans mon livre, quand vous me
« le donnerez. Et quand je l'aurai ? dites.

« — Ah ! dame, on ne fait pas un livre
« aussi vite qu'une poulette en papier. Il
« faut beaucoup de temps, vois-tu, pour
« cela ; un an, deux ans peut-être. Mais,
« toutes les fois que je voudrai m'amuser,
« j'écrirai de Renart, et je ferai tant et
« tant de pages que le livre finira par
« être fini. Mais, cher enfant, il faut t'a-
« vertir d'une chose ; écoute-moi bien. Si
« je te faisois un livre de tout petite fille,
« tu ne voudrois déjà plus l'ouvrir dans
« deux ans, quand je te le donnerai : en-
« core moins dans quatre ans, dans dix
« ans; car tu auras un jour quinze ans. Il
« faut donc tâcher à rendre notre livre
« amusant pour des personnes plus gran-
« des et plus respectables que tu n'es et
« que tu ne seras encore de longtemps. Je
« ne voudrois pas que tu dises : bah ! c'est
« le livre de grand-papa ; il n'est bon que
« pour les enfans. Au contraire, je serois
« content s'il pouvoit te faire plaisir, d'a-
« bord dans deux ans, puis quand tu seras
« tout à fait grande fille. Seulement, quand
« je te le donnerai pour les étrennes

« de 1861, tu laisseras les dernières pages ;
« parce qu'à l'âge de sept ans on ne s'a-
« muse pas aux histoires de vieux livres.
« Mais, plus tard, si tu veux savoir un peu
« comment on avoit imaginé de mettre
« en écrit ces contes de Messieurs Renart,
« Ysengrin, Chantecler, Tybert et Tiecelin,
« tu liras les *Études* (censé) que j'adresse,
« en finissant, à des personnes un peu plus
« grandes que toi. Puisse-tu, ma chère
« enfant, garder ce livre jusqu'au temps
« où toi-même tu seras grand'maman, ce
« qui, je t'en avertis, au train dont vont
« toutes choses, ne tardera guères :
« puisse-tu dire alors à tes petits-enfans
« que toi aussi, tu avois autrefois de
« grands parens qui t'aimoient beau-
« coup beaucoup, et leur montrer, à
« preuve, ce livre des *Aventures de Maî-*
« *tre Renart*, que j'aurai fait pour toi, et
« que, sans toi, chère petite Paula, je
« n'aurois jamais eu la pensée de faire. »

25 octobre 1860.

AVIS.

Je dois avertir mes jeunes lecteurs que j'ai conservé dans ce livre un petit nombre de mots vieillis, dont le *Dictionnaire de l'Académie* ne me donnoit plus le parfait équivalent. Je ne crois pas avoir abusé de cette liberté : mais comment raconter les aventures de damp Renart sans nommer les *bacons*, ces quartiers de porc frais ou salé qui tenoient une si grande place sur la table de nos pères? Nos *jambonneaux*, nos *jambons* eux-mêmes, n'en sont qu'un méprisable diminutif.

Au lieu du joli mot de *geline*, on dit aujourd'hui *poule* : passe encore pour *poulette*, au lieu de *geli-*

notte; mais le gelinier étant le théâtre assez ordinaire des hauts faits de Renart, j'aurois craint de trop avilir mon héros en le montrant si souvent dans le poulailler.

J'ai laissé ces anciennes façons de parler, *être en bon* ou *en mauvais point*, parce que de là nous avons formé notre *embonpoint;* de même l'*aguet appensé*, qui nous a laissé guet-apens.

On a perdu *defermer*, qui étoit un mot bien fait, je l'ai gardé. — *Être séjourné*, c'est-à-dire reposé comme ceux qui sont restés plusieurs jours sans sortir.

Le *fau*, du latin *fagus*, n'est pas oublié en province; il l'est à Paris, où l'on ne connoît guères le *hêtre* que par les traductions de Virgile et les romances pastorales.

On verra le chien Rooniaus désigné comme *justice* dans le procès de Renart. C'est encore, en Angleterre aujourd'hui, le juge ou le président d'un tribunal. Le *plaids* est l'instruction et la décision de la cour. Il y a lieu de croire que le mot tant reproché aux ordonnances de nos rois : *tel est notre plaisir*, étoit la traduction consacrée du *tale placitum* de l'ancienne cour du Roi.

Les *montres* étoient les revues de l'*ost* ou armée que l'on passoit pour compter ceux qui avoient droit aux *soudées* ou *soldes* du mois ou de l'année.

Le *graile* étoit un instrument sonore en cuivre de l'espèce des cors et trompes.

La *rotruenge* étoit un air à refrain ou ritournelle.

Les *grenons* étoient nos moustaches d'aujourd'hui, et les *barbes* du renard ou du chat.

Les *brachets* étoient de petits chiens courants; les *gaignons*, des chiens de garde, dogues ou mâtins.

Dans une ferme il y avoit le *plessis*, dépendance immédiate du domaine, et le *courtil*, ordinairement fermé de haies ou de murs.

Enfin le *moutier* étoit l'église plutôt que le monastère; et le *prouvère* (presbyter), le curé du moutier.

PROLOGUE.

Où l'on voit comment le Goupil et le Loup vinrent au monde, et pourquoi le premier s'appellera Renart, le second Ysengrin.

SEIGNEURS, vous avez assurément entendu conter bien des histoires : on vous a dit de Paris comment il ravit Helene, et de Tristan comme il fit le lai du Chevrefeuil ; vous savez le dit du Lin et de la Brebis, nombre de fables et chansons de geste : mais vous ne connoissez pas la grande guerre, qui ne finira jamais, de Renart et de son compère Ysengrin. Si vous voulez, je vous dirai comment la querelle prit naissance et, avant tout, comment vinrent au monde les deux barons.

Un jour, j'ouvris une armoire secrète, et j'eus le bonheur d'y trouver un livre qui traitoit de la chasse. Une grande lettre vermeille arrêta mes yeux ; c'étoit le commencement de la vie de Renart. Si je ne l'avois pas lue, j'aurois pris pour un homme ivre celui qui me l'eût contée; mais on doit du respect à l'écriture et, vous le savez, celui qui n'a pas confiance aux livres est en danger de mauvaise fin.

Le Livre nous dit donc que le bon Dieu, après avoir puni nos premiers parens comme ils le méritoient, et dès qu'ils furent chassés du Paradis, eut pitié de leur sort. Il mit une baguette entre les mains d'Adam et lui dit que, pour obtenir ce qui lui conviendroit le mieux, il suffisoit d'en frapper la mer. Adam ne tarda pas à faire l'épreuve : il étendit la baguette sur la grande eau salée; soudain il en vit sortir une brebis. « Voilà, » ce dit-il, « qui « est bien ; la brebis restera près de nous, « nous en aurons de la laine, des fromages et « du lait. »

Eve, à l'aspect de la brebis, souhaita quelque chose de mieux. Deux brebis, pensa-t-elle, vaudront mieux qu'une. Elle pria donc son époux de la laisser frapper à son tour. Adam (nous le savons pour notre malheur), ne pouvoit rien refuser à sa femme : Eve reçut de lui la baguette et l'étendit sur les flots; aussitôt parut un méchant animal, un loup, qui, s'élançant sur la brebis, l'emporta vers la forêt voisine. Aux cris douloureux d'Eve, Adam reprit la baguette : il frappe ; un chien s'élance à la poursuite du loup, puis revient, ramenant la brebis déjà sanglante.

Grande alors fut la joie de nos premiers parens. Chien et brebis, dit le Livre, ne peuvent vivre sans la compagnie de l'homme. Et toutes les fois qu'Adam et Eve firent usage de la baguette, de nouveaux animaux sortirent de la mer : mais avec cette différence qu'Adam faisoit naître les bêtes apprivoisées, Eve les animaux sauvages qui tous, comme le loup, prenoient le chemin des bois.

Au nombre des derniers se trouva le goupil, au poil roux, au naturel malfaisant, à l'intelligence assez subtile pour decevoir toutes les bêtes du monde. Le goupil ressembloit singulièrement à ce maître-passé dans tous les genres de fourberies, qu'on appelloit Renart, et qui donne encore aujourd'hui son nom à tous ceux qui font leur étude de tromper et mentir. Renart est aux hommes ce que le goupil est aux bêtes : ils sont de la même nature ; mêmes inclinations, mêmes habitudes ; ils peuvent donc prendre le nom l'un de l'autre.

Or Renart avoit pour oncle sire Ysengrin, homme de sang et de violence, patron de tous ceux qui vivent de meurtre et de rapine. Voilà pourquoi, dans nos récits, le nom du loup va se confondre avec celui d'Ysengrin.

Dame Hersent, digne épouse du larron Ysengrin, cœur rempli de félonie, visage rude et couperosé, sera, par une raison pareille, la marraine de la louve. L'une fut insatiable autant que l'autre est gloutonne : mêmes dispositions, même caractère ; filles, par conséquent, de la même mère. Il faut pourtant l'avouer : il n'y a pas eu de parenté véritable entre le loup et le goupil : seulement, quand ils se visitoient et qu'il y avoit entre eux communauté d'intérêts et d'entreprises, le loup traitoit souvent le goupil de beau neveu ; l'autre le nommoit son oncle et son compère. Quant à la femme de Renart, dame Richeut, on peut dire qu'elle ne cède pas en fourbe à la goupille, et que si l'une est chatte, l'autre est mitte. Jamais on ne vit deux couples mieux assortis ; même penchant à la ruse dans Renart et dans le goupil ; même rapacité dans la goupille et dans Richeut.

Et maintenant, Seigneurs, que vous connoissez Ysengrin le loup et Renart le goupil, n'allez pas vous émerveiller de voir ici parler le goupil et le loup, comme pouvoient le faire Ysengrin et Renart : les bons frères qui demeurent à notre porte, racontent que la même chose arriva jadis à l'ânesse d'un prophète que j'ai entendu nommer Balaam. Le roi Balaac lui avoit fait promettre de maudire les enfans d'Israël; Notre Seigneur qui ne le voulut souffrir, plaça devant l'ânesse son ange armé d'un glaive étincelant. Balaam eut beau frapper la pauvre bête, le fouet, le licou, les talons n'y faisoient rien; enfin, l'ânesse, avec la permission de Dieu, se mit à dire : « Laissez-moi, « Balaam, ne me frappez pas; ne voyez-vous « pas Dieu qui m'empêche d'avancer ? » Assurément Dieu peut, et vous n'en doutez pas, donner également la parole à toutes les autres bêtes; il feroit même plus encore : il décideroit un usurier à ouvrir par charité son escarcelle. Cela bien entendu, écoutez tout ce que je sais de la vie de Renart et d'Ysengrin.

LIVRE PREMIER.

AVENTURE PREMIERE

Comment Renart emporta de nuit les bacons d'Ysengrin.

RENART, un matin, entra chez son oncle, les yeux troubles, la pelisse hérissée. « Qu'est-ce, beau neveu? tu pa- « rois en mauvais point, » dit le maître du logis; « serois-tu malade? — Oui; « je ne me sens pas bien. — Tu n'as pas « déjeûné? — Non, et même je n'en ai pas « envie. — Allons donc! Ça, dame Hersent, « levez-vous tout de suite, préparez à ce cher « neveu une brochette de rognons et de rate; « il ne la refusera pas. »

Hersent quitte le lit et se dispose à obéir. Mais Renart attendoit mieux de son oncle; il voyoit trois beaux bacons suspendus au faîte de la salle, et c'est leur fumet qui l'avoit attiré. « Voilà, » dit-il, « des bacons bien aventurés! « savez-vous, bel oncle, que si l'un de vos voi-

« sins (n'importe lequel, ils se valent tous) les
« apercevoit, il en voudroit sa part? A votre
« place, je ne perdrois pas un moment pour
« les détacher, et je dirois bien haut qu'on
« me les a volés. — Bah! » fit Ysengrin, « je
« n'en suis pas inquiet; et tel peut les voir qui
« n'en saura jamais le goût. — Comment! si
« l'on vous en demandoit? — Il n'y a demande
« qui tienne; je n'en donnerois pas à mon neveu,
« à mon frère, à qui que ce soit au monde. »

Renart n'insista pas; il mangea ses rognons et prit congé. Mais, le surlendemain, il revint à la nuit fermée devant la maison d'Ysengrin. Tout le monde y dormoit. Il monte sur le faîte, creuse et ménage une ouverture, passe, arrive aux bacons, les emporte, revient chez lui, les coupe en morceaux et les cache dans la paille de son lit.

Cependant le jour arrive; Ysengrin ouvre les yeux : Qu'est cela? le toit ouvert, les bacons, ses chers bacons enlevés! « Au secours! au vo-
« leur! Hersent! Hersent! nous sommes per-
« dus! » Hersent, réveillée en sursaut, se lève échevelée : « Qu'y a-t-il? Oh! quelle aven-
« ture! Nous, dépouillés par les voleurs! A qui
« nous plaindre! » Ils crient à qui mieux mieux, mais ils ne savent qui accuser; ils se perdent en vains efforts pour deviner l'auteur d'un pareil attentat.

Renart cependant arrive : il avoit bien mangé, il avoit le visage reposé, satisfait. « Eh!
« bel oncle, qu'avez-vous? vous me paroissez
« en mauvais point; seriez-vous malade? — Je
« n'en aurois que trop sujet; nos trois beaux
« bacons, tu sais? on me les a pris! — Ah! »
répond en riant Renart, « c'est bien cela! oui,
« voilà comme il faut dire : on vous les a
« pris. Bien, très-bien! mais, oncle, ce n'est
« pas tout, il faut le crier dans la rue, que vos
« voisins n'en puissent douter. — Eh! je te dis
« la vérité; on m'a volé mes bacons, mes
« beaux bacons. — Allons! » reprend Renart,
« ce n'est pas à moi qu'il faut dire cela : tel se
« plaint, je le sais, qui n'a pas le moindre mal.
« Vos bacons, vous les avez mis à l'abri des
« allans et venans; vous avez bien fait, je vous
« approuve fort. — Comment! mauvais plai-
« sant, tu ne veux pas m'entendre? je te dis
« qu'on m'a volé mes bacons. — Dites, dites
« toujours. — Cela n'est pas bien, » fait alors
dame Hersent, « de ne pas nous croire. Si
« nous les avions, ce seroit pour nous un
« plaisir de les partager, vous le savez bien. —
« Je sais que vous connoissez les bons tours.
« Pourtant ici tout n'est pas profit : voilà votre
« maison trouée; il le falloit, j'en suis d'ac-
« cord, mais cela demandera de grandes ré-
« parations. C'est par là que les voleurs sont

« entrés, n'est-ce pas? c'est par là qu'ils se
« sont enfuis? — Oui, c'est la vérité. — Vous
« ne sauriez dire autre chose. — Malheur en
« tout cas, » dit Ysengrin, roulant des yeux,
« à qui m'a pris mes bacons, si je viens à le
« découvrir! » Renart ne répondit plus; il fit
une belle moue, et s'éloigna en ricanant sous
cape. Telle fut la première aventure, les *Enfances* de Renart. Plus tard il fit mieux, pour
le malheur de tous, et surtout de son cher
compère Ysengrin.

DEUXIEME AVENTURE

Comment Renart entra dans la ferme de Constant Desnois; comment il emporta Chantecler et comment il ne le mangea pas.

Puis, un autre jour, il arrive à Renart de se présenter devant un village au milieu des bois, fort abondamment peuplé de coqs, gelines, jars, oisons et canards. Dans le plessis, messire Constant Desnois, un vilain fort à l'aise, avoit sa maison abondamment garnie des meilleures provisions, de viandes fraiches et salées. D'un côté, des pommes et des poires; de l'autre le parc aux bestiaux, formé d'une enceinte de pieux de chêne recouverts d'aubépins touffus.

C'est là que Constant Desnois tenoit ses gelines à l'abri de toute surprise. Renart, entré dans le plessis, s'approche doucement de la clôture. Mais les épines entrelacées ne lui permettent pas de franchir la palissade. Il entrevoit les gelines, il suit leurs mouvemens, mais il ne sait comment les joindre. S'il quitte l'endroit où il se tenoit accroupi, et si même il ose tenter de bondir au-dessus de la barrière, il sera vu sans aucun doute, et pendant que les gelines se jetteront dans les épines, on lui donnera la chasse, on le happera, il n'aura pas le temps d'ôter une plume au moindre poussin. Il a beau se battre les flancs et, pour attirer les gelines, baisser le cou, agiter le bout de sa queue, rien ne luy réussit.

Enfin, dans la clôture, il avise un pieu rompu qui lui promet une entrée facile : il s'élance et tombe dans une plate-bande de choux que le vilain avoit ménagée. Mais le bruit de sa chûte avoit donné l'éveil à la volatile ; les gelines effrayées se sauvent vers les bâtimens. Ce n'étoit pas le compte de Renart. D'un autre côté, Chantecler le coq revenoit d'une reconnoissance dans la haie ; Il voit fuir ses vassales, et ne comprenant rien à leur effroi, il les rejoint la plume abaissée, le col tendu. Alors, d'un ton de reproche et de mécontentement : « Pourquoi cette presse « à regagner la maison ? Etes-vous folles ? » Pinte, la meilleure tête de la troupe, celle qui pond les plus gros œufs, se charge de la réponse : « C'est que nous avons eu bien peur. — « Et de quoi ? Est-ce au moins de quelque « chose ? — Oui. — Voyons. — C'est d'une « bête des bois qui pouvoit nous mettre en « mauvais point. — Allons ! » dit le coq, « ce n'est rien apparemment ; restez, je ré- « ponds de tout. — Oh ! tenez, » cria Pinte, « je viens encore de l'apercevoir. — Vous ? — « Oui ; au moins ai-je vu remuer la haie et « trembler les feuilles de chou sous lesquelles « il se tient caché. — Taisez-vous, sotte que « vous êtes, » dit fièrement Chantecler, « com- « ment un goupil, un putois même pourroit-il « entrer ici : la haie n'est-elle pas trop serrée ? « Dormez tranquilles ; après tout, je suis là « pour vous défendre. »

Chantecler dit, et s'en va gratter un fumier qui sembloit l'intéresser vivement. Cependant, les paroles de Pinte lui revenoient, et sans savoir ce qui lui pendoit à l'œil, il affectoit une tranquillité qu'il n'avoit pas. Il monte sur la pointe d'un toit, là, un œil ouvert et l'autre clos, un pied crochu et l'autre droit, il observe et regarde çà et là par intervalles, jusqu'à ce que las de veiller et de chanter, il se laisse involontairement aller au sommeil. Alors il est visité pas un songe étrange : il croit voir un objet qui de la cour s'avance vers lui, et lui cause un frisson mortel. Cet objet lui présentoit une pelisse rousse engoulée ou bordée de petites pointes blanches; il endossoit la pelisse fort étroite d'entrée, et, ce qu'il ne comprenoit pas, il la revêtoit par le collet, si bien qu'en y entrant, il alloit donner de la tête vers la naissance de la queue. D'ailleurs, la pelisse avoit la fourrure en dehors, ce qui étoit tout à fait contre l'usage des pelisses.

Chantecler épouvanté tressaille et se réveille : « Saint-Esprit ! » dit-il en se signant, « défends « mon corps de mort et de prison ! » Il saute en bas du toit et va rejoindre les poules dispersées sous les buissons de la haie. Il demande Pinte, elle arrive. « Ma chère Pinte, je te l'a« voue, je suis inquiet à mon tour. — Vous « voulez vous railler de nous apparemment, » répond la geline; « vous êtes comme le chien « qui crie avant que la pierre ne le touche. « Voyons, que vous est-il arrivé ? — Je viens « de faire un songe étrange, et vous allez m'en « dire votre avis. J'ai cru voir arriver à moi « je ne sais quelle chose portant une pelisse « rousse, bien taillée sans trace de ciseaux.

« J'étois contraint à m'en affubler; la bordure
« avoit la blancheur et la dureté de l'ivoire;
« la fourrure étoit en dehors, on me la passoit
« en sens contraire, et comme j'essayois de
« m'en débarrasser, je tressaillis et me re-
« veillai. Dites-moi, vous qui êtes sage, ce qu'il
« faut penser de tout cela. »

« Eh bien tout cela, » dit sérieusement
Pinte; « n'est que songe, et tout songe, dit-
« on, est mensonge. Cependant je crois de-
« viner ce que le vôtre peut annoncer. L'objet
« porteur d'une rousse pelisse n'est autre que
« le goupil, qui voudra vous en affubler. Dans
« la bordure semblable à des grains d'ivoire,
« je reconnois les dents blanches dont vous
« sentirez la solidité. L'encolure si étroite de la
« pelisse c'est le gosier de la méchante bête;
« par elle passerez-vous et pourrez-vous de
« votre tête toucher la queue dont la fourrure
« sera en dehors. Voilà le sens de votre songe;
« et tout cela pourra bien vous arriver avant
« midi. N'attendez donc pas, croyez-moi;
« lâchons tous le pied, car je vous le répète,
« il est là, là dans ce buisson, épiant le mo-
« ment de vous happer. »

Mais Chantecler, entièrement réveillé, avoit
repris sa première confiance. « Pinte, ma
« mie, » dit-il, « voilà de vos terreurs, et votre
« foiblesse ordinaire. Comment pouvez-vous

« supposer que moi, je me laisse prendre par
« une bête cachée dans notre parc! Vous
« êtes folle en vérité, et bien fou celui qui
« s'épouvante d'un rêve. — Il en sera donc, »
dit Pinte « ce que Dieu voudra : mais que je
« n'aie plus la moindre part à vos bonnes
« grâces, si le songe que vous m'avez ra-
« conté demande une autre explication. —
« Allons, allons, ma toute belle, » dit Chantecler en se rengorgeant, « assez de caquet
« comme cela. » Et de retourner au tas qu'il
se plaisoit à gratiller. Peu de temps après,
le sommeil lui avoit de nouveau fermé les
yeux.

Or Renart n'avoit rien perdu de l'entretien de
Chantecler et de Pinte. Il avoit vu avec satisfaction la confiance du coq, et quand il le crut
bien rendormi, il fit un mouvement, mit doucement un pas devant l'autre, puis s'élança
pour le happer d'un seul bond. Mais si doucement ne put-il avancer que Chantecler ne le
devinât, et n'eût le temps de faire un saut et
d'éviter l'atteinte, en volant de l'autre côté du
fumier. Renart voit avec dépit qu'il a manqué
son coup ; et maintenant, le moyen de retenir
la proie qui lui échappe? « Ah! mon Dieu,
« Chantecler, » dit-il de sa voix la plus douce,
« vous vous éloignez comme si vous aviez peur
« de votre meilleur ami. De grace, laissez-moi

« vous dire combien je suis heureux de vous
« voir si dispos et si agile. Nous sommes cousins
« germains, vous savez. »

Chantecler ne répondit pas, soit qu'il restât défiant, soit que le plaisir de s'entendre louer par un parent qu'il avoit méconnu lui ôtât la parole. Mais pour montrer qu'il n'avoit pas peur, il entonna un brillant sonnet. « Oui, c'est assez bien chanté, » dit Renart, « mais vous souvient-il du bon Chan-
« teclin qui vous mit au monde ? Ah ! c'est lui
« qu'il falloit entendre. Jamais personne de
« sa race n'en approchera. Il avoit, je m'en
« souviens, la voix si haute, si claire, qu'on l'é-
« coutoit une lieue à la ronde, et pour pro-
« longer les sons tout d'une haleine, il lui suf-
« fisoit d'ouvrir la bouche et de fermer les
« yeux. — Cousin, » fait alors Chantecler,
« vous voulez apparemment railler. — Moi
« railler un ami, un parent aussi proche ? ah !
« Chantecler, vous ne le pensez pas. La vérité
« c'est que je n'aime rien tant que la bonne
« musique, et je m'y connois. Vous chanteriez
« bien si vous vouliez ; clignez seulement un
« peu de l'œil, et commencez un de vos meil-
« leurs airs. — Mais d'abord, » dit Chantecler, « puis-je me fier à vos paroles ? éloi-
« gnez-vous un peu, si vous voulez que je
« chante : vous jugerez mieux, à distance, de

« l'étendue de mon fausset. — Soit, » dit Renart, en reculant à peine, « voyons donc « cousin, si vous êtes réellement fils de mon « bon oncle Chanteclin. »

Le coq, un œil ouvert l'autre fermé, et toujours un peu sur ses gardes, commence alors un grand air. « Franchement, » dit Renart, « cela n'a rien de vraiment remar- « quable; mais Chanteclin, ah! c'étoit lui : « quelle différence! Dès qu'il avoit fermé les « yeux, il prolongeoit les traits au point qu'on « l'entendoit bien au delà du plessis. Fran- « chement, mon pauvre ami, vous n'en ap- « prochez pas. » Ces mots piquèrent assez Chantecler pour lui faire oublier tout, afin de se relever dans l'estime de son cousin : il cligna des yeux, il lança une note qu'il prolongeoit à perte d'haleine, quand l'autre croyant le bon moment venu, s'élance comme une flèche, le saisit au col et se met à la fuite avec sa proie. Pinte qui le suivoit des yeux, pousse alors un cri des plus aigus. « Ah! Chantecler, je « vous l'avois bien dit; pourquoi ne m'avoir « pas crue! Voilà Renart qui vous emporte. « Ah! pauvre dolente! Que vais-je devenir, « privée de mon époux, de mon seigneur, de « tout ce que j'aimois au monde! »

Cependant au moment où Renart saisissoit le pauvre coq, le jour tomboit, et la vieille femme, gardienne de l'enclos, ouvroit la porte du gelinier. Elle appelle Pinte, Bise, Roussette; personne ne répond; elle lève les yeux, elle voit Renart emportant Chantecler à toutes jambes. « Haro, Haro! » s'écria-t-elle, « au Renart, au voleur! » et les vilains d'accourir de tous côtés. « Qu'y a-t-il? pour-« quoi cette clameur? — Haro! » crie de nouveau la vieille, « le goupil emporte mon coq. « — Eh! pourquoi, méchante vieille, » dit Constant Desnois, « l'avez-vous laissé faire? — « Parcequ'il n'a pas voulu m'attendre. — Il « falloit le frapper. — Avec quoi? — De votre « quenouille. — Il couroit trop fort : vos « chiens bretons ne l'auroient pas rejoint. — « Par où va-t-il? — De ce côté; tenez, le « voyez-vous là-bas? »

Renart franchissoit alors les haies; mais les vilains l'entendirent tomber de l'autre côté et tout le monde se mit à sa poursuite. Constant Desnois lâche Mauvoisin, son gros dogue. On retrouve la piste, on l'approche, on va l'atteindre. *Le goupil! le goupil!* Renart n'en couroit que plus vite. « Sire Renart, » dit alors le pauvre Chantecler d'une voix entrecoupée, « laisserez-vous ainsi maugréer ces vilains? « A votre place je m'en vengerois, et je les « gaberois à mon tour. Quand Constant Des-« nois dira à ses valets : *Renart l'emporte;*

« répondez : *Oui, à votre nez, et malgré vous.* Cela seul les fera taire. »

On l'a dit bien souvent ; il n'est sage qui parois ne follie. Renart, le trompeur universel, ut ici trompé lui-même, et quand il entendit a voix de Constant Desnois, il prit plaisir à lui répondre : *Oui, vilains, je prends votre coq, et malgré vous.* Mais Chantecler, dès qu'il ne sent plus l'étreinte des dents, fait un effort, échappe, bat des ailes, et le voilà sur les hautes branches d'un pommier voisin, tandis que, depité et surpris, Renart revient sur ses pas et comprend la sottise irréparable qu'il a faite. « Ah! mon beau cousin, » lui dit le coq, « voilà le moment de réfléchir sur les change-
« mens de fortune. — Maudit soit, » dit Renart, « la bouche qui s'avise de parler
« quand elle doit se taire! — Oui, » reprend Chantecler, « et la malegoute crève l'œil qui va
« se fermer quand il devoit s'ouvrir plus grand
« que jamais. Voyez-vous, Renart, fol toujours
« sera qui de rien vous croira : au diable
« votre beau cousinage! J'ai vu le moment où
« j'allois le payer bien cher ; mais pour vous,
« je vous engage à jouer des jambes, si pour-
« tant vous tenez à votre pelisse. »

Renart ne s'amusa pas à répondre. Une fourrée le mit à l'abri des chasseurs. Il s'éloigna l'âme triste et la panse vide, tandis que le coq, longtemps avant le retour des vilains, regagnoit joyeusement l'enclos, et rendoit par sa présence le calme à tant d'amies que son malheur avoit douloureusement affectées.

Remarque du translateur. *Il n'y a rien de plus certain au monde que les démêlés de Renart avec le Coq et les Gelines. Mais on n'est pas d'accord sur toutes les circonstances de la lutte : on varie sur les lieux, sur le nom des victimes et sur plusieurs détails d'une certaine gravité. Je ne me prononce pas ; mais pour vous mettre en état de distinguer de quel côté est la plus grande exactitude, je vais joindre au récit de ce qui s'étoit passé chez Constant Desnois l'aventure de la ferme de Berton le Maire. C'est, à mon avis, la même affaire différemment racontée, comme cela se voit toujours dès qu'il y a deux historiens plus ou moins oculaires. J'espère que la deuxième relation, apportée par Pierre de Saint-Cloud, vous amusera pour le moins autant que l'autre. Ecoutez.*

TROISIEME AVENTURE.

*Comment Berton le Maire fut trompé par Renart,
et comment Renart fut trompé par Noiret.*

PIERRE, qui vint au monde à Saint-Cloud, cédant au désir de ses amis, a longtemps veillé pour mettre en vers plusieurs joyeux tours de Renart, ce méchant nain dont tant de bonnes âmes ont eu droit de se plaindre. Si l'on veut faire un peu silence, on pourra trouver ici matière à plus d'un bon enseignement.

C'étoit au mois de mai, temps où monte la fleur sur l'aubépin, où les bois, les prés reverdissent, où les oiseaux disent, nuit et jour, chansons nouvelles. Renart seul n'avoit pas toutes ses joies, même dans son château de Maupertuis : il étoit à la fin de ses ressources ; déjà sa famille, n'ayant plus rien à mettre sous la dent, poussoit des cris lamentables, et sa chère Hermeline, nouvellement relevée, étoit surtout épuisée de besoin. Il se résigna donc à quitter cette retraite ; il partit, en jurant sur les saintes reliques de ne pas revenir sans rapporter au logis d'abondantes provisions.

Il entre dans le bois, laissant à gauche la route frayée ; car les chemins n'ont pas été faits pour son usage. Après mille et mille détours, il descend enfin dans la prairie. « Ah! sainte « Marie! » dit-il alors, « où trouver jamais lieux « plus agréables! C'est le Paradis terrestre ou « peu s'en faut : des eaux, des fleurs, des bois, « des monts et des prairies. Heureux qui « pourroit vivre ici de sa pleine vie, avec une « chasse toujours abondante et facile! Mais « les champs les plus verts, les fleurs les plus « odorantes n'empêchent pas ce proverbe « d'être vrai : *le besoin fait vielles trotter*. »

Renart, en poussant un long gémissement, se remit à la voie. La faim, qui chasse le loup hors du bois, lui donnoit des jambes. Il descend, il monte, il épie de tous côtés si d'aventure quelque oiseau, quelque lapin ne vient pas à sa portée. Un sentier conduisoit à la ferme voisine ; Renart le suit, résolu de visiter les lieux à ses risques et périls. Le voilà devant la clôture : mais tout en suivant les détours de haies et de sureaux, il dit une oraison pour que Dieu le garde de malencontre, et lui envoie de quoi rendre la joie à sa femme et à toute sa famille.

Avant d'aller plus loin, il est bon de vous dire que la ferme étoit au vilain le plus aisé qu'on pût trouver d'ici jusqu'à Troies (j'entends Troies la petite, celle où ne régna jamais le roi Priam). La maison tenant au plessis étoit abondamment pourvue de tout ce qu'il est possible de désirer à la campagne : bœufs et vaches, brebis et moutons; des gelines, des chapons, des œufs, du fromage et du lait. Heureux Renart, s'il peut trouver le moyen d'y entrer !

Mais c'étoit là le difficile. La maison, la cour et les jardins, tout étoit fermé de pieux longs, aigus et solides, protégés eux-mêmes par un fossé rempli d'eau. Je n'ai pas besoin d'ajouter que les jardins étoient ombragés d'arbres chargés des plus beaux fruits; ce n'étoit pas là ce qui éveilloit l'attention de Renart.

Le vilain avoit nom Bertaud ou Berton le Maire; homme assez peu subtil, très-avare et surtout désireux d'accroître sa chevance. Plutôt que de manger une de ses gelines, il eût laissé couper ses grenons, et jamais aucun de ses nombreux chapons n'avoit couru le danger d'entrer dans sa marmite. Mais il en envoyoit chaque semaine un certain nombre au marché. Pour Renart il avoit des idées toutes différentes sur le bon usage des chapons et des gelines; et s'il entre dans la ferme, on peut être sûr qu'il voudra juger par lui-même du goût plus ou moins exquis de ces belles pensionnaires.

De bonheur pour lui, Berton étoit, ce jour-là, seul à la maison. Sa femme venoit de partir pour aller vendre son fil à la ville, et les garçons étoient dispersés dans les champs, chacun à son ouvrage. Renart, parvenu au pied des haies par un étroit sentier qui séparoit deux blés, aperçut tout d'abord, en plein soleil, nombre chapons, et Noiret tout au milieu, clignant les yeux d'un air indolent, tandis que près de lui, gelines et poussins grattoient à qui mieux mieux la paille amassée derrière un buisson d'épines. Quel irritant aiguillon pour la faim qui le tourmentoit! Mais ici l'adresse et l'invention servoient de peu : il va, vient, fait et refait le tour des haies, nulle part la moindre trouée. A la fin, cependant, il remarque un pieu moins solidement tenu et comme pourri de vieillesse, près d'un sillon qui servoit à l'écoulement des eaux grossies par les pluies d'orage. Il s'élance, franchit le ruisseau, se coule dans la haie, s'arrête, et déjà ses barbes frissonnent de plaisir à l'idée de la chair savoureuse d'un gros chapon qu'il avise. Immobile, aplati sous une tige épineuse, il guette le moment, il écoute. Cependant Noiret, dans toutes les joies de la confiance, se carre dans le jardin, appelle ses gelines, les flatte ou les gourmande, et se rapprochant de l'endroit où Renart se tient caché, il y commence à grateler. Tout à coup Renart paroît et s'élance; il croit le saisir, mais il manque son coup. Noiret se jette vivement de côté, vole, saute et court en poussant des cris de détresse. Berton l'entend; il sort du logis, cherche d'où vient le tumulte, et reconnoît bientôt le goupil à la poursuite de son coq. « Ah! c'est vous, maître larron! vous allez « avoir affaire à moi. »

Il rentre alors à la maison, pour prendre non pas une arme tranchante (il sait qu'un vilain n'a pas droit d'en faire usage contre une bête fauve), mais un filet enfumé, tressé je crois par le diable, tant le réseau en étoit habilement travaillé. C'est ainsi qu'il compte prendre le malfaiteur. Renart voit le danger et se blottit sous une grosse tête de chou. Berton, qui n'avoit chassé ni vollé de sa vie, se contente d'étendre les rets en travers sur la plate-bande, en criant le plus haut qu'il peut, pour mieux effrayer Renart: « Ah! le voleur, ah! le glouton! nous le tenons enfin! » Et ce disant, il frappoit d'un bâton sur les choux, si bien que Renart, ainsi traqué, prend le parti de sauter d'un grand élan; mais où? en plein filet. Sa position devient de plus en plus mauvaise : le réseau le serre, l'enveloppe; il est pris par les pieds, par le ventre, par le cou. Plus il se démène, plus il s'enlace et s'entor-

tille. Le vilain jouit de son supplice : « Ah !
« Renart, ton jugement est rendu, te voilà
« condamné sans rémission. » Et pour commencer la justice, Berton lève le pied qu'il vient poser sur la gorge du prisonnier. Renart prend son temps ; il saisit le talon, serre les dents, et les cris aigus de Berton lui servent de première vengeance. La douleur de la morsure fut même assez grande pour faire tomber le vilain sans connoissance ; mais revenu bientôt à lui, il fait de grands efforts pour se dégager ; il lève les poings, frappe sur le dos, les oreilles et le cou de Renart qui se défend comme il peut, sans pour cela desserrer les dents. Il fait plus : d'un mouvement habile, il arrête au passage la main droite de Berton, qu'il réunit au talon déjà conquis. Pauvre Berton, que venois-tu faire contre Renart ! Pourquoi ne pas lui avoir laissé coq, chapons et gelines ! N'étoit-ce pas assez de l'avoir pris au filet ? *Tant gratte la chèvre que mal gist*, c'est un sage proverbe dont tu aurois bien dû te souvenir plus tôt.

Ainsi devenu maître du talon et du pied, Renart change de gamme, et prenant les airs vainqueurs : « Par la foi que j'ai donnée à ma
« mie, tu es un vilain-mort. Ne compte pas
« te racheter ; je n'en prendrois pas le trésor de
« l'empereur ; tu es là mieux enfermé que
« Charlemagne ne l'étoit dans Lançon. »

Rien ne peut alors se comparer à l'effroi, au désespoir du vilain. Il pleure des yeux, il soupire du cœur, il crie merci du ton le plus pitoyable. « Ah! pitié, sire Renart, pitié au « nom de Dieu! Ordonnez, dites ce que vous « attendez de moi, j'obéirai; voulez-vous « me recevoir pour votre homme, le reste « de ma vie? Voulez-vous.... — Non, vilain, « je ne veux rien : tout à l'heure tu m'acca- « blois d'injures, tu jurois de n'avoir de moi « merci : c'est mon tour à présent; par saint « Paul! c'est toi dont on va faire justice, mé- « chant larron! je te tiens et je te garde, j'en « prends à témoin saint Julien, qui te punira « de m'avoir si mal hostelé.

« — Monseigneur Renart, » reprend le vilain en sanglotant, « soyez envers moi misé- « ricordieux : ne me faites pas du pis que vous « pourriez. Je le sais, j'ai mépris envers vous, « je m'en accuse humblement. Décidez de l'a- « mende et je l'acquitterai. Recevez-moi comme « votre homme, comme votre serf; prenez ma « femme et tout ce qui m'appartient. La com- « position n'en vaut-elle la peine? Dans mon « logis, vous trouverez tout à souhait, tout est « à vous : je n'aurai jamais pièce dont vous « ne receviez la dîme; n'est-ce rien que d'a- « voir à son service un homme qui peut dis- « poser de tant de choses! »

Il faut le dire ici, à l'éloge de damp Renart, quand il entendit le vilain prier et pleurer pour avoir voulu défendre son coq, il se sentit ému d'une douce pitié. « Allons; vilain, » lui dit-il, « tais-toi, ne pleure plus. Cette fois on « pourra te pardonner; mais que jamais tu « n'y reviennes, car alors je ne veux revoir ni « ma femme ni mes enfans si tu échappes à ma « justice. Avant de retirer ta main et ton « pied, tu vas prendre l'engagement de ne rien « faire jamais contre moi. Puis, aussitôt lâché, « tu feras acte d'hommage et mettras en aban- « don tout ce que tu possèdes. — Je m'y ac- « corde de grand cœur, » dit le vilain, « et le « Saint-Esprit me soit garant que je serai « trouvé loyal en toute occasion. » Berton parloit sincèrement; car au fond, malgré son avarice, il étoit prud'homme; on pouvoit croire en lui comme en un prêtre. « J'ai, » lui dit Renart, « confiance en toi; je sais que « tu as renom de prudhommie. » Il lui rend alors la liberté, et le premier usage que Berton en fait, c'est de se jeter aux genoux de Renart, d'arroser sa pelisse de ses larmes, d'étendre la main délivrée vers le moutier le plus voisin, en prononçant le serment de l'hommage dans la forme accoutumée.

« Maintenant, » dit Renart, « et avant tout,

« débarrasse-moi de ton odieux filet. » Le vilain obéit, Renart est redevenu libre. « Puisque tu « es désormais tenu de faire mon bon vouloir, « je vais sur-le-champ te mettre à l'épreuve. « Tu sais ce beau Noiret que j'ai guetté toute la « journée, il faut que tu me l'apportes ; je mets « à ce prix mon amitié pour toi et ton affran- « chissement de l'hommage que tu as prononcé. « — Ah! monseigneur, » répondit Berton, « pourquoi ne demandez-vous pas mieux ? Mon « coq est dur et coriace, il a plus de deux ans. « Je vous propose en échange trois tendres « poulets, dont les chairs et les os seront « assurément moins indignes de vous. — Non, « bel ami, » reprend Renart, « je n'ai cure « de tes poulets ; garde-les et me vas chercher « le coq. » Le vilain gémit, ne répondit pas, s'éloigna, courut à Noiret, le chassa, l'attei- gnit, et le ramenant devant Renart : « Voilà, « sire, le Noiret que vous désirez : mais, par « saint Mandé, je vous aurois donné plus vo- « lontiers mes deux meilleurs chapons. J'ai- « mois beaucoup Noiret : il n'y eut jamais « coq plus empressé, plus vigilant auprès de « mes gelines ; en revanche, il en étoit vive- « ment chéri. Mais vous l'avez voulu, mon- « seigneur, je vous le présente. — C'est bien, « Berton, je suis content, et pour le prouver, « je te tiens quitte de ton hommage. — Grand

« merci, damp Renart, Dieu vous le rende et
« madame Sainte Marie! »

Berton s'éloigne, et Renart, tenant Noiret entre ses dents, prend le chemin de Maupertuis, joyeux de penser qu'il pourra bientôt partager avec Hermeline, sa bien-aimée, la chair et les os de la pauvre bête. Mais il ne sait pas ce qui lui pend encore à l'œil. En passant sous une voute qui traversoit le chemin d'un autre village, il entend le coq gémir et se plaindre. Renart, assez tendre ce jour-là, lui demande bonnement ce qu'il a tant à pleurer. « Vous
« le savez bien, » dit le coq; « maudite l'heure
« où je suis né! devois-je être ainsi payé de
« mes services auprès de ce Berton, le plus in-
« grat des vilains! — Pour cela, Noiret, » dit Renart, « tu as tort, et tu devrois montrer
« plus de courage. Écoute-moi un peu, mon
« bon Noiret. Le seigneur a-t-il droit de dispo-
« ser de son serf? Oui, n'est-ce pas? aussi vrai
« que je suis chrétien, au maître de commander,
« au serf d'obéir. Le serf doit donner sa vie
« pour son maître; bien plus, il ne sauroit dé-
« sirer de meilleure, de plus belle mort. Tu
« sais bien cela, Noiret, on te l'a cent fois ré-
« pété. Eh bien! sans toi, Berton auroit payé
« de sa personne : s'il ne t'avoit pas eu pour
« racheter son corps, il seroit mort à l'heure
« qu'il est. Reprends donc courage, ami Noi-

« ret : en échange d'une mort belle et glo-
« rieuse, tu auras la compagnie des anges, et
« tu jouiras, pendant l'éternité, de la vue de
« Dieu lui-même. »

« Je le veux bien, sire Renart, » répondit
Noiret, « ce n'est pas la mort qui m'afflige et
« me révolte; car après tout, je finirai comme
« les Croisés, et je suis assuré, comme eux,
« d'une bonne soudée. Si je me désole, c'est
« pour les chapons mes bons amis, surtout
« pour ces chères et belles gélines que vous
« avez vues le long des haies, et qui seront un
« jour mangées, sans le même profit pour leurs
« âmes. Allons! n'y pensons plus. Mais donnez-
« moi du courage, damp Renart; par exemple,
« vous feriez une bonne œuvre si vous me
« disiez une petite chanson pieuse pour m'ai-
« der à mieux gagner l'entrée du Paradis.
« J'oublierois qu'il me faut mourir, et j'en
« serois mieux reçu parmi les élus.— N'est-ce
« que cela, Noiret? » reprend aussitôt Renart,
« eh! que ne le disois-tu! Par la foi que je
« dois à Hermeline, il ne sera pas dit que tu
« sois refusé; écoute plutôt. »

Renart se mit alors à entonner une chan-
sonnette nouvelle, à laquelle Noiret sembloit
prendre grand plaisir. Mais comme il filoit un
trait prolongé, Noiret fait un mouvement, s'é-
chappe, bat des aîles, et gagne le haut d'un

grand orme voisin. Renart le voit, veut l'arrêter : il est déjà trop tard. Il se dresse sur le tronc de l'arbre, saute, et n'en peut atteindre les rameaux. « Ah! Noiret, » dit-il, « cela
« n'est pas bien : je vois que vous m'avez vi-
« lainement gabé. — Vous le voyez? » dit Noiret, « eh bien! tout à l'heure vous ne
« le voyiez pas. Possible, en effet, que vous
« ayiez eu tort de chanter; aussi, je ne vous
« demande pas de continuer le même air. Bon-
« jour, damp Renart! allez vous reposer;
« quand vous aurez bien dormi, vous trouverez
« peut-être une autre proie! »

Renart tout confus, ne sait que faire et que résoudre. « Par sainte Anne! » dit-il, « le pro-
« verbe est juste : beau chanter nuit ou en-
« nuie; et le vilain dit avec raison : entre la bou-
« che et la cuiller il y a souvent encombre.
« J'en ai fait l'épreuve. Caton a dit aussi : à
« beau manger peu de paroles. Pourquoi ne
« m'en suis-je pas souvenu! » Tout en s'éloignant, il murmuroit encore : « Mauvaise et
« sotte journée! On dit que je suis habile, et
« que le bœuf ne sauroit labourer comme je
« sais leurrer ; voilà pourtant un méchant coq
« qui me donne une leçon de tromperie!
« Puisse au moins la chose demeurer secrète,
« et ne pas aller jusqu'à la Cour! c'en seroit
« fait de ma réputation. »

LE TRANSLATEUR. *Esope avoit fait chanter le corbeau, longtemps avant la naissance de Chantecler et de Noiret. Il y a toujours eu (dans les temps anciens, bien entendu) des gens fort habiles à faire chanter les autres. Ecoutez comment Pierre de Saint-Cloud a su donner un nouvel agrément à la fable esopienne du Renard et du Corbeau.*

QUATRIÈME AVENTURE.

Comment Tiecelin le corbeau prit un fromage à la vielle, et comment Renart le prit à Tiecelin.

Dans une plaine fleurie que bornoient deux montagnes et qu'une eau limpide arrosoit, Renart, un jour, apperçut de la rive opposée, un fau solitaire planté loin de tout chemin frayé, à la naissance de la montée. Il franchit le ruisseau, gagne l'arbre, fait autour du tronc ses passes ordinaires, puis se vautre délicieusement sur l'herbe fraîche, en soufflant pour se bien refroidir. Tout dans ce lieu le charmoit; tout, je me trompe, car il sentoit un premier aiguillon de faim, et rien ne lui donnoit l'espoir de l'apaiser. Pendant qu'il hésitoit sur ce qu'il avoit à faire, damp Tiecelin, le corbeau, sortoit du bois voisin, planoit dans la prairie et alloit s'abattre dans un plessis qui sembloit lui promettre bonne aventure.

Là se trouvoit un millier de fromages qu'on avoit exposés, pour les secher, à un tour de soleil. La gardienne étoit rentrée pour un moment au logis, et Tiecelin saisissant l'occasion, s'arrêta sur un des plus beaux et reprit son vol au moment où la vieille reparoissoit. « Ah! « mon beau monsieur, c'est pour vous que se- « choient mes fromages ! » Disant cela, la vielle jetoit pierres et cailloux. « Tais-toi, tais-toi, la « vieille, » répond Tiecelin ; « quand on de- « mandera qui l'a pris, tu diras : C'est moi, « c'est moi ! car la mauvaise garde nourrit le « loup. »

Tiecelin s'éloigne et s'en vient percher sur le fau qui couvroit damp Renart de son frais ombrage. Réunis par le même arbre, leur situation étoit loin d'être pareille. Tiecelin savouroit ce qu'il aimoit le mieux ; Renart, également friand du fromage et de celui qui en étoit le maître, les regardoit sans espoir de les atteindre. Le fromage à demi séché donnoit une entrée facile aux coups de bec : Tiecelin en tire le plus jaune et le plus tendre ; puis il attaque la croute dont une parcelle lui échappe et va tomber aux pieds de l'arbre. Renart lève la tête et salue Tiecelin qu'il voit fièrement

campé, le fromage dressé dans les pattes.
« Oui, je ne me trompe pas ; oui, c'est damp
« Tiecelin. Que le bon Dieu vous protège,
« compère, vous et l'ame de votre père, le fa-
« meux chanteur! Personne autrefois, dit-on,
« ne chantoit mieux que lui en France. Vous-
« même, si je m'en souviens, vous faisiez aussi
« de la musique : ai-je revé que vous avez
« longtemps appris à jouer de l'orgue? Par
« ma foi, puisque j'ai le plaisir de vous ren-
« contrer, vous consentirez bien, n'est-ce pas,
« à me dire une petite ritournelle. »

Ces paroles furent pour Tiecelin d'une
grande douceur, car il avoit la prétention d'être
le plus agréable musicien du monde. Il ouvre
donc aussitôt la bouche et fait entendre un
crah prolongé. « Est-ce bien, cela, damp Re-
« nart? — Oui, » dit l'autre, « cela n'est pas
« mal : mais si vous vouliez, vous monteriez
« encore plus haut. — Ecoutez-moi donc. »
Il fait alors un plus grand effort de gosier.
« Votre voix est belle, » dit Renart, « mais
« elle seroit plus belle encore si vous ne man-
« giez pas tant de noix. Continuez pourtant,
« je vous prie. » L'autre, qui veut absolument
emporter le prix du chant, s'oublie tellement
que, pour mieux filer le son, il ouvre peu à
peu les ongles et les doigts qui retenoient le
fromage et le laisse tomber justement aux

pieds de Renart. Le glouton frémit alors de plaisir ; mais il se contient, dans l'espoir de réunir au fromage le vaniteux chanteur. « Ah ! « Dieu, » dit-il en paroissant faire un effort pour se lever, « que de maux le Seigneur « m'a envoyés en ce monde ! Voilà que je ne « puis changer de place, tant je souffre du « genou ; et ce fromage qui vient de tom- « ber m'apporte une odeur infecte et insuppor- « table. Rien de plus dangereux que cette « odeur pour les blessures des jambes ; les mé- « decins me l'avoient bien dit, en me recom- « mandant de ne jamais en gouter. Descen- « dez, je vous prie, mon cher Tiecelin, venez « m'ôter cette abomination. Je ne vous de- « manderois pas ce petit service, si je ne m'é- « tois l'autre jour rompu la jambe dans un « maudit piége tendu à quelques pas d'ici. Je « suis condamné à demeurer à cette place jus- « qu'à ce qu'une bonne emplâtre vienne com- « mencer ma guérison. »

Comment se méfier de telles paroles accompagnées de toutes sortes de grimaces douloureuses ! Tiecelin d'ailleurs étoit dans les meilleures dispositions pour celui qui venoit enfin de reconnoître l'agrément de sa voix. Il descendit donc de l'arbre ; mais une fois à terre, le voisinage de Renart le fit réfléchir. Il avança pas à pas, l'œil au guet, et en se trainant sur le croupion. « Mon Dieu! » disoit Renart, « hâtez-vous donc, avancez; que pouvez-vous craindre de moi, pauvre impotent? » Tiecelin s'approcha davantage, mais Renart, trop impatient, s'élance et le manque, ne retenant en gage que trois ou quatre plumes. « Ah! « traitre Renart! » dit alors Tiecelin, « je de- « vois bien savoir que vous me tromperiez! « J'en suis pour quatre de mes plus beaux « tuyaux; mais c'est là tout ce que vous aurez, « méchant et puant larron, que Dieu mau- « disse! »

Renart, un peu confus, voulut se justifier. C'étoit une attaque de goutte qui l'avoit fait malgré lui sauter. Tiecelin ne l'ecouta pas : « Garde le fromage, je te l'abandonne; quant « à ma peau tu ne l'auras pas. Pleure et gémis « maintenant à ton aise, je ne viendrai pas à « ton secours. — Eh bien va-t-en, braillard « de mauvais augure, » dit Renart en reprenant son naturel; « cela me consolera de n'avoir pu te « clorre le bec. Par Dieu! » reprit-il ensuite, « voila vraiment un excellent fromage; je n'en « ai jamais mangé de meilleur; c'est juste le « remède qu'il me falloit pour le mal de jam- « bes. » Et, le repas achevé, il reprit lestement le chemin des bois.

CINQUIEME AVENTURE.

Comment Renart ne put obtenir de la Mésange le baiser de paix.

ENART commençoit à se consoler des méchans tours de Chantecler et de Tiecelin quand, sur la branche d'un vieux chêne, il apperçut la Mésange, laquelle avoit déposé sa couvée dans le tronc de l'arbre. Il lui donna le premier salut : « J'arrive bien à propos, commère; descen- « dez, je vous prie; j'attends de vous le baiser « de paix, et j'ai promis que vous ne le refu- « seriez pas. — A vous, Renart? » fait la Mé- sange. « Bon, si vous n'etiez pas ce que vous « êtes, si l'on ne connoissoit vos tours et vos « malices. Mais, d'abord, je ne suis pas votre « commère; seulement, vous le dites pour ne pas « changer d'habitudes en prononçant un mot « de vérité. — Que vous êtes peu charitable! » répond Renart : « votre fils est bien mon fil- « leul par la grace du saint baptême, et je n'ai « jamais mérité de vous déplaire. Mais si je « l'avois fait, je ne choisirois pas un jour comme « celui-ci pour recommencer. Ecoutez-bien : « sire Noble, notre roi, vient de proclamer la

« paix générale ; plaise à Dieu qu'elle soit de
« longue durée! Tous les barons l'ont jurée,
« tous ont promis d'oublier les anciens sujets
« de querelle. Aussi les petites gens sont dans
« la joie; le temps est passé des disputes, des
« procès et des meurtres; chacun aimera son
« voisin, et chacun pourra dormir tranquille.

« — Savez-vous, damp Renart, » dit la Mésange, « que vous dites là de belles choses? Je
« veux bien les croire à demi; mais cherchez
« ailleurs qui vous baise, ce n'est pas moi qui
« donnerai l'exemple.

« — En vérité, commère, vous poussez la
« défiance un peu loin; je m'en consolerois, si
« je n'avois juré d'obtenir le baiser de paix
« de vous comme de tous les autres. Tenez,
« je fermerai les yeux pendant que vous des-
« cendrez m'embrasser. — S'il est ainsi, je le
« veux bien, » dit la Mésange. « Voyons vos
« yeux : sont-ils bien fermés? — Oui. — J'ar-
« rive. » Cependant l'oiseau avoit garni sa
patte d'un petit flocon de mousse qu'il vint
déposer sur les barbes de Renart. A peine
celui-ci a-t-il senti l'attouchement qu'il fait un
bond pour saisir la Mésange, mais ce n'etoit
pas elle, il en fut pour sa honte. « Ah! voilà
« donc votre paix, votre baiser! Il ne tient pas
« à vous que le traité ne soit déjà rompu. —
« Eh! » dit Renart, « ne voyez-vous pas que je

« plaisante? je voulois voir si vous etiez peu-
« reuse. Allons! recommençons; tenez, me
« voici les yeux fermés. » La Mésange, que le
jeu commençoit à amuser, vole et sautille, mais
avec précaution. Renart montrant une seconde
fois les dents: « Voyez-vous, » lui dit-elle, « vous
« n'y réussirez pas; je me jetterois plutôt dans
« le feu que dans vos bras. — Mon Dieu! »
dit Renart, « pouvez-vous ainsi trembler au
« moindre mouvement! Vous supposez tou-
« jours un piége caché : c'etoit bon avant la
« paix jurée. Allons! une troisième fois, c'est
« le vrai compte; en l'honneur de Sainte Tri-
« nité. Je vous le répète; j'ai promis de vous
« donner le baiser de paix, je dois le faire, ne
« seroit-ce que pour mon petit filleul que j'en-
« tends chanter sur l'arbre voisin. »

Renart prèche bien sans doute, mais la Mésange fait la sourde oreille et ne quitte plus la
branche de chêne. Cependant voici des veneurs et des braconniers, les chiens et les
coureurs de damp Abbé, qui s'embatent de
leur côté. On entend le son des grailes et des
cors, puis tout à coup : *le Goupil! le Goupil!* Renart, à ce cri terrible, oublie la Mésange, serre la queue entre les jambes, pour
donner moins de prise à la dent des levriers.
Et la Mésange alors de lui dire : « Renart! pour-
« quoi donc vous éloigner? La paix n'est-elle

« pas jurée? — Jurée, oui; » répond Renart, « mais non publiée. Peut-être ces jeunes « chiens ne savent-ils pas encore que leurs « pères l'ont arrêtée. — Demeurez, de grace! « je descends pour vous embrasser. — Non; le « temps presse, et je cours à mes affaires. »

SIXIEME AVENTURE.

Comment le Frère convers ne détacha pas les chiens.

Mais, pour surcroit de danger, en s'éloignant de la Mésange afin de rentrer dans le bois, il se trouve en présence d'un de ces demi-vilains, demi-valets qui, par charité ou pour quelque redevance, obtenoient la faveur de vivre de la vie des moines, qu'ils servoient ou dont ils gardoient les terres et les courtils. On les designoit sous le nom de *Frères convers* ou convertis à la vie monacale; gens peu considerés, et qui méritoient rarement de l'être davantage. Celui-ci avoit la charge de tenir en laisse deux veautres ou levriers. Bientôt le premier valet qui aperçoit Renart lui crie à haute voix : *délie, délie!* Renart comprend le danger; au lieu de tenter une fuite devenue impossible, il aborde résolument le Frère convers, qui s'adressant à lui : « Ah ! méchante bête, c'est fait « de vous ! — Sire religieux, » dit Renart, « vous ne faites pas que prudhomme : aucun « ne doit être privé de son droit. Ne voyez- « vous pas qu'entre les autres chiens et moi, « nous courons un enjeu que gagnera le pre- « mier arrivé? Si vous lâchez les deux veautres, « ils m'empêcheront de disputer le prix, et « vous en aurez tout le blâme. »

Le Frère convers, homme simple de sa nature, refléchit, se gratta le front : « Par Notre- « Dame, » ce dit-il, « damp Renart pour- « roit bien avoir raison. » Il ne lâcha donc pas les levriers, et se contenta de souhaiter bonne chance à Renart. Celui-ci, pressant alors le pas, s'enfonce dans les taillis et, toujours poursuivi, s'élance dans une plaine que terminoit un large fossé. Le fossé est à son tour franchi, et les chiens, après un moment d'incertitude, perdent ses pistes et retournent. Mis à l'abri de leurs dents cruelles, Renart put enfin se reconnoître. Il etoit épuisé de fatigue ; mais il avoit mis en défaut ses ennemis, et si quelques heures de repos ne le rassasièrent pas, au moins elles lui rendirent sa légereté et toute son ardeur de chasse et de maraude.

SEPTIEME AVENTURE.

Comment Renart fit rencontre des Marchands de poisson, et comment il eut sa part des harengs et des anguilles.

RENART, on le voit, n'avoit pas toujours le temps à souhait, et ses entreprises n'etoient pas toutes également heureuses. Quand le doux temps d'été faisoit place au rigoureux hyver, il etoit souvent à bout de provisions, il n'avoit rien à donner, rien à dépendre : les usuriers lui faisoient défaut, il ne trouvoit plus de crédit chez les marchands. Un de ces tristes jours de profonde disette, il sortit de Maupertuis, déterminé à n'y rentrer que les poches gonflées. D'abord il se glisse entre la rivière et le bois dans une jonchère, et quand il est las de ses vaines recherches, il approche du chemin ferré, s'accroupit dans l'ornière, tendant le cou d'un et d'autre côté. Rien encore ne se présente. Dans l'espoir de quelque chance meilleure, il va se placer devant une haie, sur le versant du chemin : enfin il entend un mouvement de roues. C'etoit des marchands qui revenoient des bords de la mer, ramenant des harengs frais, dont, grace au vent de bise qui avoit soufflé toute la semaine, on avoit fait pêche abondante; leurs paniers crévoient sous le poids des anguilles et des lamproies qu'ils avoient encore achetées, chemin faisant.

A la distance d'une portée d'arc, Renart reconnut aisément les lamproies et les anguilles. Son plan est bientôt fait : il rampe sans être apperçu jusqu'au milieu du chemin, il s'étend et se vautre, jambes écartées, dents rechignées, la langue pantelante, sans mouvement et sans haleine. La voiture avance; un des marchands regarde, voit un corps immobile, et appelant son compagnon : « Je ne me trompe pas, c'est
« un goupil ou un blaireau.—C'est un goupil, » dit l'autre; « descendons, emparons-nous-en,
« et surtout qu'il ne nous échappe. » Alors ils arrêtent le cheval, vont à Renart, le poussent du pied, le pincent et le tirent; et comme ils le voient immobile, ils ne doutent pas qu'il ne soit mort. « Nous n'avions pas besoin d'user
« de grande adresse; mais que peut valoir
« sa pelisse? — Quatre livres, » dit l'un.
« — Dites cinq, » reprend l'autre, « et pour
« le moins; voyez sa gorge, comme elle est blan-
« che et fournie! C'est la bonne saison. Je-
« tons-le sur la charrette. »

Ainsi dit, ainsi fait. On le saisit par les pieds, on le lance entre les paniers, et la voiture se remet en mouvement. Pendant qu'ils se félicitent de l'aventure et qu'ils se promettent de découdre, en arrivant, la robe de Renart, celui-ci ne s'en inquiète guères ; il sait qu'entre faire et dire il y a souvent un long trajet. Sans perdre de temps, il étend la patte sur le bord d'un panier, se dresse doucement, dérange la couverture, et tire à lui deux douzaines des plus beaux harengs. Ce fut pour aviser avant tout à la grosse faim qui le travailloit. D'ailleurs il ne se pressa pas, peut-être même eut-il le loisir de regreter l'absence de sel ; mais il n'avoit pas intention de se contenter de si peu. Dans le panier voisin fretilloient les anguilles : il en attira vers lui cinq à six des plus belles ; la difficulté etoit de les emporter, car il n'avoit plus faim. Que fait-il ? Il apperçoit dans la charrette une botte de ces ardillons d'osier qui servent à embrocher les poissons : il en prend deux ou trois, les passe dans la tête des anguilles, puis se roule de façon à former de ces ardillons une triple ceinture, dont il rapproche les extrémités en tresse. Il s'agissoit maintenant de quitter la voiture ; ce fut un jeu pour lui : seulement il attendit que l'ornière vînt trancher sur le verd gazon, pour se couler sans bruit et sans risque de laisser après lui les anguilles.

Et cela fait, il auroit eu regret d'épargner

un brocart aux voituriers. « Dieu vous main-
« tienne en joie, beaux vendeurs de poisson ! »
leur cria-t-il. « J'ai fait avec vous un partage
« de frère : j'ai mangé vos plus gros harengs
« et j'emporte vos meilleures anguilles; mais
« je laisse le plus grand nombre. »

Quelle ne fut pas alors la surprise des marchands ! Ils crient : *Au Goupil, au Goupil !*
mais le goupil ne les redoutoit guères : il
avoit les meilleures jambes. « Fâcheux contre-
« temps ! » disent-ils, « et quelle perte pour nous,
« au lieu du profit que nous pensions tirer de
« ce maudit animal ! Voyez comme il a dégagé
« nos paniers ; puisse-t-il en crever au moins
« d'indigestion ! »

« Tant qu'il vous plaira, » dit Renart, « je
« ne crains ni vous ni vos souhaits. » Puis il reprit tranquillement le chemin de Maupertuis.
Hermeline, la bonne et sage dame, l'attendoit
à l'entrée ; ses deux fils, Malebranche et Perce-
haye, le reçurent avec tout le respect qui lui
etoit du, et quand on vit ce qu'il rapportoit, ce
fut une joie et des embrassemens sans fin. « A
« table ! » s'écria-t-il, « que l'on ait soin de
« bien fermer les portes, et que personne ne
« s'avise de nous déranger. »

HUITIEME AVENTURE.

Où l'on voit comment Ysengrin eut envie de se convertir, et comme il fut ordonné moine de l'abbaye de Tyron.

PENDANT que Renart est ainsi festoyé dans Maupertuis, que la sage Hermeline (car la dame a jugé convenable d'abandonner son premier nom de Richeut, pour en prendre un autre plus doux et plus seigneurial), qu'Hermeline lui frotte et rafraichit les jambes, que ses enfans écorchent les anguilles, les taillent, les étendent sur des tablettes de coudrier, et les posent doucement sur la braize; voilà qu'on entend frapper à la porte. C'est monseigneur Ysengrin, lequel, ayant chassé tout le jour sans rien prendre, etoit venu d'avanture s'asseoir devant le château de Maupertuis. Bientôt la fumée qui s'échappoit du haut des toits frappe son attention, et profitant d'une petite ouverture entre les ais de la porte, il croit voir les deux fils de la maison occupés à retourner de belles côtelettes sur les charbons ardens. Quel spectacle pour un loup mourant de faim et de froid! Mais il savoit le naturel de son compère aussi peu genereux que le sien; et la porte etant fermée, il demeura quelque temps à lecher ses barbes, en étouffant ses cris de convoitise. Puis il grimpe à la hauteur d'une fenêtre, et ce qu'il y voit confirme ses premières découvertes. Maintenant, comment pénétrer dans ce lieu de délices? comment décider Renart à défermer sa porte? Il s'accroupit, se relève, tourne et retourne, baille à se demettre la machoire, regarde encore, essaie de fermer les yeux; mais les yeux reviennent d'eux-mêmes plonger dans la salle qui lui est interdite: « Voyons pourtant, » dit-il, « essayons de l'é« mouvoir : Eh! compère! beau neveu Renart! « Je vous apporte bonnes nouvelles! j'ai hâte « de vous les dire. Ouvrez-moi. »

Renart reconnut aisément la voix de son oncle, et n'en fut que mieux résolu de faire la sourde oreille. « Ouvrez donc, beau sire! » disoit Ysengrin. « Ne voulez-vous pas prendre « votre part du bonheur commun? » A la fin, Renart, qui avoit son idée, prit le parti de répondre au visiteur.

« Qui êtes-vous, là-haut?

« — Je suis moi.

« — Qui vous?

« — Votre compère.

« — Ah! je vous prenois pour un larron.

« — Quelle méprise! c'est moi; ouvrez.

« — Attendez au moins que les Frères soient
« levés de table.

« — Les Frères? il y a des moines chez vous?

« — Assurément, ou plutôt de vrais cha-
« noines; ceux de l'abbaye de Tyron, enfans
« de saint Benoit, qui m'ont fait la grace de
« me recevoir dans leur ordre.

« — Nomenidam! alors, vous m'hébergerez
« aujourd'hui, n'est-ce pas? et vous me don-
« nerez quelque chose à manger?

« — De tout notre cœur. Mais d'abord ré-
« pondez. Venez-vous ici en mendiant?

« — Non; je viens savoir de vos nouvelles.
« Ouvrez-moi.

« — Vous demandez une chose impossible.

« — Comment cela?

« — Vous n'êtes pas en état.

« — Je suis en état de grand appétit. N'est-
« ce pas de la viande que je vous vois prépa-
« rer?

« — Ah! bel oncle! vous nous faites injure.
« Vous savez bien qu'en religion on fait vœu
« de renoncer à toute œuvre de chair?

« — Et que mangent-ils donc, vos moines?
« des fromages mous?

« — Non pas précisément; mais de gros et
« gras poissons. Notre père saint Benoit re-
« commande même de choisir toujours les
« meilleurs.

« — Voilà du nouveau pour moi. Mais enfin
« cela ne doit pas vous empêcher de m'ouvrir
« et de m'accorder gîte pour cette nuit.

« — Je le voudrois bien; par malheur, il
« faut, pour entrer, être ordonné moine ou
« hermite. Vous ne l'êtes pas; bon soir! pas-
« sez votre chemin.

« — Ah! voilà de méchans moines; je ne les
« reconnois pas à leur charité : mais j'entrerai
« malgré vous. Non! la porte est trop forte, et
« la fenêtre est barrée. Compère Renart, vous
« avez parlé de poisson, je ne connois pas
« cette viande. Est-elle bonne? Pourrois-je en
« avoir un seul morceau, simplement pour
« en goûter?

« — Très volontiers, et bénie soit notre pêche
« aux anguilles, si vous en voulez bien manger. »

Il prend alors sur la braise deux tronçons
parfaitement grillés, mange le premier et porte
l'autre à son compère. « Tenez, bel oncle, ap-
« prochez; nos frères vous envoient cela, dans
« l'espoir que vous serez bientôt des nôtres.

« — J'y penserai, cela pourra bien être;
« mais pour Dieu! donnez, en attendant.

« — Voici. Eh bien, que vous semble?

« — Mais c'est le meilleur manger du
« monde. Quel goût, quelle saveur! je me sens
« bien près de ma conversion. Ne pourriez-
« vous m'en donner un second morceau?

« — Par nos bottes! si vous voulez être moine,
« vous serez bientôt mon supérieur; car, je
« n'en doute pas, avant la Pentecoste, nos
« frères s'entendront pour vous élire abbé.

« — Se pourroit-il? oh! non, vous raillez.

« — Non vraiment; par mon chef! vous fe-
« riez le plus beau rendu du monde, et quand
« vous aurez passé les draps noirs sur votre pe-
« lisse grise....

« — Alors, vous me donnerez autant de
« poisson que je voudrai?

« — Tant que vous voudrez.

« — Cela me décide; faites-moi rogner tout
« de suite.

« — Non pas seulement rogner, mais raser.

« — Raser? je ne croyois pas qu'on exigeât
« cela. Qu'on me rase donc!

« — Il faut attendre que l'eau soit un peu
« chaude; la couronne n'en sera que plus
« belle. Allons! elle est à peu près comme il
« faut; ni trop froide ni bouillante. Baissez-
« vous seulement un peu et passez votre tête
« par le pertuis que j'ouvre maintenant. »

Ysengrin fait ce qu'on lui dit; il allonge
l'échine, avance la tête, et Renart aussitôt renverse le pot et l'inonde d'eau bouillante. « Ah! »
s'écrie le pauvre Ysengrin, « je suis perdu! je
« suis mort! au diable la tonsure! vous la faites
« trop grande. » Renart, qui rioit sous cape :

« Non, compère, on la porte ainsi; elle est
« tout au plus de la largeur voulue. — Cela
« n'est pas possible. — Je vous le proteste, et
« j'ajoute que la règle du couvent demande que
« vous passiez dehors la première nuit en pieu-
« ses veilles. — Si j'avois su tout cela, » dit
Ysengrin, « et surtout comment on rasoit les
« moines, au diable si l'envie m'eût pris de le
« devenir! mais il est trop tard pour s'en de-
« dire. Au moins, me servira-t-on des an-
« guilles? — Une journée, » dit Renart, « est
« bientôt passée; d'ailleurs je vais vous rejoindre
« pour vous la faire trouver moins longue. »
Cela dit, il sortit par une porte secrète connue
de lui seul, et arriva près d'Ysengrin. Tout en
parlant de la vie douce et édifiante des moines,
il conduisit le nouveau rendu sur le bord d'un
vivier, où lui arriva l'aventure que nous allons
vous raconter.

NEUVIEME AVENTURE.

*Où l'on verra comment Renart conduisit son compère
à la péche aux anguilles.*

'ETOIT peu de temps avant Noël, quand on pense à saler les bacons. Le ciel etoit parsemé d'étoiles, il faisoit un grand froid, et le vivier où Renart avoit conduit son compère etoit assez fortement pris de glace pour que l'on pût en toute sécurité former sur lui des rondes joyeuses. Il n'y avoit qu'un seul trou, soigneusement entretenu chaque jour par les paysans du village, et près duquel ils avoient laissé le seau qui leur servoit à puiser de l'eau.

Renart, indiquant du doigt le vivier : « Mon « oncle, » dit-il, « c'est là que se tiennent en « quantité les barbeaux, les tanches et les an-« guilles ; et précisément voici l'engin qui sert à « les prendre. » (Il montroit le seau.) « Il suf-« fit de le tenir quelque temps plongé dans « l'eau, puis de l'en tirer quand on sent à sa « pesanteur qu'il est garni de poissons.

« — Je comprends, » dit Ysengrin, « et pour « bien faire, je crois, beau neveu, qu'il fau-« droit attacher l'engin à ma queue ; c'est ap-

« paremment ainsi que vous faites vous-mêmes
« quand vous voulez avoir une bonne pêche.
« — Justement » dit Renart ; « c'est merveille
« comme vous comprenez aisément. Je vais
« faire ce que vous demandez. »

Il serre fortement le seau à la queue d'Ysengrin. « Et maintenant, vous n'avez plus qu'à
« vous tenir immobile pendant une heure ou
« deux, jusqu'à ce que vous sentiez les pois-
« sons arriver en foule dans l'engin. — Je
« comprends fort bien ; pour de la patience
« j'en aurai tant qu'il faudra. »

Renart se place alors un peu à l'écart, sous un buisson, la tête entre les pieds, les yeux attachés sur son compère. L'autre se tient au bord du trou, la queue en partie plongée dans l'eau avec le seau qui la retient. Mais comme le froid etoit extrême, l'eau ne tarda pas à se figer, puis à se changer en glace autour de la queue.

Le loup, qui se sent pressé, attribue le tiraillement aux poissons qui arrivent ; il se félicite, et déjà songe au profit qu'il va tirer d'une pêche miraculeuse. Il fait un mouvement, puis s'arrête encore, persuadé que plus il attendra, plus il amenera de poissons à bord. Enfin, il se décide à tirer le seau ; mais ses efforts sont inutiles. La glace a pris de la consistance, le trou est fermé, la queue est arrêtée sans qu'il lui soit possible de rompre l'obstacle. Il se démène et s'agite, il appelle Renart : « A mon « secours, beau neveu ! il y a tant de poissons « que je ne puis les soulever; viens m'aider; je « suis las, et le jour ne doit pas tarder à ve-« nir. » Renart, qui faisoit semblant de dormir, lève alors la tête : « Comment, bel oncle, « vous êtes encore là? Allons, hâtez-vous, pre-« nez vos poissons et partons; le jour ne peut « tarder à venir. — Mais, » dit Ysengrin, « je « ne puis les remonter. Il y en a tant, tant, « que je n'ai pas la force de soulever l'engin. « — Ah ! » reprend Renart en riant, « je vois « ce que c'est; mais à qui la faute? Vous en avez « voulu trop prendre, et le vilain a raison de le « dire : Qui tout désire tout perd. »

La nuit passe, l'aube paroit, le soleil se lève. La neige avoit blanchi la terre, et messire Constant des Granges, un honnête vavasseur dont la maison touchoit à l'étang, se lève et sa joyeuse mégnie. Il prend un cor, appelle ses chiens, fait seller un cheval; des clameurs partent de tous les côtés, tout se dispose pour la chasse. Renart ne les attend pas, il reprend lestement le chemin de Maupertuis, laissant sur la brèche le pauvre Ysengrin qui tire de droite et de gauche, et déchire sa queue cruellement sans parvenir à la dégager. Survient un garçon tenant deux levriers en laisse.

Il apperçoit le loup arrêté par la queue dans la glace, et le derrière ensanglanté. « Ohé! ohé! « le loup! » Les veneurs avertis accourent avec d'autres chiens, et cependant Ysengrin entend Constant des Granges donner l'ordre de les délier. Les braconniers obéissent; leurs brachets s'attachent au loup qui, la pelisse hérissée, se dispose à faire bonne défense. Il mord les uns, retient les autres à distance. Alors messire Constant descend de cheval, approche l'épée au poing et pense couper Ysengrin en deux. Mais le coup porte à faux; messire Constant, ébranlé lui-même, tombe sur la tête et se relève à grand peine. Il revient à la charge, vise la tête, le coup glisse et le glaive descend sur la queue qu'elle emporte toute entière. Ysengrin, surmontant une douleur aigue, fait un effort suprême et s'élance au milieu des chiens qui s'écartent pour lui ouvrir passage et courir aussitôt à sa poursuite. Malgré la meute entière acharnée sur ses traces, il gagne une hauteur d'où il les défie. Brachets et levriers tous alors renoncent à leur chasse. Ysengrin entre au bois, plaignant la longue et riche queue qu'il s'est vu contraint de laisser en gage, et jurant de tirer vengeance de Renart, qu'il commence à soupçonner de lui avoir malicieusement ménagé toutes ces fâcheuses aventures.

LE TRANSLATEUR. — *A l'imitation d'Ysengrin devenu moine et pêcheur d'anguilles, Primaut, son digne frère, va devenir prêtre, et Renart lui fera partager l'aventure des marchands de poisson. Une seule légende latine aura sans doute inspiré les deux récits françois : deux trouvères auront (à l'insçu l'un de l'autre) taillé dans le même modèle Ysengrin et Primaut; comme ils avoient déjà taillé, dans un autre, Chantecler et Noiret. L'histoire de l'entrée dans les Ordres a même été renouvelée pour la troisième fois au profit de Tiebert le chat. Mais de celle-ci nous nous en tairons.*

DIXIEME AVENTURE.

Comment Renart trouva la boîte aux oublies, et comment Primaut, ordonné prêtre, voulut sonner les cloches et chanter la messe : ce que l'on estima fort étrange.

ERTAIN prêtre, un jour, traversoit la plaine, portant devant lui sur sa poitrine une boîte remplie de ces gâteaux légers connus sous le nom d'oublies, que l'on découpoit plus tard pour en faire des pains à chanter. Au bout de la plaine étoit une haie : le prêtre en la traversant avoit laissé tomber la boîte aux oublies, et ne s'en étoit pas apperçu.

Renart arrive, trouve la boîte et l'emporte à travers champs. Quand il se vit dans un endroit écarté : « Voyons, » dit-il, « ce qu'il y « a là dedans. » Il ouvre, trouve plus de cent oublies et les mange toutes à l'exception de deux qu'il garde pliées en double entre ses dents. Il n'eut pas fait vingt pas qu'il apperçut damp Primaut venant à lui d'un pas rapide, comme s'il le reconnoissoit. « Renart, » dit-il, « sois le bien-venu ! — Et vous, damp Pri- « maut, Dieu vous garde et vous donne bon « jour ! Peut-on savoir d'où votre seigneurie « accourt si vîte? — Je viens du bois où j'ai « chassé longtems sans rien trouver. Mais que « portes-tu donc là?

Renart. « De bons et beaux gâteaux d'é- « glise; des oublies.

Primaut. « Des gâteaux ! où les as-tu dé- « couverts?

Renart. « Mais apparemment où ils étoient; « ils m'y attendoient, je suppose.

Primaut. « Ah ! cher ami, partageons, je « te prie.

Renart. « Je vous les donne, et je vous « les donnerois quand même ils vaudroient « cinq cents livres. »

Primaut ayant mangé les oublies de grand cœur : « Renart, sais-tu que ces gâteaux sont « fort bons? En as-tu d'autres? — Non, pour

« le moment. — Eh bien, j'en ai regret ; car,
« par saint Germain et l'ame de mon père,
« je sens une faim horrible. Je n'avois rien
« mangé d'aujourd'hui, et malgré tes oublies,
« je me sens prêt à défaillir. — Prenez, » dit
Renart, « un peu de courage. Vous voyez là-
« bas ce moutier? Allons-y, nous y trouverons
« autant d'oublies que nous voudrons. — Ah !
« cher ami Renart, s'il en etoit ainsi, j'en se-
« rois reconnoissant toute ma vie. — Lais-
« sez-moi faire, et vous allez être content, je
« le promets sur ma tête. Marchez devant, je
« suivrai. »

Ils courent et bientôt arrivent devant le moutier que desservoit le prêtre à la boîte d'oublies. La porte etoit fermée : ils creusent la terre sous les degrés de l'entrée et pratiquent une ouverture.

Les voilà dans l'église. Sur l'autel se trouvoient des oublies recouvertes d'une blanche serviette. Enlever le linge et dévorer les gâteaux fut pour Primaut l'affaire d'un instant. « En vérité, frère Renart, ces gâteaux me plai-
« sent beaucoup : mais plus j'en ai mangé
« et plus j'ai souhaité d'en manger encore.
« Quelle est cette huche, là près? ne contien-
« droit-elle pas quelque bonne chose ? voyons,
« ouvrons-la. — Je ne demande pas mieux. »

Ils vont à la huche. Primaut, le plus fort

et le plus avide, en brise la fermeture : ils y trouvent du pain, du vin et de bonnes viandes. « Dieu soit loué ! » dit Primaut, « cela « vaut encore mieux que les oublies ; et nous « avons de quoi faire un excellent repas. Tiens, « Renart, va prendre la nappe de l'autel, « étends-la ici et apporte-nous du sel. L'hon-« nête homme que ce prêtre, pour avoir si bien « garni la huche ! Voilà tout préparé ; man-« geons ce que Dieu nous envoie. »

Parlant ainsi, Primaut tiroit les provisions. Elles furent posées sur la nappe, et, tranquilles comme dans leur propre demeure, les deux compagnons s'assirent et mangèrent à qui mieux mieux.

Mais si Renart ne jouoit pas un mauvais tour à Primaut, il en auroit une honte mortelle. « Cher ami, » dit-il, « je suis ravi de « vous voir en si bon point. Versez et buvez, « nous n'avons personne à craindre. — Oui, « buvons, » répond Primaut, « il y a du vin « pour trois. » Cependant, à force de hausser le bras, la tête de damp Primaut s'embarrasse, et Renart, tout en se ménageant, continuoit à l'exciter. « Çà, » disoit-il, « nous ne faisons « rien ; vous buvez à trop petits coups, je ne « vous reconnois pas. — Comment ! je lampe « sans arrêter, » répond l'autre en bégayant. « Fais-moi raison, mon cher, mon bon ami

« Renart : je veux boire plus que toi. — Oh !
« vous n'y arriverez pas. — Moi ? — Songez
« que j'ai dix coups en avance. — Ah ! Renart,
« tu ne dis pas la vérité. Tiens, *have! drink!*
« Toi mieux boire que moi ! je viderois plutôt
« les deux coupes à la fois, la tienne et la
« mienne. »

Renart faisoit semblant de boire, mais laissoit couler le vin dans ses barbes. L'autre n'y voyoit plus rien ; il buvoit, buvoit toujours, les yeux hors du front, rouges comme deux charbons embrasés. Il n'est pas de rêverie qui ne lui passe par la tête : tantôt il se croit le roi Noble entouré de sa cour, au milieu de son palais ; tantôt il pleure ses vieux méfais et se déclare le plus grand pêcheur du monde.

« Renart, » dit-il, « j'ai une idée ; Dieu en
« nous conduisant ici doit avoir eu ses desseins
« sur nous. Si nous allions à l'autel chanter la
« messe ? Le missel est ouvert, les robes du
« prêtre sont à côté. J'ai appris à chanter quand
« j'étois jeune, et tu vas voir si je l'ai oublié.

« Mais, » dit Renart, « il faut, avant tout,
« se garder de sacrilége. Pour chanter à l'au-
« tel on doit être prêtre, ou pour le moins clerc
« couronné. Tu ne l'es pas, Primaut. — En
« vérité, tu as raison, Renart. Mais on y pour-
« voira, on y pour-pour-voi-ra. Ne pourras-tu
« me faire la couronne qui me manque ?

« D'ailleurs, on peut renoncer à la messe;
« je n'ai pas besoin d'être tonsuré pour dire
« vigiles et vêpres. — Non; mais pourtant il
« vaudroit mieux te donner tout de suite les
« Ordres : moi, je puis fort bien le faire, car,
« au temps passé, j'ai étudié pour être prêtre et
« je suis au moins diacre. Si donc je trouvois un
« rasoir, je te couronnerois, je te passerois l'é-
« tole au cou et je te déclarerois prêtre, sans
« avoir besoin de notre saint-père le Pape. —
« En attendant, » dit Primaut, « rien ne nous
« empêche de chanter les vêpres. » Les deux
amis avancent vers l'autel, Primaut en longeant
les murs pour y trouver le point d'appui dont
il a grand besoin. Tout en l'accompagnant,
Renart regardoit de côté et d'autre : derrière
l'Autel des pelerins il avise une armoire, et par
bonheur il y trouve un rasoir effilé, un clair
bassin de laiton et des ciseaux. « Voilà, » dit-il,
« tout ce qu'il nous faut; nous n'avons plus
« besoin que d'un peu d'eau. »

Primaut avoit la langue trop embarrassée
pour répondre. L'autre cependant reconnoit,
sous la tour des cloches, la pierre du baptis-
tère, il y puise de l'eau, et revenant à son
compagnon : « Voyez, Primaut, le miracle
« que Dieu vient de faire pour vous; regardez
« cette eau. — C'est, » dit Primaut, « que Dieu
« prend en gré notre service. Allons! vîte ma

« couronne. Décidément, je veux chanter la
« messe. »

Il s'étend sur les dalles, et Renart lui tenant
d'une main la tête verse de l'autre l'eau du
bassin. Primaut supporte tout sans broncher,
et Renart profitant de sa bonne volonté lui
élargit la couronne jusqu'aux oreilles. « Ai-je
« tonsure maintenant? — Oui, tu peux la
« sentir toi-même. — Me voilà donc vrai
« prêtre! Allons, tout de suite la messe! com-
« mençons. — Mais auparavant, il faut sonner
« les cloches. — Laisse-moi faire. » Il va aux
cloches, saisit les cordes et se met à sonner à
glas et à carillon. Renart est pris alors d'une
telle envie de rire que la mort de tous ses parens ne la lui auroit pas ôtée. Il se cache
comme il peut sous les barbes de son manteau,
et lui crie: « Bon! bon! plus fort! toujours
« plus fort! — Je crois qu'il n'y a pas un clerc,
« un marguillier capable de mieux sonner.
« — Mais il faut prendre les deux cordes
« ensemble, les clochettes ne font pas leur
« office. — Est-ce mieux comme cela? — Oui,
« oui; maintenant à l'autel! Je vais vous ai-
« der à passer l'aube et l'aumusse, la ceinture,
« le fanon et l'étole. » Puis, entre ses dents :
« Oh! comme il chantera tout-à-l'heure au-
« trement! comme on va lui caresser d'une
« autre façon les côtes! »

Primaut, la chasuble sur le dos, monte à l'autel, ouvre le missel, tourne et retourne les feuillets ; il pousse des hurlemens qu'il regarde comme autant de traits mélodieux. Cependant Renart croyant le moment arrivé de déguerpir, se coule sous la porte par le trou qu'ils avoient pratiqué, rejette la terre qu'ils en avoient enlevée, ferme l'ouverture, et laisse Primaut braire et hurler tout à son aise.

Or, comme on le pense bien, le son des cloches arrive au presbytère. Le prêtre étonné saute à bas de son lit, approche du feu la chandelle qu'il allume, appelle Giles son clerc, son chapelain, et sa femme[1], se munit d'un levier, prend la clef du moutier, ouvre la porte et s'avance avec inquiétude. La dame s'arme d'un pilon, le chapelain d'un fouet et le clerc d'une massue qui lui donne quelque chose de l'air et de la démarche d'un énorme limaçon.

Le prêtre fut le premier à distinguer, devant l'autel d'où partoient les cris, un personnage tonsuré, enchasublé, dont il ne peut reconnoître les traits. Il recule, il revient à plusieurs reprises, enfin il s'imagine avoir affaire au diable et se sent pris d'une telle épouvante qu'il en perd connoissance. La prêtresse pousse les

---

1. En ce temps-là, c'est-à-dire vers 1170, l'Eglise permettoit encore aux prêtres de garder la femme qu'ils avoient épousée avant d'être ordonnés.

hauts cris, et le clerc se sauve dans la ville en criant de toutes ses forces : « Alarme! alarme! « les diables sont entrés dans le moutier! ils ont « tué Monsieur le Curé, et nous avons eu grand « peine à nous sauver. » Les vilains réveillés en sursaut se lèvent, s'habillent et tous se portent vers le moutier.

Il falloit les voir alors : l'un a endossé son haubert de cuir, l'autre a coiffé son vieux chapeau de fer enfumé ; celui-ci a tiré du fumier sa fourche encore humide, celui-là s'est fait accompagner de ses chiens ; d'autres brandissent des épées rouillées, dressent des bâtons, des fléaux, agitent des haches, des massues; tous enfin se préparent à lutter rien que contre les diables d'enfer. Le prêtre étoit revenu à lui : « Oui, mes enfans, » leur dit-il, « le diable est « dans l'église, il faut lui courir sus. » Le bruit de la foule interrompt la messe de Primaut : il se retourne, s'étonne, la peur le prend et le dégrise. Il court au trou, il étoit fermé ; il revient à l'autel, il va, vient, de plus en plus effrayé. Le prêtre, lui voyant l'oreille basse, le frappe de son levier : furieux, Primaut se jette sur l'aggresseur et l'auroit mis en pièces si les vilains lui en avoient laissé le temps. Tous alors le huent, le daubent, lui brisent les reins, lui enlèvent la moitié de l'échine. Le pauvre Primaut fait alors un suprême effort : il mesure

des yeux une fenêtre ouverte, fait un élan, l'atteint du premier saut et s'échappe enfin de l'église. Criblé de blessures, il n'a d'autre consolation que les vêtemens qu'il emporte, et c'est dans ce costume qu'il gagne le bois et qu'il rend graces à Dieu de lui avoir conservé la vie. « Maudit soit le prouvère ! il me paiera
« cher un autre jour tous les coups que j'ai re-
« çus ! Je jure Hermengart, ma femme, de ne
« rien laisser ici, ni vache ni brebis. S'il a
« demain à chanter messe, qu'il cherche celui
« qui lui rapportera son étole et son aumusse ;
« il faudra qu'il emprunte, pour l'office, la
« juppe de la prêtresse, et qu'il fasse une aube
« de sa guimple. Mais Renart ! qu'est-il de-
« venu ? c'est lui pourtant qui me conduisit au
« moutier, et qui m'a laissé après m'avoir mis
« dans l'embarras. Ah ! si je le retrouve, je
« n'irai pas porter ma plainte à la cour du roi
« Noble ; je me ferai justice moi-même et je
« l'empêcherai d'essayer jamais des tours pa-
« reils. Mais j'aurois dû me tenir pour défié,
« et l'exemple de mon frère Ysengrin pouvoit
« bien me tenir lieu d'avertissement. »

Parlant ainsi, il découvre sous un chêne maître Renart qui, l'air contrit, les yeux larmoyans, sembloit arrêté pour l'attendre. « Ah ! vous voilà donc enfin, sire Primaut, » dit-il, « soyez le bienvenu ! — Et moi, » dit Pri-

maut, « je ne vous salue pas. — Pourquoi?
« quel mal ai-je donc fait ? — Vous m'avez
« laissé seul, et sans m'avertir vous avez
« fermé la trouée du moutier. Ce n'est pas votre
« faute si je n'ai pas été assommé : il a fallu
« me defendre contre une centaine d'ennemis
« acharnés. Méchant nain, roux infâme ! Ah!
« si je ne suis pas le premier, je pourrai bien
« être le dernier de ceux que vous aurez
« trahis.

« Sire Primaut, » répond Renart d'une voix
suppliante, « je vous crie merci; je sais que
« dans ces lieux écartés, vous pouvez me faire
« honte et préjudice ; mais j'atteste Herme-
« line, ma chère femme, Malebranche et
« Percehaie, mes deux fils, que je ne me sou-
« viens pas de vous avoir offensé. Ce n'est
« pas moi qui ai fermé le pertuis, c'est le
« méchant prouvère. J'eus beau le supplier
« de s'en deffendre, il me repondit par des me-
« naces, si bien que le voyant prêt à me faire
« un mauvais parti, je n'eus plus qu'à me sauver
« par un petit sentier couvert que je connois-
« sois. Je vous attendis sous ce chêne, inquiet
« de ce que vous alliez devenir, car je pré-
« voyois avec chagrin qu'on vous attaqueroit.
« Telle est la verité, je sanglotois encore au
« moment où vous êtes arrivé. »

Ces paroles firent tomber la colère de Pri-

maut : « Allons ! Renart, je veux bien vous
« croire, et ne garder de rancune que contre le
« prouvère dont j'emporte au moins, comme
« vous voyez, l'aube, l'aumusse, la chasuble,
« le fanon et la ceinture. Il en cherchera d'au-
« tres, quand il voudra chanter messe à son
« tour.

« — Or, savez-vous, » dit Renart, « ce
« qu'il y auroit à faire ? — Non. — Il faudroit
« demain porter ces vêtemens à la foire et les
« y vendre, fût-ce au prouvère lui-même, s'il
« s'y présente. — Voilà qui est bien pensé, »
dit Primaut ; « mais d'abord reposons-nous,
« car je suis gravement meurtri et harassé.
« Quand nous aurons bien dormi, nous par-
« lerons de la foire ; nous y porterons les habits,
« et nous en aurons, j'imagine, un assez bon
« prix. — Je le crois comme vous, » répondit
Renart, « et qui sait si nous ne trouverons
« pas moyen de nous venger de ceux qui vous
« ont tant maltraité, pour vous punir de votre
« zèle au service de Dieu ? »

ONZIEME AVENTURE.

Comment Renart et Primaut allèrent à la foire, et du bon marché qu'ils firent en chemin.

Au point du jour, les deux amis se levèrent et plièrent les vêtemens du Curé, à la guise des marchands. Primaut coupa une hart, et les pendit à son cou; Renart se plaça derrière lui comme son valet et, dans cet appareil, ils prirent gaiement le chemin de la foire.

Ils ne marchèrent pas longtemps sans faire la rencontre d'un prouvère, qui justement se rendoit à la foire pour y acheter un surplis, une étole et une aumusse; mais il vouloit commencer par aller déjeuner chez un de ses confrères, auquel il portoit une oie des plus tendres et des plus grasses.

Renart fut le premier à l'appercevoir. « Bonne « aventure, compain, » dit-il à Primaut, « je « vois, là devant nous, un prêtre qui, si je ne « me trompe, va nous être de grand secours. « Peut-être nous achetera-t-il nos habits, ce « seroit autant de gagné; car, en pleine foire, « on peut nous soupçonner de les avoir volés, « et nous paierions alors un mauvais écot.

« D'ailleurs, le prouvère porte un bel oison
« dont nous aimerions assez à goûter. Que
« vous en semble? — Il faut faire ce que tu
« dis là. »

Le prêtre, quand ils passèrent, leur dit en
relevant par courtoisie le pan de son manteau:
« Dieu vous garde, beaux sires! — Vous aussi,
« damp prêtre, et votre compagnie! » Parlant
ainsi, Renart regardoit l'oison. « Quel vent
« suivez-vous, » repartit le prêtre, « et de quel
« pays arrivez-vous?

RENART. « Nous sommes des marchands an-
« glois, et nous allons à la foire porter un as-
« sortiment complet de prouvère : l'aube, la
« chasuble de bel et bon samit, l'étole, l'amit,
« le fanon, la ceinture. C'est nous qui four-
« nissons les chanoines de la prochaine église;
« mais si vous en avez besoin, damp prou-
« vère, nous vous donnerons la préférence,
« et nous vous laisserons le tout pour ce qu'il
« nous a coûté.

LE PROUVERE. « Avez-vous tous ces habits
« avec vous? »

RENART. « Oui, sire prouvère; ils sont là,
« dans nos bagages, très-bien serrés.

LE PROUVERE. « Voyons-les, je vous prie:
« Je ne vais à la foire que pour en acheter;
« et si vous êtes raisonnables, je m'en accom-
« moderai.

Primaut. « Oh! pour cela, vous serez content de nous. »

Primaut met alors sa charge à terre, et montre les habits. Le prêtre les examine. « Il n'est « pas besoin, » dit-il, « de longues paroles, « combien m'en demanderez-vous?

Primaut. « Je vous le dirai sans surfaire. « Cedez-moi votre oison, et les habits sont à « vous.

Le prouvere. « Bien parlé, par ma foi! J'y « consens; prenez-le, et baillez-moi les vête- « mens. »

L'échange se fait aussitôt. Primaut prend avec joie l'oison, qui etoit gras et bien fourni. Il le met à son cou et détale au plus vîte, sans même penser à prendre congé de Renart. Celui-ci de courir après, et de le rejoindre avec l'espoir d'être admis au partage. L'un suivant ainsi l'autre, ils gagnent la lisière du bois, peu soucieux des vilains qui, de temps à autre, leur barrent le passage; et chemin faisant, ils rioient de bon cœur, Primaut surtout, de la sottise du Prouvère, qui avoit pu donner une si bonne bête pour quelques habits.

Arrivés sous un grand chêne, Primaut mit l'oison à terre, et prenant les devans sur les réclamations de son compagnon : « En vérité, « Renart, nous avons eu tort de ne pas de- « mander au prouvère un second oison; je

5

« suis sûr qu'il nous l'auroit donné. Tu sais
« que ce n'est pas pour moi que je parle; seu-
« lement j'ai regret de voir que tu n'es pas aussi
« bien partagé que moi.

Renart. « Comment! sire Primaut, voudriez-
« vous me fausser compagnie et m'exclure du
« partage? »

Primaut. « Le partage? Pour cela, tu n'y
« penses pas; eh! que diroit mon patron, le
« bon saint Leu?

Renart. « Pourtant, vous aurez grande
« honte et vous ferez un peché mortel, si vous
« gardez tout pour vous.

Primaut. « Voilà des paroles bien inu-
« tiles : ai-je besoin de tes sermons? Si tu
« as faim, qui t'empêche de faire un tour dans
« le bois et d'y chercher ta proie, comme les
« autres jours? »

Renart ne répond pas; il sait qu'icy les reproches ne lui serviroient guères. Pour menacer et défier Primaut il faudroit être aussi fort que lui, et Renart se rend justice. Il aima mieux s'éloigner; mais il étoit surtout fâché d'avoir trouvé son maître en felonie : « Damp
« Primaut, » dit-il, « vient de jouer mon person-
« nage; en vérité, je le croyois plus sot. Il m'a
« fait ce qu'on appelle la compagnie Taisseau[1].

1. Vers 1140, Robert, duc de Normandie, ayant été obligé de quitter Caen, le gardien de la porte principale

« J'aurois dû me défier de cet odieux glouton.
« Mais s'il est vrai que je sache mieux leurrer
« qu'un bœuf ne sait labourer, je prends à
« témoin mes bons amis les bourgeois d'Ar-
« ras, que personne à l'avenir ne pourra se
« vanter, ô ma chère Hermeline, de faire re-
« pentir ton époux de sa bonne foi. »

DOUZIEME AVENTURE.

Comment l'oison ne demeura pas à qui l'avoit acheté, et comment Primaut ne put attendrir Mouflart le vautour.

RETOURNONS maintenant à Primaut qui se complait à regarder l'oison, avant de le manger. Par où commencera-t-il ce repas délicieux ? Par les cuisses ? Non : la tête est plus délicate, et puis, s'il s'en prenoit d'abord aux pattes, il n'auroit plus faim pour aborder les meilleurs morceaux. Comme il suivoit ce raisonnement, sire Mouflart le vautour faisoit dans les airs sa ronde accoutumée. Il apperçoit Primaut perdu dans

---

de la ville, nommé Taisseau, arrêta l'un des principaux serviteurs du prince et le détroussa. Les gens de Taisseau firent comme lui, et tous les bagages du duc furent pillés. (*Roman de Rou*, t. I, p. 403.)

la contemplation de son oison, et lui qui n'avoit mangé de la matinée, profite de l'occasion, descend, avance les ongles et vous happe la lourde volaille. Primaut, à la rigueur, eût pu le prévenir; mais il avoit espéré du même coup retenir l'oison et l'épervier : il perdit l'un et l'autre. Quel ne fut pas alors son dépit ! il suit Mouflart des yeux, il le voit se poser sur un chêne, et prenant alors l'air d'une honnête personne : « Sire Mouflart, » dit-il, « cela n'est pas bien
« d'ôter aux gens ce qui leur appartient; sur
« mon salut, je ne vous aurois pas traité de
« même. Tenez, ne nous querellons pas, cher
« ami ; descendez, faisons la paix ; vous décou-
« perez l'oison, et vous choisirez vous-même la
« moitié qui vous plaira le mieux. Ne le vou-
« lez-vous pas, mon bon Mouflart?

« — Non, Primaut, » répond l'autre, « ne
« l'espérez pas ; je garde ce que je tiens. A moi
« cet oison, à vous les autres que vous pren-
« drez. Mais, si vous voulez, je dirai une pate-
« nostre pour vous, mon bienfaiteur : car il
« faut en convenir, l'oie est excellente; je n'en
« ai jamais mangé d'aussi tendre et d'aussi
« dodue. — Au moins laissez-m'en goûter. Une
« seule cuisse, de grâce ! — Vous n'y pensez
« pas, sire Primaut. Quoi ! vous voulez que
« je descende jusqu'à vous, pour le plaisir de
« partager ! Il faudroit être fou, pour mettre

« derrière son dos ce qu'on a dans les
« mains. Mais tenez, un peu de patience :
« quand j'aurai mangé les chairs, je vous jet-
« terai les os. »

Primaut se résigna. Il attendit la chûte de quelques bribes dont Mouflart ne vouloit plus ; et cependant il sentoit un vrai remord d'avoir fait à Renart le tour dont il avoit si mal profité.

TREIZIÈME AVENTURE.

Comment Renart eut vengeance de Primaut, et comment il le fit battre par les harengers.

Laissons là Primaut, pour revenir à Renart, qui cherche à se consoler de la perte de l'oison, et se bat les flancs pour trouver autre chose à mettre sous la dent. Mais, quand après avoir assez couru, il vit que le bois ne lui offroit pas grande chance de butin, il reprit le sentier qui conduisoit au chemin de la foire, et regagnant les abords de la grande route, il résolut d'y attendre quelque aventure. Il n'étoit pas au guet depuis longtems, quand il entendit venir une lourde charrette[1]. C'étoit

---

1. Ici, le lecteur va reconnoître le commencement de la Septième aventure, qui sera continuée au profit de Primaut.

des marchands de poisson qui conduisoient à la foire une provision de tanches et de harengs. Renart, loin de s'effrayer de leur approche, se vautre dans la terre humide, s'étend en travers du chemin, la queue roide, la pelisse toute blanchie de fange. Il se place jambes en l'air, dents serrées, balèvres rentrées, langue tirée et les yeux fermés. Les marchands en passant ne manquent pas de l'appercevoir. « Oh ! regar« dez, » dit le premier, « par ma foi c'est un « goupil. Belle occasion de payer avec sa peau « l'écot de la nuit! Elle est vraiment belle, « on en feroit une bonne garniture de surcot; « je ne la donnerois pas pour quatre livres. « — Mais, » dit un autre, « elle les vaut, et « mieux encore; il ne faut que regarder la « gorge. Voyez comme elle est blanche! Or, « mettons-le dans la voiture, et dès que nous « serons arrivés, nous lui ôterons ce man« teau qui doit lui tenir trop chaud. »

Cela dit, on le lève, on le jette sur la charrette, on l'étend au-dessus d'un grand panier, on le recouvre de la banne, puis on se remet en route. Ce panier contenoit pour le moins un millier de harengs frais. Renart que les marchands ne surveilloient guères, commence par en savourer une douzaine; puis la faim cesse et la satiété arrive. C'est le moment de penser à s'échapper; et comme, tout en dévorant, il n'oublioit pas la félonie de Primaut, il avise un expédient qui va lui fournir un excellent moyen de vengeance. Il prend entre ses dents un des plus beaux harengs, joint les pieds, fait un saut et le voilà sur le pré. Mais avant de s'éloigner, il ne peut se tenir de gaber un peu les marchands : « Bon voyage, les vilains ! je « n'ai plus affaire de vous et je vous engage « à ne pas compter sur ma peau pour votre « écot. Vos harengs sont très-bons ; je n'en « regrette pas le prix. A vous le reste, sauf « celui-ci que j'emporte pour la faim pro- « chaine. Dieu vous garde, les vilains ! »

Cela dit, Renart joue des jambes, et les harengers de se regarder confus et ébaubis. Ils le huent, ils le menacent ; peines perdues, il n'en presse pas d'un brin son allure. Il va le trot, le pas, l'amble ; à travers monts, bosquets, plaines et vallées, jusqu'à ce qu'il ait enfin regagné l'endroit où il avoit laissé Primaut.

Primaut y étoit encore ; et il faut le dire à son honneur, il ne put, en revoyant Renart, s'empêcher de verser deux larmes de repentir. Il se lève même, va de quelques pas à sa rencontre, et quand il se trouve à portée, il le salue d'un air contrit. Pour Renart, il fait semblant de ne pas le voir. « Beau compain, » dit Primaut, « de grace, ne me tenez pas ri-

« gueur. J'ai failli, je le reconnois; mais je vous
« offre satisfaction : laquelle voulez-vous ? —
« Primaut, » répondit Renart, « au moins pour-
« riez-vous bien vous dispenser de railler : si
« vous avez mangé seul le morceau que nous
« avions gagné de commun, c'est un trait de
« gloutonnerie qui doit vous suffire, sans que
« vous ayiez besoin d'alléguer de méchantes
« excuses. Les occasions de vous amender ne
« manqueront pas, si vous les cherchez. —
« Ah! Renart, je dis la vérité; oui, je ressens
« un profond regret de vous avoir fait tort :
« Apprenez que je n'en ai de rien profité. Je me
« disposois à manger notre oison, quand tout
« à coup voilà Mouflart qui fond sur moi et le
« happe, sans me laisser le temps de le retenir.
« Le vilain l'a dit avec raison : entre la bou-
« che et la cuiller il y a souvent grand en-
« combre. J'essayai d'attendrir le vautour,
« peines perdues, il me répondit comme j'avois
« fait à vous, mon cher compain! que je gâ-
« tois mon françois, et que je ne mangerois
« que ses restes. N'ai-je donc pas bon sujet
« de me repentir de ne pas vous avoir donné
« part à l'oison! mais, ami Renart, tout le
« monde n'est pas aussi sage, aussi honnête que
« vous : le fou doit faire des folies, heureux
« s'il a, comme moi, le repentir et la résolution
« de mieux agir une autre fois. Demeurons

« bons amis, croyez-moi, et ne parlons plus
« de ce qui est passé.

« — Eh bien, soit ! » dit Renart, « j'oublie
« tout, puisque vous le désirez ; mais je vou-
« drois que votre foi fût engagée : promet-
« tez de me tenir loyauté, et je m'engagerai
« de même envers vous. » Tous deux alors
tendirent les mains, en signe d'alliance. Mais
Primaut seul étoit en résolution de tenir la
parole donnée.

Cependant, Primaut n'avoit pas cessé d'être
à jeûn, et apercevant le hareng que Renart
avoit apporté : « Que tiens-tu là, compain, »
dit-il, « entre tes pieds ? — C'est un hareng, un
« simple hareng : Je viens d'en manger tant
« que j'ai voulu, dans une charrette qui se
« rendoit à la foire. — Ah ! compain, » reprit
Primaut, « tu sais que depuis hier matin je
« n'ai rien mangé ; voudrois-tu bien me don-
« ner ce poisson ? — Très-volontiers, » dit Renart, « le voici. » Primaut l'eut en un instant
dévoré. « Ah ! le bon hareng, pourquoi n'est-il
« mieux accompagné ! hélas ! il n'a pu tout seul
« apaiser une faim telle que la mienne. Mais,
« ami Renart, de grâce, comment as-tu pu ga-
« gner ceux que tu as mangés ? — Voici toute
« l'histoire, » répond l'autre. « Quand je vis ve-
« nir la charrette, je me couchai tout du long
« sur le chemin, faisant mine de mort. Les

« marchands crurent qu'il suffisoit de me jeter
« sur leurs paniers pour être maîtres de ma
« peau. Alors je fis mon repas, puis en descen-
« dant j'emportai un hareng à votre intention ;
« car voyez-vous, Primaut, malgré votre mau-
« vaise conduite, je vous aimois toujours. Mais
« maintenant, j'y pense : il ne tiendroit qu'à
« vous d'avoir la même aubaine ; seulement
« il faudroit courir après la charrette, avant
« qu'elle n'arrivât à la foire. Vous savez
« comme j'ai fait, vous n'aurez qu'à recom-
« mencer. — Par saint Leu ! » dit Primaut,
« tu es d'excellent conseil ; je cours après les
« marchands ; attends-moi ici, je reviendrai
« dès que j'aurai fait bonne gorge de leur
« poisson. »

Primaut se met aussitôt à jouer des jambes ;
il atteint la charrette comme elle approchoit de
l'enceinte où se tenoit la foire. Il la dépasse,
ne perd pas de temps, se couche dans la voie
et fait le mort comme Renart lui en avoit
donné la leçon. Les marchands l'ayant aperçu :
« Ah ! » crièrent-ils, « le loup ! le loup ! allons
« à lui ; on croiroit qu'il est mort. Voudroit-il
« nous jouer le même tour que le maudit gou-
« pil ? Nous allons voir. »

Tous les gens de la charrette arrivent du
même pas autour de Primaut qui se garde de
faire un mouvement, pendant qu'ils le tournent

et retournent. « Il est bien mort! » dit l'un.
« — Non. — Vraiment si, tête Dieu! — Je vous
« dis qu'il en fait semblant. — Eh bien, ce bâ-
« ton nous accordera. » On joue du bâton, Primaut souffre tout. Un des charretiers avoit un énorme levier : il le fait tomber sur les reins du pauvre loup qui étouffe ses gémissemens, résiste à la douleur et ne donne pas signe de vie. Pourtant le vilain surprend un soupir : aussitôt il tire un large coutelas dont il alloit le frapper, mais Primaut juge à propos de ne pas l'attendre; il fait un saut, renverse un de ses ennemis, et s'enfuit poursuivi par les huées de tous. Le voilà bien en colère, bien roué, bien battu; il gagne avec peine la retraite où l'attendoit son cher compain. « Ah! Renart, tu
« m'as trahi. — Comment, sire Primaut, n'a-
« vez-vous pas bien dîné des harengs? — Il
« s'agit bien de dîner; les poissonniers m'ont
« attaqué, battu, roué, peu s'en faut qu'ils ne
« m'aient assommé. Quel moment et quelle
« peur quand, après avoir eu les côtes brisées
« par un levier, je vis briller le coutelas dont
« on alloit jouer sur mon cou! C'est alors que
« j'ai cessé d'être mort et que j'ai rassemblé
« toutes mes forces pour échapper à ces mau-
« dits vilains.

« — Ah! les vilains! » reprit alors Renart en retenant une grande envie de rire, « les voilà

« bien! de vrais démons dont il ne faut pas
« même parler, tant on auroit de mal à en dire.
« Le vilain n'a pas d'amis, il n'a pitié de per-
« sonne. Mais, sire compain, n'êtes-vous pas
« blessé? en tout cas, remercions bien Dieu
« de vous avoir sauvé la vie. Reposez-vous, et
« puis nous irons voir si nous pouvons ailleurs
« trouver à manger; car vous avez bien faim,
« n'est-ce pas? — Hélas! oui, » répond Primaut, qui ne voyoit pas Renart lui faire une
lippe de toute la longueur de sa langue; « je ne
« sais de quoi je souffre le plus, de la faim ou
« des coups que j'ai reçus. »

Les deux amis s'étendent alors sur l'herbe
fraîche; Primaut en grommelant contre les
vilains, Renart en prenant gaiement le temps,
la tête enroulée dans ses pattes. C'est ainsi
qu'il se laisse aller au sommeil du juste que
ne trouble aucun regret et dont tous les vœux
sont remplis.

QUATORZIEME AVENTURE.

Comment Renart conduisit Primaut dans le lardier du vilain, et ce qui en résulta pour le vilain et pour lui.

PRIMAUT, que la faim tourmentoit, réveilla Renart avant le point du jour : « Compain, je meurs de faim, « tu le sais ; apprends-moi donc où « je pourrai trouver à manger. »

Renart se frotte les yeux, réfléchit un moment, puis : « Si vous tenez à faire un bon re-« pas, il y a près d'ici une maison de ma con-« noissance qui vous en donnera tous les « moyens. Elle appartient à un vilain, possesseur « de quatre gros bacons : je sais par où l'on y « peut entrer, et si vous voulez je vous y con-« duirai.

« — Si je le veux ! » dit Primaut, « mais tout « de suite, je t'en prie. Ne vois-tu pas que je « grille d'être en face de ces bacons ? — Eh « bien ! partons. »

Arrivés devant la maison, Renart commence par faire l'examen des portes et des fenêtres : elles étoient toutes closes, et la mesgnie du vilain dormoit encore. Renart se souvient d'un jeu

qu'il avoit fréquemment essayé. Il y avoit, du côté opposé à la porte, dans le courtil, une ouverture étroite : il y conduit Primaut, passe le premier et invite à le suivre son ami. Primaut eut toutes les peines du monde à passer ; mais la faim avoit effilé son ventre et lui donnoit une ardeur singulière ; les voilà dans la maison. Ils arrivent au lardoir, ils découvrent les bacons. « Maintenant, soyez content, sire com-
« pain, » dit Renart ; « jamais vous n'aurez plus
« belle occasion d'apaiser votre faim. » L'autre, au lieu de répondre, tombe sur les jambons, les dévore et n'en auroit pas même offert à Renart, si celui-ci n'eût pris ses précautions d'avance. Mais comme il n'oublie pas qu'on peut les surprendre, il avertit Primaut de se hâter. « Je suis
« prêt à partir, » répond l'autre, « mais j'ai
« tant mangé que je marche avec difficulté. » En effet, sa panse étoit devenue plus large que son corps n'étoit long. Clopin-clopant, ils reviennent au pertuis que Renart passa sans trop de peine ; mais il en fut tout autrement de Primaut. Le ventre qu'il rapportoit opposoit une résistance inattendue. « Comment faire, » disoit-il, « comment sortir de là ? — Vous avez
« quelque chose, frère ? » dit doucement Renart. — « Quelque chose ? J'ai que je ne puis
« repasser outre. — Repasser ? vous voulez rire
« sans doute. — Je te dis, par mes dents, que

« je ne puis sortir. — Voyons, essayez d'a-
« vancer la tête et de pousser. » Primaut suit
le conseil qu'on lui donne ; Renart le prend
alors aux oreilles, tire le plus fort qu'il peut,
jusqu'à lui mettre le cuir en écharpe. Mais il a
beau tirer de haut, de bas, de côté, tout est inutile, le ventre résiste toujours. « Essayons un
« autre moyen, » dit Renart, « car le jour ne
« tardera guères ; le vilain peut venir, et s'il
« nous trouvoit là.... Attendez-moi, compain,
« j'y suis ; je vais chercher à vous tirer de ce
« mauvais pas. » Il court au bois tailler une
branche dont il fait une hart, et revenant à
Primaut : « Il faut maintenant pousser et tirer
« de toutes vos forces, car pour rien au monde
« je ne vous laisserai en pareil danger. » Et
ce disant, après avoir passé la hart dans le cou
de Primaut, il s'appuie d'un côté à la paroi du
mur et tire de l'autre de façon qu'une partie
du corps se trouve engagée comme la tête ; il
ne cesse de répèter avec componction : « Saint-
« Esprit, aidez-nous ! faudra-t-il laisser ici mon
« compain, mon ami ! Non, assurément. » Du
col au sommet de la tête il enlève et re-
brousse la peau du pauvre Primaut ; vaincu
par la douleur, le patient jette un long cri, le
vilain s'éveille et sort du lit, voilà qu'il accourt
à toutes jambes.

« Laisse-moi, laisse-moi, Renart ; j'aime

« mieux essayer de rentrer dans l'enclos pour
« me défendre du vilain. » Renart ne le fait pas
répéter, il s'éloigne, à peu près certain qu'enfin son cher ami ne se tirera pas de là.

Primaut eut pourtant la force de débarrasser son avant-corps, comme le vilain arrivoit tenant une chandelle d'une main, un tronçon de lance de l'autre. Il essaie d'esquiver le coup, mais il n'y parvint qu'à demi; de bonheur, la chandelle s'éteint. Primaut, dont l'œil est meilleur que ceux du vilain, en profite pour revenir sur son ennemi et pour le saisir comme il tentoit de ranimer les dernières lueurs. Le vilain, violemment mordu vers la partie basse du dos, pousse un long cri de détresse : « A moi!
« bonnes gens; au secours! » Sa femme l'entend la première; elle se lève, prend sa quenouille, arrive sur le lieu du combat et s'en vient frapper d'une main débile le cuir du loup. Vains efforts, Primaut garde sa proie. Il falloit alors entendre les clameurs des deux époux : « Au meurtre! au voleur! on m'é-
« trangle! on me tue! les diables m'empor-
« tent! » et cent malédictions.

La femme se décide à ouvrir la porte du courtil, dans l'espoir d'obtenir secours du dehors. Le loup profite de l'occasion, serre les dents, emporte un morceau du gras de la cuisse du vilain et gagne les champs à toutes jambes; car le danger lui avoit rendu ses forces et son agilité. Il retrouve dans le bois Renart, qui, réellement chagrin de le voir, semble l'être des épreuves que son compain vient de subir. « Allons, » dit Primaut, « le mal n'est pas aussi grand qu'il « pouvoit être : je m'en suis tiré ; et si tu veux « manger à ton tour, je t'apporte de la chair « de vilain : il n'est rien de tel ; quant à moi, « je la préfère à celle du porc. — Je pense « autrement que vous, » répond Renart ; « par « l'amour que je porte à mon fils Malebranche, « la chair de vilain, qu'elle soit blanche ou « noire, sera toujours de vilain : je n'y vou- « drois toucher pour rien au monde, je me « croirois à jamais souillé. »

QUINZIEME AVENTURE.

Comment Primaut fut de nouveau gabé par Renart, et comme il fut, par beau miracle, retenu sur le tombeau d'un saint martyr.

« MAIS, » poursuivit Renart, « je sais « une chose meilleure que chair « de vilain. Près de l'endroit où « nous sommes, au delà de la haie « qui ferme ce plessis, une longue troupe d'oies « grasses pourroient être à nous, si nous le

« voulions. — Où sont-elles? allons-y, mais
« n'y a-t-il pas danger? — Non : elles sont gar-
« dées par un seul paysan. — Cela suffit, » dit
Primaut, « et j'y cours. Je veux en rapporter
« une ou deux, et cette fois nous les man-
« gerons ensemble. — Bon voyage donc! sire
« compain; » et Renart demeure, en espé-
rant que son cher ami va courir à de nouvelles
mésaventures.

En effet, Primaut arrive au milieu de la
bande d'oies, et d'abord tout lui réussit. Il
jette son dévolu sur la plus grasse, fond sur
elle et déjà la ramenoit, quand le patre retournant du bois l'apperçoit et lance sur lui les
deux mâtins qui l'accompagnent. Le chemin
lui étant ainsi fermé, Primaut se résigne à lâ-
cher sa proie, non sans avoir reçu de legères
atteintes de la dent canine. Il revint à Renart
plus vite qu'il n'étoit parti, mais cette fois de
fort mauvaise humeur.

« Par le corbleu! Renart, » dit-il en arrivant, « voilà trop longtems que tu me honnis
« et me gabes. Tu n'avois rien à attendre de
« ma mort, mais tu pourras bien te repentir
« de l'avoir voulu préparer. Ah! je le vois
« maintenant : quand tu me faisois sonner les
« cloches, c'étoit pour appeler le prouvère;
« quand tu m'envoyois aux marchands de ha-
« rengs, c'étoit pour me faire assommer; quand

« tu me montrois le chemin du lardoir, c'étoit
« pour laisser au vilain ma peau en gage; tu
« m'indiquois tout à l'heure une bande d'oies,
« et tu comptois sur les chiens pour me faire
« déchirer. Maître fourbe! vous êtes trop ma-
« lin; je vais une bonne fois payer toutes mes
« dettes. » Il lui pose alors sa furieuse patte
sur le museau; Renart fait un mouvement de
coté, mais se sentant arreté : « Sire Primaut, »
dit-il, « vous abusez de votre force : les grands
« ne peuvent sans péché accabler ainsi les pe-
« tits. J'irai me plaindre au Roi, à la Reine, à
« tous les pairs. Mais de grace, au moins, écou-
« tez; vous verrez que je n'ai pas mérité
« votre colère. — Non, non! point de pardon
« pour le traître, le felon, le scélerat; tu ne
« mourras que de ma main. — Mais encore!
« songez-y bien, sire Primaut, si vous me
« tuez, vous aurez affaire à bien du monde.
« J'ai des fils, vous le savez; j'ai des parens,
« de puissans amis; il vous faudra compter
« avec eux; et quand on saura que vous m'a-
« vez surpris à l'écart, assassiné, vous serez
« jugé à mort ou vous abandonnerez le pays. »
Toutes ces paroles ne font qu'ajouter à la rage
de Primaut.

Il saisit Renart par la nuque, le terrasse,
le foule aux pieds, lui marche sur le ventre et
le couvre de morsures. Renart meurt déjà de

la peur de mourir. Rassemblant alors toutes ses forces : « Merci ! damp Primaut : je jure, et « c'est ma derniere confession, que je n'avois « jamais cherché à vous nuire. » Ces mots arrêtent subitement la colère de Primaut. Le doute commence à s'emparer de lui : « Si pourtant « Renart n'avoit rien à se reprocher ! » Renart voit l'effet de ses dernières paroles, il poursuit d'un ton plus élevé : « Oui, j'en « atteste les reliques, j'ignorois que les oisons « fussent sous la garde des chiens. Non, je n'ai « pas fermé les portes de l'Eglise ; non, je n'ai « pas deviné que les harengers vous traiteroient « plus mal que moi. J'implore justice, et j'ad-« jure ma femme et mes enfans d'aller de-« mander au Roi vengeance de ma mort. »

Primaut ne frappoit plus, il refléchissoit aux suites de cette affaire. « Allons ! Renart, je te « laisse la vie, je veux tout oublier. Lève-toi, « tu n'as plus rien à craindre de moi. — M'est-il « bien permis de le croire ? — Oui, je te par-« donne. — Et qui m'en assurera ? — Si tu « veux, j'en ferai serment. — Oui je le veux. « — Eh bien ! soit. Indique-moi le mou-« tier dont je prendrai les saintes reliques à « témoin. — Il en est un assez voisin ; si vous « le désirez, je vais vous y conduire. — J'y « consens, allons ! »

Ils se mettent à la voie, mais Renart avoit

PRIMAUT ET LE CORPS-SAINT. 93

déjà médité une trahison nouvelle. A l'entrée du plessis se trouvoit un piége de sa connoissance, formé d'une branche de chêne courbée et retenue par une clef que le moindre poids faisoit ceder. C'est là qu'il conduit Primaut. Arrivés en cet endroit : « Là, » dit Renart, « repose un corps saint, celui d'un confesseur « et martyr, longtems hermite dans ce monde, « et maintenant en Paradis. J'ai grande dévo- « tion à sa tombe, et sans aller plus loin, si « vous voulez jurer sur elle que vous ne me « battrez plus et que vous resterez mon ami « fidèle, je me tiendrai pour satisfait.

« — J'y consens, par sainte Agnès, » dit Primaut. Aussitôt, il s'agenouille, pose la main au-dessus du piége, et prononce ces paroles : « Au « nom de saint Germain, de tous les bien- « heureux et de celui qui repose ici, je con- « sens à ne pas voir la journée prochaine, si je « garde rancune à Renart et si je cherche que- « relle à lui et aux siens. — Ainsi Dieu te soit « en aide! » répond Renart. Alors Primaut, pour se relever, pose le pied sur la branche courbée : la clef échappe, et le pied reste pris dans le piége. « Au secours! à moi! sire Re- « nart, je suis pris. — Ah! tu es pris, traître! « c'est que tu parlois contre ta pensée; c'est « que tu étois parjure, et voilà pourquoi le « saint t'aura puni. Je me garderai bien d'aller

« contre la volonté de Dieu : il te retiens,
« prie-le de te laisser échapper. Ah! je recon-
« nois maintenant tes jongleries, et tu vois ce
« qu'il en coûte de ne pas être loup de
« bien. »

Cela dit, Renart s'éloigne et reprend la route de Maupertuis. Chemin faisant, il rencontre un autre oison dont il s'empare, et triomphant revient trouver Hermeline, qui ne sut, elle et ses enfans, comment assez le festoyer. Il conta plaisamment tous les tours qu'il avoit joués dans son excursion, et comment Primaut, toujours trompé, étoit enfin demeuré dans le piége. Hermeline en rit de bon cœur : elle s'intéressoit foiblement au frère d'Ysengrin, et dès qu'elle avoit retrouvé son baron et partagé son butin, elle ne voyoit plus ce qui pouvoit lui rester à desirer. Quant à Primaut, on ne sait pas bien ce qu'il devint. En fut-il quitte pour laisser en gage un de ses pieds dans le piége, ou mourut-il sous la dent des chiens qui le trouvèrent, c'est un point que l'histoire n'a pas éclairci. Seulement, depuis cette dernière et fâcheuse aventure, le livre se tait de lui et nous permet de supposer qu'il rendit l'âme sur la tombe du saint qu'il avoit eu la mauvaise pensée d'invoquer.

Le Translateur. *La légende du piége dans*

lequel Renart prend les autres ou se laisse
prendre, a plusieurs fois éveillé l'émulation
des trouvères françois. C'est par là que vont
commencer les faits et gestes de maître Tybert
le chat, héros digne de disputer à Renart le
prix de la ruse et de la malice, ainsi que vous
verrez, Lecteur, si vous voulez bien écouter la
suite de notre très-véridique histoire. Nous
reprenons le récit au moment où, grâce au
frère convers, Renart a mis en défaut les veneurs qui le poursuivoient.

SEIZIEME AVENTURE.

*Comment Tybert prit les soudées de Renart, et
comme il en cuit de s'attaquer à un vieux chat.*

ÉCHAPPÉ de la rencontre des veneurs
et du Frère convers, Renart avoit
gagné de larges fossés qu'il connoissoit, et les avoit mis entre la meute et
lui. Mais il avoit grand besoin de repos : sa faim,
plusieurs fois irritée, n'avoit pas été satisfaite ;
il se promettoit de prendre une autre fois sa revanche du Corbeau, de la Mésange et surtout
de Chantecler quand, au détour d'un vieux
chemin, il aperçoit Tybert le chat, se déduisant
avec lui-même et sans compagnie. Heureux
Tybert! sa queue lui suffisoit pour exercer

son adresse et lui donner carrière : il la guettoit de l'œil, la poursuivoit, la laissoit aller et venir, la saisissoit au moment où elle y pensoit le moins, l'arrêtoit entre ses pattes et la couvroit alors de caresses, comme s'il eût craint de l'avoir un peu trop malmenée. Il venoit de prendre la pose la plus abandonnée, tour à tour allongeant les griffes et les ramenant dans leur fourreau de velours, fermant les yeux et les entr'ouvrant d'un air de béatitude, entonnant ce murmure particulier que notre langue ne sait nommer qu'en l'imitant assez mal, et qui semble montrer que le repos parfait du corps, de l'esprit et du cœur peut conduire à l'état le plus doux et le plus désirable. Tout à coup, le voilà tiré de son voluptueux recueillement par la visite la moins attendue. Renart est à quelques pas de lui : Tybert l'a reconnu à sa robe rousse, et se levant alors autant pour se mettre en garde que par un juste sentiment de déférence : « Sire, » dit-il, « soyez le bien-venu ! » — Moi, » répond brusquement Renart, « je ne te salue pas. Je « te conseille même de ne pas chercher à me « rencontrer, car je ne te vois jamais sans dé« sirer que ce soit pour la dernière fois. »

Tybert ne jugea pas à propos d'essayer une justification ; il se contenta de répondre doucement : « Mon beau seigneur, je suis désolé

« d'être si mal en grâce auprès de vous. » Renart cependant n'étoit pas en état de chercher noise; car il jeûnoit depuis longtemps, et il étoit harassé de fatigue. Quant à Tybert, il étoit gros et séjourné; sous de longs grenons argentés et luisans reposoient des dents bien aiguisées; ses ongles étoient grands, forts et effilés; d'ailleurs, damp Renart n'aimoit pas les combats à force égale. L'air décidé de Tybert lui ayant fait changer de ton : « Ecoute-
« moi : » lui dit-il, « je veux bien t'annoncer
« que j'ai entrepris contre mon compère Ysen-
« grin une guerre sérieuse et terrible. J'ai déjà
« retenu plusieurs vaillans soudoyers; si tu
« voulois en augmenter le nombre, tu ne t'en
« trouverois pas mal, car je prétends lui donner
« assez de besogne avant d'accepter la moindre
« trève. Bien maladroit celui qui ne trouvera
« pas avec nous l'occasion de gagner un riche
« butin. »

Tybert fut charmé du tour que la conversation avoit pris. « Sire, » dit-il, « vous pouvez
« compter sur moi, je ne vous ferai pas dé-
« faut. J'ai de mon côté un compte à régler avec
« Ysengrin, et je ne désire rien tant que son
« dommage. » L'accord fut bientôt conclu, la foi jurée, et Tybert accepta les soudées de Renart pour une guerre dont il ignoroit la cause et qui n'étoit pas déclarée. Les voilà fai-

sant route chacun sur son cheval (*car notre poëte fait volontiers voyager ses héros comme nobles gens de guerres*); en apparence les meilleurs amis du monde, mais au fond disposés à s'aider de la trahison dès que l'occasion s'en présentera.

Tout en chevauchant, Renart avise, au beau milieu de l'ornière qui bordoit le bois, un fort collet tendu dans une souche de chêne entr'ouverte. Comme il prenoit garde à tout, il l'esquiva; mais l'espoir lui sourit de voir Tybert moins heureux. Il s'approche de son nouvel homme d'armes et lui jetant un ris : « Je « voudrois bien, mon cher Tybert, » lui dit-il, « éprouver la force et l'agilité de votre « cheval : sans doute on peut le recevoir dans « les montres, mais je voudrois en être sûr. « Voyez-vous cette ligne étroite qui longe le « bois : élancez-vous bride abattue droit de-« vant vous; l'épreuve sera décisive.— Volon-« tiers, » répond Tybert, qui soudain prend son élan et galope. Mais arrivé devant le collet, il le reconnoît à temps, recule de deux pas et passe rapidement à côté. Renart le suivoit des yeux. « Ah! Tybert, votre cheval bronche, « il ne garde pas la voie. Arrêtez-vous, « et recommençons ! » Tybert, qui ne doutoit plus de la trahison, ne fait pas de difficulté. Il reprend du champ, pique des deux, arrive une seconde fois devant le collet, et saute une seconde fois par-dessus avec la même legèreté.

Renart comprend que sa malice est découverte; mais sans se déconcerter : « Vraiment, « Tybert, j'avois trop bien jugé de votre che- « val : il vaut moins que je ne pensois; il se « cabre, il se détourne, il ne sera pas reçu par « le maréchal de mon ost, et vous n'en tirerez « pas un grand prix. » Tybert s'excuse du mieux qu'il peut; mais pendant qu'il offre de faire un troisième essai, voilà deux mâtins qui accourent à toutes jambes et donnent des voix en apercevant Renart. Celui-ci, dans son trouble, oublie le collet dont il se rapproche pour se perdre dans le bois; mais Tybert, moins effrayé, saisit l'occasion, et simulant une égale terreur, se jette sur Renart qui, pour se retenir, avance le pied gauche justement sur le collet. La clef qui tendoit le piége tombe, la large fente se referme, et c'est messire Renart qui se trouve pris. Voilà Tybert au comble de ses vœux; car il croit être bien sûr que son compagnon ne s'en tirera pas : « Demeurez, » lui dit-il; « demeurez, mon seigneur Renart; « ne vous inquiétez pas de moi, je saurai me « refugier en lieu sûr. Mais ne l'oubliez pas une « autre fois : à trompeur, trompeur et demi; « ce n'est pas à Tybert que Renart doit se « prendre. »

Disant ces mots il s'éloigne, car déjà les chiens étoient acharnés sur Renart. Averti par leurs abois, le vilain accourt qui avoit disposé le collet. Il lève sa lourde hache : qu'on juge de l'épouvante de Renart! Jamais il n'avoit vu la mort de si près. Par bonheur, la hache tombe à faux, rouvre le piége, et Renart, délivré par celui qui devoit le tuer, prend le large, disparoît dans la forêt sans que les cris du vilain, le glapissement désespéré des chiens soient capables de lui faire tourner la tête. Vainement est-il poursuivi ; il sait leur donner le change et quand il fut délivré de ce danger extrême, il s'étend presque inanimé sur le revers d'un chemin perdu. Peu à peu la douleur des blessures dont il étoit couvert lui fait reprendre ses esprits : il s'étonne d'avoir pu si longtemps courir, et tout en léchant ses plaies, en étanchant le sang qui en sortoit, il se rappelle avec épouvante et dépit la coignée du vilain, le mauvais tour et les railleries de Tybert.

DIX-SEPTIEME AVENTURE.

Comment Renart et Tybert, redevenus bons amis, font la découverte d'une andouille que Tybert emporta et que Renart ne mangea pas. (v. errata)

Vous avez vu comment Renart avoit à grand peine tiré sa jambe du terrible piége. Quand il eut un peu dormi d'un sommeil agité, il se remit tristement en chemin, clochant du pied et pressé d'une faim cruelle. Tybert le croyoit bien mort, quand il le vit arriver à lui, la queue basse, l'œil doux et bienveillant. Ce n'est pas qu'à la vue de celui qui l'avoit si bien joué, le sang ne lui frémît violemment; mais, pour assurer sa vengeance, il sentit qu'il falloit se contraindre.

« Eh! Tybert, quel vent vous mène, » lui dit-il en le voyant fuir; « là! là! ne courez pas
« si vite. Laissez-moi vous dire quelques mots :
« avez-vous oublié la foi jurée? Si vous pou-
« viez me supposer la moindre rancune, vous
« seriez dans une grande erreur. A Dieu ne
« plaise! j'ai repris ce chemin, uniquement
« dans l'espoir de vous rejoindre, comme mon
« féal chevalier. » A ces paroles doucement

prononcées, Tybert ralentit le pas; il s'arrête même, en prenant soin toutefois de bien préparer ses ongles. Pour Renart, épuisé de faim et de fatigue, il étoit encore moins disposé que la veille à engager une lutte ouverte. « En vérité, mon cher Tybert, » dit-il, « le
« monde est bien méchant: on n'y connoît plus
« de charité; on ne songe qu'à tromper les au-
« tres, comme si la mauvaise foi n'étoit pas
« toujours punie. Je vous dis cela pour ce grand
« sermonneur, le compère Isengrin, qui tout
« nouvellement est entré dans les Ordres: j'ap-
« prends qu'il vient d'être surpris par celui qu'il
« vouloit prendre, et son exemple m'a fait ouvrir
« les yeux. Je ne veux pas être traité comme
« lui; jamais les méchans n'ont fait une bonne
« fin, et je sais trop bien, d'ailleurs, ce qu'il en
« coûte de ne pas avoir de véritable ami. Vous,
« par exemple, Tybert, pour qui j'ai toujours
« ressenti une affection particulière, quand vous
« m'avez cru mort, vous avez décampé. Non
« que vous ayez ri de mon malheur; je ferois
« mauvais parti à qui vous en accuseroit, puis-
« qu'il y avoit entre nous foi jurée; mais,
« dites-moi bien la vérité, cher Tybert: vous avez
« eu, n'est-ce pas, un grand chagrin de cœur
« en me voyant arrêté dans le piége, quand les
« chiens s'attachoient à mes flancs et que le vi-
« lain levoit sur moi sa coignée? Il croyoit me

« tuer du coup, et du coup il me délivra, si bien
« que j'ai, grâce à Dieu, conservé ma peau. —
« J'en ai vraiment de la joie, » dit Tybert.
« — N'est-ce pas? J'en étois sûr: bien que vous
« ayiez peut-être un peu aidé à me pousser dans
« ce vilain piége, ce que je vous pardonne et de
« grand cœur. Seulement je dis, non pour vous
« en faire un reproche, que vous auriez pu agir
« un peu plus charitablement. N'en parlons
« plus! »

Tybert, à ces douces paroles, répondoit mollement, en protestant de ses bonnes intentions; et comme on sembloit disposé à l'en croire, il offrit de renouveler son hommage, tandis que Renart s'engageroit à le défendre envers et contre tous. Voilà la paix de nouveau signée, paix que l'un et l'autre entendent tenir comme à l'ordinaire.

Ils suivoient, sans trop discourir, le sentier frayé, tourmentés d'une faim à peu près égale, quand ils font rencontre d'une grande andouille abandonnée près du chemin, à l'entrée d'une terre labourée. Renart s'en saisit le premier. « J'y ai part! » crie Tybert aussitôt. — « Assu-
« rément, » reprend Renart; « si je vous en
« privois, que deviendroit la foi jurée? — Eh
« bien, partageons et mangeons. — Non, doux
« ami, le lieu n'est pas assez écarté; nous
« y serions mal à l'aise. Il faut l'emporter

« ailleurs. — J'y consens, puisque vous le
« voulez. »

Renart prend l'andouille par le milieu, de façon à laisser pendre les deux bouts. Tybert le suivoit, inquiet de ce qu'il avoit en pensée. Ah! s'il tenoit lui-même la bienheureuse pièce, il seroit plus assuré d'en avoir au moins sa part. « Eh, mon Dieu! » dit-il, « compain, « comment tenez-vous donc cette andouille! « vous en laissez traîner les bouts dans la « poussière et vous mouillez le milieu de votre « salive; c'est à soulever le cœur. Si vous con-« tinuez, je vous en cède ma part. Oh! que « je la porterois autrement! — Comment la « porteriez-vous? — Vous allez voir : aussi « bien dois-je avoir tout le mal, puisque vous « l'aviez vue le premier. » Renart, tout bien considéré, le laissa faire. Car, pensoit-il, la charge l'embarrassera et j'aurai plus aisement raison de lui.

Tybert prend l'andouille, serre un des bouts entre ses dents, la balance et la rejette sur son dos. « Voyez-vous, compain, » dit-il, « cela s'appelle porter une andouille; « elle ne prend pas de poussière et ma bouche « ne touche que ce qu'on ne mange pas. « Suivons le chemin ; il conduit à la croix que « nous appercevons là sur cette hauteur, bon « endroit pour y manger à l'aise ; on voit de

« tous côtés, on n'y craint pas de surprise. » Renart n'étoit pas trop de cet avis; mais le chat, sans attendre de permission, couroit à toutes jambes et c'étoit à Renart de le suivre. « Attendez-moi donc ! compain. — Mais « vous, » reprenoit Tybert « hâtez le pas, si « vous voulez arriver à temps. »

Quand il fut au haut du tertre, Tybert, qui dès sa première enfance avoit appris l'art de monter et descendre, dresse les pieds, et grâce à ses ongles, grimpe aisément sur les bras de la croix. Il s'y arrête en ronronnant, pendant que Renart arrive : « Eh! Tybert, « comment l'entendez-vous? — Comme il faut, « compain. Montez, nous mangerons ensem- « ble. — Cela me seroit difficile, c'est à vous « de descendre. Vous savez à qui l'andouille « appartient; c'est d'ailleurs un objet sanctifié « qu'il faut partager avant de manger. Gar- « dez-en la moitié et jettez-m'en l'autre; ainsi « notre association sera consacrée. — Ah! « Renart, que dites-vous là ! êtes-vous ivre? « je ne le ferois pas pour cent livres. Oui, « l'andouille est un symbole de foi et c'est « pour cela qu'on ne peut mieux la manger « que sur croix ou dans l'église. On doit y « mettre une grande révérence. — Mais, » dit Renart, « il n'y a pas de place pour deux sur « votre croix; vous le savez, chevalier dé-

« loyal. Vous m'avez engagé votre foi, allez-
« vous déjà me fausser compagnie? Quand
« deux amis sont ensemble, s'ils viennent à
« trouver fortune, ils sont tenus de parta-
« ger ; faites donc là-haut le partage de l'an-
« douille et jettez ma part; j'en prends le péché
« sur moi. — En vérité, » répond Tybert,
« vous êtes pire qu'un hérétique ; vous voulez
« que je jette ce qu'on doit tenir avec le plus
« grand respect ! Il faudroit que le vin m'eût
« bien monté à la tête pour aller ainsi contre
« la foi ; car enfin, je le repète, c'est une an-
« douille, une chose qu'il faut garder entre les
« doigts [1]. Écoutez-moi : si vous m'en croyez,
« pour cette fois vous vous en passerez ; mais
« la première que nous trouverons, je vous le
« promets, elle sera vôtre. — Au moins, Ty-
« bert, laisse tomber quelques miettes de celle-
« ci ! — Non, vous êtes trop glouton ; eh quoi !
« ne pouvez-vous attendre qu'il en arrive une
« autre, meilleure peut-être? » Il n'en dit pas
davantage et se mit à manger l'andouille.

A cette vue, le cœur de Renart se gonfle, ses

---

1. Tybert fait allusion ici à l'usage ancien de transiger, convenir et traiter *per festucam, per cultellum et andelagum*; en rompant la paille, en séparant l'andouille avec le couteau. Ce passage suffiroit pour lever tous les doutes sur ce qu'il faut entendre dans les anciennes chartes latines, par *andenam, andelam, andelagum, andelagium*.

yeux se mouillent. « Je vois avec plaisir, » dit Tybert, « que vous pleurez vos anciens péchés ; « Dieu, témoin de votre repentir, vous en « donnera le pardon. — C'est trop fort, en « vérité ! » s'écria Renart écumant de rage, « tu « me le paieras cher ; car il faudra bien que tu « descendes, ne seroit-ce que pour aller boire. « — Quant à cela, Renart, Dieu y a pourvu. « Il a pratiqué dans la croix un trou où s'est « conservée l'eau de la dernière pluie. Il y en « a plus qu'il n'en faut pour appaiser ma soif. « — Il faudra pourtant que tu descendes. — « Ce ne sera pas aujourd'hui. — Eh bien ! ce « sera dans un mois, dans un an. — Vous res- « terez à m'attendre? — Oui ! fallût-il rester « sept ans. — Vous en feriez serment? — Oui ! « je jure de ne pas quitter cette croix avant que « tu n'en descendes. — Vous savez que c'est « se damner que d'être parjure. — Oh ! je ne « le serai pas ; et pour m'engager davantage, « je le jure sur la croix. — Vous m'affligez, « Renart ; car enfin vous êtes à jeun, et de- « meurer sept ans ici sans rien trouver à met- « tre sous la dent, cela vous semblera bien « cruel. Mais comme vous l'avez juré, — tais- « toi ! — Oh ! je le veux bien, cela me permet- « tra d'achever mon excellent repas. »

Damp Renart ne tint pas longtemps le serment qu'il avoit prononcé. Un mâtin, qui avoit

flairé ses pistes, donna des voix, puis les brachets et les veneurs. « Quel est ce bruit? » dit-il avec émotion. — « Attendez et ne bou-
« gez pas surtout, » dit Tybert; « c'est une
« agréable mélodie, présage de l'arrivée d'une
« charmante société qui vient ici prendre ses
« ébats. Ils vont chercher une messe dans le
« voisinage, et vous serez là bien à propos,
« car je crois me souvenir que vous avez été
« prêtre. »

Renart ne trouva pas sa présence aussi nécessaire dans l'Assemblée. Il se leva et comme il gagnoit le large : « Mon Dieu, » lui dit Tybert, « qu'allez-vous faire ! et votre serment,
« Renart, l'avez-vous oublié? Songez que vous
« en rendrez compte au Jugement dernier.
« Pourquoi vous effraier? Je suis au mieux
« avec les chiens; s'il le faut, je leur donnerai
« pour vous mon gage. » Renart ne l'écoutoit plus, il étoit loin quand les chiens arrivèrent. Cependant, tout en courant de son mieux, il maugréoit le perfide Tybert et se promettoit de le poursuivre jusqu'à la mort.

DIX-HUITIEME AVENTURE.

Comment deux prouvères chevauchoient allant au Synode; comment ils firent rencontre de Tybert et comment Tybert rentra dans le presbytère, monté sur le palefroi.

Ici l'histoire nous ramène à Tybert. Satisfait de s'être approprié l'andouille, peu soucieux des projets de vengeance de damp Renart, il commençoit à fermer voluptueusement les yeux, quand vinrent à passer deux prêtres devant la croix qui l'avoit si bien servi. Ils se rendoient au Synode ou convocation épiscopale. L'un montoit une vieille jument, et l'autre conduisoit un palefroi doucement amblant. Le prêtre à la jument dit le premier : « Venez « donc, compain; quelle bête voyons-nous là ? « — Arrêtez, étourneau que vous êtes, » dit l'autre, « c'est un magnifique chat sauvage, et « je serois plus content qu'un roi si je pouvois « l'attraper. Sa peau defendroit mon chef du « froid, j'y taillerois facilement un grand et bon « chaperon; Dieu, connoissant le besoin que « j'en ai, me l'a sans doute envoyé. C'est bien « votre avis, n'est-ce pas, Turgis ? Pour n'en

« rien perdre, je veux y laisser la queue : elle
« donnera au chaperon meilleur air, elle tom-
« bera plus agréablement sur la nuque. Voyez
« comme elle est grande et bien fournie!

« —C'est fort bien, » répond l'autre; « mais
« vous ne parlez pas de la part qui m'en revient.
« — Votre part? Eh! ne voyez-vous pas,
« maître Turgis, que j'ai besoin de la robe en-
« tière? ainsi vous me la laisserez. — La
« laisser? pourquoi, s'il vous plaît? Suis-je de
« votre hôtel, avez-vous jamais rien fait pour
« moi? — La peste soit de vous! » dit Rufrangier; « des ladres on ne doit rien attendre.
« Partageons donc, j'y consens. Mais le moyen?
« — Je vais vous le dire : vous désirez en faire
« un chaperon, n'est-ce pas? eh bien, nous
« la donnerons à priser, et vous me paierez
« moitié de la valeur. — Faisons mieux en-
« core, » dit Rufrangier; « car je veux toute
« la bête : allant de compagnie au Synode,
« nous devons prendre hôtel et manger, du-
« rant le voyage : je propose de payer double
« écot, mais à la condition que vous céderez
« votre part du chat. — Ne disputons pas, »
répond Turgis, « j'y consens. — Il ne s'agit
« plus que de prendre le chat : qui s'en charge?
« — Ah! » dit Turgis, « ce ne sera pas moi :
« qui le doit avoir le happe! — Je vais donc y
« pourvoir. » Disant cela, et pendant que Tur-

gis prenoit un peu d'avance, le bon Rufrangier approche de la croix et lève les mains; mais, son palefroi n'étant pas assez haut, il ne put atteindre la proie : il se décide alors à monter droit sur la selle, bien persuadé qu'il n'auroit plus qu'à saisir; mais Tybert dresse les poils, lui jette les ongles sur le visage, fait un saut, le déchire à belles dents, si bien que Rufrangier se détourne au plus vite et tombe à la renverse au pied de son cheval. Pendant que la douleur de la chûte et les morsures du chat lui ôtent sa présence d'esprit, Tybert descend sur les arçons que le prouvère venoit de quitter; le cheval effrayé s'enfuit bride abattue, arrive à travers champs à la maison, et pénètre dans la cour au moment où la femme du prouvère se baissoit pour ramasser du petit bois. Elle ne voit pas le cheval qui, poussé de grande violence, vient la frapper en pleine poitrine. « Au secours ! au voleur ! au diable d'en- « fer ! » Car tel lui sembla Tybert, accroupi sur la selle; mais Tybert connoissoit la maison, et quand le cheval s'élança vers l'écurie, il fit un saut, et le plus tranquillement du monde, il alla tenter une reconnoissance dans les combles du logis.

Cependant Rufrangier revenoit à lui. Il appelle Turgis, et le prie de lui amener son palefroi. Turgis arrive : « Ah ! messire, êtes-vous

« blessé? — Blessé, non; mais égorgé. Ce n'est
« pas un chat, c'est un démon auquel nous
« avons eu affaire. Nous sommes ensorcelés,
« nous sommes perdus; ce lieu nous sera fatal.
« Et mon palefroi! mon palefroi! » Alors il
commence sa kirielle, il dit *Credo*, *Miserere*,
Pater noster, et Turgis chante les répons.
Après avoir longtemps attendu si le cheval
revenoit, ils font encore un signe de croix,
renoncent au Synode et retournent au logis.
« Eh! qu'avez-vous? » dit la dolente femme de
Rufrangier. — « Nous avons, » répond le prouvère, « que le diable nous a battus, moi et
« messire Turgis de Longbuisson; qu'il nous a
« ensorcelés et que, sans nos prières et nos
« signes de croix, il nous auroit tous les deux
« emportés. »

(LE TRANSLATEUR. — *La justice nous oblige
à déclarer que l'aventure de l'*Andouille *par-
tagée n'est pas racontée par tous les historiens
à l'avantage de Tybert : plusieurs soutiennent
que Renart avoit encore ici trouvé la meilleure
ruse. Il étoit aisé de prévoir que ces deux
maîtres-passés en tous genres de fourberies
auroient leurs partisans exclusifs, et que le
juge impartial auroit toujours de la peine à
donner l'avantage à l'un des deux sur l'autre.
Je ne veux être ici que le rapporteur. Ceux*

donc qui nous représentent Tybert comme la victime de Renart racontent l'histoire de l'Andouille comme vous allez voir.)

DIX-NEUVIEME AVENTURE.

Comment Roussel et Tybert, Blanche et Fremont jouoient aux marelles, et comment Renart mangea l'andouille.

Un jour, Renart atteignit, au bout de grands terrains en friche, un champ nouvellement moissonné qui lui parut fort convenable pour y sommeiller, doucement couché dans une meule de foin. Le jour commençoit à poindre quand il se réveilla : à peu de distance il apperçut, sur le bord du sentier, une croix ombragée d'un sapin ; on l'avoit dressée pour conserver la mémoire d'un ancien meurtre. Les parens de la victime avoient creusé pieusement la fosse de celui qu'ils vouloient honorer, et sur la terre qui recouvroit le corps ils avoient étendu une grande pierre taillée, avec la croix posée en chef et le sapin en pied. Les bergers du pays s'arrêtoient souvent et se rassembloient en ce lieu, et même, avec la pointe de leurs couteaux, ils avoient tracé sur la pierre un marellier.

De l'endroit où il étoit, Renart put distinguer aisément autour du jeu quatre personnages : c'étoit Fremont le fourmi, Blanche l'hermine, Tybert le chat et Roussel l'écureuil. Tous quatre voyageant de compagnie avoient fait rencontre d'une andouille parfaitement ficelée. Qui l'avoit perdue et d'où venoit-elle? ils ne s'en inquietèrent pas mais bien de savoir comment ils la partageroient. Elle étoit gonflée par le milieu, mince et fluette par les extrémités; de là, grande difficulté de donner autant à l'un qu'à chacun des autres. Après de longs pourparlers, ils avoient jeté les yeux sur la pierre tumulaire, et ils étoient convenus de jouer leur andouille aux marelles.

Ils s'étoient placés Blanche et Fremont d'un coté, Roussel et Tybert de l'autre; ces deux derniers rapprochés pour se surveiller mutuellement et prevenir la tricherie d'une ou d'autre part. Comme ils étoient tout au jeu et qu'on ne pouvoit dire encore lequel gagneroit, voila que Baudouin l'âne, en traversant avec sa charge le sentier, détourna la tête vers eux et bruyamant leur cria : « Voici Renart, bonnes « gens; sauvez-vous! » Aussitôt on eût vu les joueurs tirer au large; Tybert, plus adroit, prend son temps, met la patte sur l'andouille, et grimpe sur la croix avec elle. Ce fut l'affaire d'un instant; vienne maintenant qui voudra, Tybert ne craint roi, ni comte ni goupil.

Renart arrivoit en effet. Son premier coup d'œil fut pour Tybert qui d'un air insouciant se détourne et, la queue dressée, lui présente nonchalamment le dos. « Eh! je ne me « trompe pas; c'est toi, mon cher Tybert! » L'autre revenant sur lui-même : « Oui. Et « d'où viens-tu, mon petit Renart? — Du bois « voisin, mon cousin. Mais pourroit-on savoir « pourquoi tu as grimpé si haut? — Pour plus « grande sureté. — Tu as donc peur de quel- « qu'un? — Mais oui. — De qui? — De toi, « par exemple. — La raison? — La raison, « c'est le friand morceau que j'ai sous la main, « et que je ne me consolerois pas de perdre. — « Quel est donc ce morceau friand? Une bonne « capture? — Oui. — Laquelle? m'est-il in- « terdit de l'apprendre? — Non, mais bien de « la prendre : c'est une andouille. — Ah! tu « es heureux d'avoir pu trouver pareille viande. « — Que t'importe, puisque tu n'en dois pas « gouter? Sans toi, nous sommes quatre au par- « tage. — Je voudrois pourtant bien venir en « cinquième. — Mon petit Renart, pour cela « vous arrivez un peu bien tard. »

Renart se tait, plus irrité, plus inquiet qu'on ne sauroit dire. Il lèche ses grenons, gratte des pieds, se lève, se baisse, se dresse sur le bas de la croix, pousse de petits cris de dépit et de convoitise. L'andouille est là devant ses yeux, déja entamée par les fines et bonnes dents du chat; chaque coup d'œil ajoute à ses désirs, à ses impatiences. Enfin, il imagine un expédient inattendu : il s'élance à l'autre bout de la tombe, avance le museau dans l'herbe, cherche, semble fureter de côté et d'autre, l'œil ardent, le corps vivement agité. « As-tu vu, « Tybert? » crie-t-il. — « Quoi? » fait l'autre, le dos tourné; « voyons, qu'as-tu découvert? » « — Par Dieu, une souris. — Une souris! » A ce nom de la chose qu'il aime le mieux au monde, Tybert met tout en oubli, même l'andouille; il se tourne vivement du coté de Renart, et dans ce mouvement il avance un peu la patte, l'andouille tombe. Renart fait un saut, la saisit et pendant qu'il l'étend sur la pierre avec complaisance, Tybert du haut de la croix mène un deuil amer. « Renart, vous m'avez « trahi; malheur à qui entre en conversation « avec vous. — Pourquoi donc me parles-tu? » « — Oui, malheur à qui se fie en vous ! — Et « à qui voudra rien partager avec toi. M'as-tu « seulement regardé, quand je te demandois « une petite part de cette andouille vraiment « excellente? Je l'ai maintenant; je t'en offre « la ficelle. Adieu beau cousin, mon cher

« Tybert : en vérité, je n'ai pas de rancune.
« Au revoir ! »

(LE TRANSLATEUR. — L'histoire parle d'une autre rencontre entre Tybert et Renart, qui ne s'accorde pas très-exactement avec les trois affaires du Piège, de l'Andouille, et des Deux Prouvères. Ce n'est apparemment qu'une contrefaçon des évènemens dont la ferme de Constant Desnoix fut le théâtre. Nous laissons au lecteur la liberté de lui assigner sa véritable place dans l'ensemble des faits et gestes de damp Renart.)

VINGTIEME AVENTURE.

De la chevauchée de Renart et de Tybert dans la maison d'un vilain, et comment Tybert y dut laisser sa queue en gage.

Un beau jour de printems, autour de l'Ascension, damp Renart, sortant de Maupertuis très-affoibli par une longue diette, fit rencontre de Tybert auquel il adressa le premier la parole. « Mon bel ami, puis-je savoir quel heureux « vent vous amène ici ? — Assurément ; j'allois « rendre visite à un vilain dont l'enclos se

« trouve à peu de distance. Le vilain est ma-
« rié, sa femme dispose de tout ; elle a serré
« dans sa huche un grand pot de lait, je veux
« savoir quel goût il a. Allons ensemble, sire
« Renart, je vous montrerai comment on peut
« entrer au logis ; mais j'y mets une condition,
« c'est que vous engagerez votre foi de me
« tenir bonne et loyale compagnie, et de ne
« venir qu'après moi. Il y a là force chapons
« et gelines, je n'y prétends rien. — Soit ! »
répondit Renart, « je prends l'engagement de
« te suivre et de ne rien prétendre avant toi de
« ce qui pourra nous convenir à tous deux. »

Ils pressent alors le pas. Arrivés devant la haye, ils se trouvent en présence d'un pieu rompu qui déjà plus d'une fois avoit livré passage à Tybert ; bientot ils furent dans l'enclos. Renart flairoit déjà le gelinier et se dirigeoit de ce coté, mais Tybert l'arrêtant : « On
« ne réussit que par adresse et prudence : le
« vilain dort, l'attaque du gelinier peut le ré-
« veiller, et dès lors il faudroit faire retraite.
« Allons à la huche, nous l'ouvrirons sans
« danger, les chapons viendront ensuite. »
Ce raisonnement ne persuadoit pas Renart.
« Écoute-moi donc, » reprend Tybert, « si
« tu vas d'abord aux poules, les chiens pour-
« ront te sentir, te donner la chasse et te
« mordre : j'en aurois du chagrin, car cela

« nuiroit à mes intérêts. Faisons mieux : allons
« d'abord au lait, il en restera pour toi, je
« t'assure. — J'ai promis de te suivre, » répond Renart que le lait tente bien un peu ;
« allons donc à la huche. »

Tybert montre le chemin, entre dans la maison, et désignant le grand coffre à son compagnon : « Soulève le couvercle, ami Renart,
« afin que j'y puisse entrer le premier : tu sais
« nos conventions. » Renart fait ce qu'on lui
dit ; Tybert passe la tête, le corps, la queue ;
il se met à l'œuvre et lappe le lait avec recueillement. Renart soutenoit le couvercle, mais la
vue du lait le faisoit geindre et frémir de convoitise. La langue lui bruloit en voyant Tybert
humer avec tant de plaisir. « Ah ! Tybert,
« tu te trouves bien là, il me semble ; tu as tout
« ce que ton cœur vouloit. Maintenant, sois
« bon compain ; remonte, car par saint Denis
« je suis fatigué de soulever ce pesant couver« cle, et je n'aurois pas la force de continuer :
« Remonte, mon cher Tybert, mon bon Ty« bert !... »

L'autre, préoccupé de son lait, ne perdoit
pas le tems à répondre. Vainement Renart
accumuloit les douces suppliques : « Bel ami,
« hâte-toi, de par Dieu ! je n'en puis plus ; je
« vais laisser retomber la huche. » Toutes les
paroles étoient inutiles, Tybert huma tant

qu'il en eut jusqu'aux grenons, et bien plus : soit avec intention soit par mégarde, il renversa le pot et répandit tout le lait qu'il n'avoit pu boire. « Ah! » dit Renart furieux, « voilà qui est mal, Tybert. Cela est pire que « si tu m'avois griffé, mordu, moi ton seigneur. « Mais enfin sortiras-tu? — Mon Dieu! compain, attends un peu. — Je n'attends plus « une seconde. » Tybert alors se décide à faire un saut vers l'ouverture ; mais Renart, justement comme il voit passer la tête et le corps, se retire et la queue du pauvre Tybert demeure si fortement prise qu'il fallut en laisser la moitié en gage. La douleur lui arrache alors un violent cri de douleur; il resta près de la huche, immobile et les yeux flamboïans. « Comment te trouves-tu, mon bon Tybert? » lui dit alors Renart de sa voix la plus caressante. — « Ah ! mauvais compain, tu m'as « servi de ton plat ordinaire ; tu m'as fait laisser la plus chère partie de moi-même. — « Peux-tu m'accuser d'un malheur qui est ton « ouvrage ! C'est toi qui prenant trop d'élan « as fermé la huche, sans qu'il fût possible de « la retenir ouverte. Mais après tout, de quoi « te plains-tu ? tu devrois être rempli de joie « d'avoir quelques pouces de queue de moins ; « tu en seras plus léger, moins embarrassé. « Pense à l'avantage de ne plus rien trainer

« après soi qui vous arrête. Tu ne faisois rien
« de cette queue ; ma foi ! je voudrois bien que
« pareille chose m'arrivât.

« — Damp Renart, damp Renart, » dit le
pauvre Tybert, « vous savez gaber mieux que
« personne ; mais laissons cela et, dès ce mo-
« ment, renonçons à la société que nous avions
« faite. Aussi bien, sans ma queue ne puis-je
« tenter de grandes entreprises. Je crois ouïr du
« bruit près de nous, les chiens apparemment
« sont éveillés ; laissez là les gelines, et dans
« tous les cas je vous les quitte, nous ne
« sommes pas faits pour aller longtemps de
« compagnie.

« — Eh bien ! soit, » dit Renart ; « j'en con-
« viens, nous n'avons rien à gagner l'un avec
« l'autre. Je te rends ta foi, et je ne te devrai
« pas de soudées. Adieu ! Nous pourrons nous
« revoir ailleurs.

« — Oui, » dit Tybert en le quittant, « nous
« nous reverrons ; mais à la cour du Roi. »

VINGT-ET-UNIEME AVENTURE.

De l'arrivée de Renart chez dame Hersent durant l'absence d'Ysengrin, et comment la guerre prit commencement entre les deux barons.

 quelque temps de là, Renart se trouva devant un amas de branches entrelacées qui formoient une haie et dissimuloient l'entrée d'un souterrain. Il franchit la haie, découvrit l'ouverture et, soit par un mouvement de curiosité soit dans l'espoir d'y trouver à prendre, il descendit et n'eut pas de peine à reconnoître la demeure de son bel oncle Ysengrin. Le maître étoit sorti, dame Hersent, nouvellement relevée de couches, allaitoit et léchoit ses louveteaux. Comme elle avoit déposé son chaperon, le soleil vint la frapper au visage quand Renart ouvrit la porte ; cela lui fit regarder qui venoit ainsi lui rendre visite.

Pour Renart, la crainte d'un mauvais accueil le décidoit à demeurer immobile derrière la porte; mais Hersent l'avoit reconnu tout de suite à sa robe rousse. « Ah! » dit-elle en riant, « c'est donc ainsi, damp Renart, que vous ve- « nez épier les gens? » L'autre se tait et ne

fait pas un geste; sans doute il comptoit sur l'obscurité de la salle pour donner le change à la dame. Hersent l'appelle une seconde fois par son nom et lui fait même du petit doigt signe d'approcher. « J'aurois bien des repro-
« ches à vous adresser, damp Renart; mais
« je vois que vous ne voulez rien faire pour
« m'être agréable. En vérité, jamais on n'a
« traité sa commère aussi mal que vous fai-
« tes. » Ces paroles dites d'un ton carressant rendirent confiance à Renart. « Madame, » dit-il, « j'en prends Dieu à témoin, ce n'est
« pas de mon gré que j'ai cru devoir éviter de
« vous rendre visite pendant vos couches; bien
« au contraire: mais Ysengrin, vous le savez,
« me cherche noise et m'épie constamment par
« monts et par vaux; pourquoi m'a-t-il ainsi pris
« en haine, je l'ignore, ne luy en ayant jamais
« donné la moindre occasion. Ne prétend-il
« pas que je vous aime et que je cherche à
« prendre sa place ici? Il n'est pas un de vos
« voisins qui ne lui ait entendu raconter que
« vous aviez de l'amour pour moi, et qu'il s'en
« vengeroit un jour ou l'autre. Et pourtant, vous
« savez si je vous ai jamais dit un seul mot qui
« ne fût pas convenable. A quoi pourroit-il
« servir de prier d'amour une grande dame qui
« ne manqueroit pas d'en rire à nos dépens? »
—Ces paroles, Hersent les écoute avec une co-

lère mêlée de dépit : « Vraiment, on parle de
« moi chez nos voisins! Le vilain dit : *Tel ap-
« pelle sa honte qui pense à la venger.* Je puis
« le dire hautement; jusqu'à présent je n'ai
« pas eu de pensée mauvaise : mais puisque
« Ysengrin m'accuse, je veux lui donner rai-
« son; et dès aujourd'hui, Renart, j'entends
« que vous soyez mon ami. Comptez toujours
« sur mon bon accueil, j'engage ma foi d'être
« entièrement à vous. » Renart, charmé de
si bonnes paroles, ne se les fit pas répéter. Il
s'approcha de dame Hersent, la pressa dans
ses bras, et les nouveaux amans firent échange
des promesses les plus tendres. Mais les longs
propos d'amour n'étoient pas au goût de damp
Renart; il parla bientot de séparation et de la
nécessité de prévenir le retour d'Ysengrin.
Avant de sortir de la maison, il a soin de
passer sur les louveteaux et de les souiller de
ses ordures. Toutes les provisions qu'il rencontre il s'en empare, puis il revient une seconde fois aux louveteaux qu'il bat comme s'il
eût voulu les faire taire, mais en réalité pour
mieux les obliger à parler. Il les traite d'enfans trouvés, sans craindre la honte qui devoit en retomber sur Hersent. La dame, dès
qu'il est parti, prend les louveteaux, essuie
leurs larmes, les flatte et les carresse. « Mes
« enfans, » leur dit-elle, « au moins ne direz-

« vous pas au père que Renart soit venu et qu'il
« vous ait maltraités. — Comment! » répondent-ils, « ne pas nous plaindre du méchant
« roux que vous avez accueilli et qui honnit
« notre cher père? A Dieu ne plaise! il faut
« que justice en soit prise. » Renart, à la porte,
entendit quelque chose de la querelle, mais il
ne s'en inquieta pas et se remit à la voie.

Cependant Ysengrin revient au logis. Il a
fait bonne chasse, il dépose en entrant force
denrées; puis il va vers ses enfans pour les baiser. Les louveteaux se plaignent à l'envi des
injures et des plaies qu'ils ont reçues : « Renart,
« le vilain roux, nous a sallis, battus, malme-
« nés; il a dit que nous étions des enfans
« trouvés et abandonnés; il a même ajouté
« contre vous des injures que nous n'avons pas
« comprises. »

Qu'on se figure maintenant la surprise et la
rage d'Ysengrin ! il brait, il hurle, il n'est plus
maître de lui. « Ah! » dit-il, « est-ce moi qu'on
« devoit traiter ainsi! Méchante et odieuse
« épouse, étoit-ce pour donner asile à mon en-
« nemi que je vous ai toujours bien nourrie,
« richement tenue? Etoit-ce pour me voir pré-
« férer un puant rousseau tel que Renart? Par
« les yeux Dieu! vous ne porterez pas loin
« cet outrage; je vous interdis ma couche; je
« vous chasse dès aujourd'hui de la maison, à

« moins que vous ne fassiez tout ce que je
« dirai. »

Ce n'étoit pas le moment de répondre de même ton; Hersent le comprit. « Vous êtes « en colère, Ysengrin, » dit-elle, « et la colère « est un mauvais conseiller ; je demande l'é- « preuve du serment et du jugement. Qu'on me « brûle ou qu'on me pende si je ne sors pas « justifiée à vos yeux et devant tout le monde. « D'ailleurs, ordonnez; je ferai tout ce qu'il « vous plaira de commander. »

Ces mots eurent le pouvoir de remettre un peu de calme dans le cœur d'Ysengrin. Il regarda ses enfans, fit un pas vers Hersent et finit par l'embrasser, après qu'elle eut répété la promesse de rendre à Renart tout le mal possible, et chaque fois que l'occasion s'en présenteroit.

VINGT-DEUXIEME AVENTURE.

Comment Renart eut un songe effrayant qui fut expliqué par Hermeline, et comment il déçut la Corneille.

RENART, à quelque tems de là, reposoit tranquillement dans son château de Maupertuis, près de sa femme Hermeline. Vers le matin, il eut un songe étrange (*qui par malheur rappelle beaucoup celui de Chantecler*). Il croyoit être seul près d'un bois; il avoit une pelisse de rouge futaine trouée en plusieurs endroits et bordée vers le col d'une garniture entièrement blanche. Cette bordure, il avoit eu grand'peine à la passer, elle lui serroit tellement le cou qu'il s'en falloit de peu qu'il n'étranglât.

Tout effrayé, Renart s'éveille en sursaut et cherche ce qu'un pareil songe peut signifier. Hermeline de son côté ouvre les yeux et reçoit la confidence de la vision que nous venons de rapporter.

« Renart, » lui dit-elle tristement, « votre « songe m'inquiète, et me donne de vives ap- « préhensions pour vous. C'est assurément l'an- « nonce de grands ennuis et douleurs; la rouge

« futaine trouée çà et là ne présage rien de bon,
« et cette longue bordure blanche est la dou-
« ble rangée de dents qui doit vous briser les
« os. Je n'aime pas non plus cette entrée étroite
« que vous ne pouviez passer, et j'en conclus
« que vous vous trouverez bientôt mal à votre
« aise. Heureusement je sais un charme dont
« la vertu vous soutiendra dans les dangers
« qui vous menacent. Le jour qu'on en fait
« usage, on ne peut ni mourir ni perdre un
« seul membre. Le voici : Quand vous sortez
« d'un asile, par le fossé, par la fenêtre ou
« par la porte, il faut tracer trois croix sur le
« seuil du fossé, de la fenêtre ou de la porte :
« on est ensuite assuré de revenir sain et
« sauf. »

Renart, ranimé par ces bonnes paroles, se lève, ouvre l'huis et fait le charme qu'Hermeline vient de lui apprendre. Il gravit une montée dans le bois, et de là ne tarde pas à distinguer une corneille qui après s'être plongée dans une eau limpide, réparoit avec son bec le désordre de ses plumes. Renart pour attirer son attention s'étend sur le dos immobile, les yeux fermés, et la langue tirée. Il espère que l'oiseau, dès qu'il le verra, croira pouvoir s'abattre sur lui et voudra s'emparer de cette langue friande. La corneille en effet jette çà et là les yeux, puis les arrête sur Renart qu'elle suppose avoir été récemment victime d'un assassinat. La langue rouge et humide éveille sa convoitise; elle agite ses ailes, descend à plomb sur le prétendu cadavre; mais quand elle va donner le premier coup de bec, Renart s'élance, l'arrête par les ailes, et sans autre cérémonie fait un premier déjeuner du corps de l'imprudent oiseau.

VINGT-TROISIEME AVENTURE.

Comment Ysengrin voulut se venger de Renart, et comme il en eut regret.

C'ETOIT là bien commencer la journée. Renart fait ensuite le tour de la montée, puis descend vers le marais qui d'un coté la terminoit; il s'y baigne, et donne à ses membres une nouvelle agilité. Comme il revenoit à terre, il voit arriver sur lui le seigneur Ysengrin qui, depuis l'aventure racontée par ses louveteaux, n'avoit pas une amitié fort tendre pour lui. « Ah! te voila donc « enfin! » dit Ysengrin en lui jetant un regard furieux; « tu vas, j'espère, payer tout ce qui « m'est du. Je sais comment tu as violé le seuil « de ma maison, comment tu as déshonoré « ma famille, outragé, salli, battu mes enfans.

« Ecoute ce que j'entends faire. Tu te disois
« mon neveu, tu faisois semblant de m'ai-
« mer comme j'avois moi-même la sottise de
« t'aimer; eh bien! je vais te loger dans une
« prison qui t'empêchera de tromper à l'avenir
« qui que ce soit au monde. Tu seras tran-
« quille de ton coté, sans avoir besoin de dres-
« ser pièges, embuscades ou guet-apens, de
« sonner le beffroi, de jeter pierres ou faire
« jouer mangoneaux. Tu ne craindras plus la
« vengeance de roi, prince ou seigneur plus
« puissant que toi. Et cette prison, tu la con-
« nois, je suppose. »

Renart, auquel tout moyen de fuite étoit interdit, sent qu'il ne peut éviter le sort dont on le menace qu'en s'humiliant devant son redoutable ennemi. Il tombe à genoux, la queue entre les jambes, et d'un ton contrit et suppliant: « Oncle, » dit-il, « il est d'usage en cour
« de barons d'offrir et prendre l'amende de
« ce qu'on a méfait. Vous pensez que j'ai mé-
« fait, dites donc quelle amende vous exigez
« de moi, et Dieu aidant, je vous satisferai.
« — Par Dieu le père! » répond Ysengrin,
« l'amende que je demande c'est la place que
« je te ménage dans mon ventre. Il me prend
« envie d'ajouter ta chair à la mienne, de mê-
« ler mon sang avec le tien, de réunir par ce
« moyen les ruses de ton esprit à la générosité

« de mon courage. Allons! ne vous faites pas
« prier, mon beau neveu; cette belle rangée
« de dents est prête, comme vous voyez, à
« vous recevoir. Vous y mettez vraiment trop
« de cérémonie. »

Disant cela, Ysengrin s'étoit jeté sur Renart,
l'avoit retenu sous ses pieds sans mouvement,
l'avoit battu, mordu, houspillé comme jamais
ne le fut prisonnier en terre Sarrasine. Il a
beau crier merci, invoquer la pitié de son bon
oncle, Ysengrin le prend par la nuque, lui
déchire la peau et le reduit enfin à ne plus
exhaler que des gémissemens étouffés.

Une chose préserva damp Renart, sa chair
étoit loin d'être, même pour Ysengrin, un friand
morceau. Après l'avoir longtems martyrisé :
« J'hésite, » dit-il, « sur le genre de mort que
« je te donnerai. Si j'allumois un feu ardent
« pour te griller? ensuite je te mangerois :
« non, tu serois mort trop vîte. » Et cependant voyant Renart attendre gueule béante le
moment de rendre le dernier soupir, Ysengrin
lui ferme la gorge de son pied, et peu s'en faut
qu'il ne l'étrangle.

Mais au moment même, il en étoit grand
temps, voilà que la pitié trouve place dans le
cœur d'Ysengrin. Il remembre les anciens liens
d'amitié, les bons tours qu'ils ont fait souvent
ensemble, les jeux, les plaisirs, les agrémens

de leur premiere jeunesse. Peu à peu ses yeux se troublent et viennent à se remplir de larmes. « Ah! mon Dieu, le voilà mort! Et qu'ai-je « fait? J'ai pu frapper mon ancien ami, mon « meilleur conseiller! maudite colère! » Ces paroles arrivent aux mourantes oreilles de Renart, il fait un léger mouvement. « Qu'est-ce? » dit Ysengrin, « je crois qu'il a remué : oui, ses « veines battent encore, bien qu'on sente à « peine sa respiration.— Oui, je vis ; » dit Renart, « mais vous avez commis un grand crime, « en traitant comme votre plus grand ennemi « le pauvre neveu qui vous aimoit tant. Vous « êtes fort, et vous avez écrasé le foible, l'in- « nocent privé de défense. » Ysengrin fut longtems sans répondre et comme en proie à de véritables remords pendant que son neveu reprenoit des forces et du courage.

« Tenez, » dit le premier Renart, « au lieu « de me maltraiter sans raison, regardez et « profitez de l'aventure qui vient s'offrir à « nous. »

VINGT-QUATRIEME AVENTURE.

Comment Renart deçut le vilain, et comment Ysengrin emporta le bacon, qu'il ne voulut partager.

C'ETOIT un vilain qui traversoit la plaine, pliant sous une charge de porc salé qu'il ramenoit chez lui. « Qui vous « empêcheroit, bel oncle, d'arrêter « ce bacon, et d'en appaiser votre faim? Il vaut « bien mieux que ma maigre et dure échine. » Ysengrin étoit de cet avis. « Tenez, oncle, lais- « sez-moi le plaisir de vous en procurer la « possession. Si vous ne l'avez, je me soumets « à tout souffrir sans me plaindre. Vous aurez « le bacon, et s'il vous en reste, après en avoir « mangé votre saoul, nous le mettrons en vente; « il n'y a pas au monde de meilleur marchand « que moi. Nous en partagerons ensuite le « prix : à vous les deux tiers, à moi le troi- « sième; c'est la règle.

« — Par saint Cler, » dit Ysengrin, « je n'ai « pas de goût pour les rencontres de vilains. « Hier encore, passant rapidement par un vil- « lage, un d'eux me donna un coup de massue « qui m'abattit tout à plat; je ne pus me ven- « ger, et j'en ai grand honte. — Ne vous en

« mêlez donc pas, » répond Renart, « je puis
« mener l'affaire à bien, et vous me pendrez
« la hart au cou, si tout à l'heure vous n'avez
« le bacon. — A la bonne heure donc ! » dit
Ysengrin, « je veux bien juger de ce que tu
« sais faire. »

Il se traîne d'abord avec assez de peine, les coups qu'il avoit reçus lui ôtant son agilité naturelle ; mais à force de longer péniblement le bois dans un sentier couvert, il gagne un peu d'avance sur le vilain, et recourant à l'un de ses tours favoris, il s'étend le long du chemin, comme il eût fait sans doute dans le bois pour se remettre des rudes épreuves que son compère venoit de lui faire subir.

Le vilain en voyant Renart traîner les reins et tomber ainsi dans le chemin, le crut mortellement blessé, et pensa qu'il lui seroit aisé de le prendre. Il avance donc, et sans quitter son fardeau, la main posée sur le bâton qui lui servoit de soutien, il se baisse comme pour lever Renart de terre. Celui-ci fait un petit saut de côté : le vilain ne se décourage pas, il laisse tomber le bâton sur son échine, et Renart dont les douleurs se renouvellent fait un cri et s'éloigne. « Tout cela, » dit le vilain, « ne m'empê-
« chera pas de coudre ta robe à mon manteau. »
Mais entre faire et dire, il y a souvent bien à dire.

Le vilain n'a pas fait dix pas à la poursuite de Renart qu'il se voit obligé de mettre bas sa charge de bacon, afin de courir plus vîte. Il la dépose donc à terre, et ne songeoit plus qu'à joindre Renart dont la peau, pensoit-il, devoit lui rendre le prix du porc qu'il venoit d'acheter; sans compter le tour du col qu'il garderoit pour engouler son manteau. Ysengrin suivoit par curiosité et sans trop d'espoir les mouvemens de Renart et du vilain; mais quand il vit celui-ci abandonner son bacon, il pressa lui-même le pas, il descendit dans la plaine, emporta la précieuse charge, et revint d'où il étoit parti.

Pour le vilain, il se croyoit assuré de prendre le goupil quand il vit le loup retourner au bois avec son bacon : Renart, de son coté, n'avoit rien perdu des mouvemens d'Ysengrin, et cessant aussitôt de ramper péniblement, il partit comme un trait d'arbalète, laissant le vilain entre la bête qu'il vouloit prendre et le bacon qui lui étoit pris, s'arrachant les cheveux, maudissant Ysengrin, Renart et la convoitise qui l'avoit conduit à n'avoir ni l'écu ni la maille. C'est ainsi qu'il revint chez lui, assez bien persuadé qu'il avoit été ensorcelé.

Laissons maintenant le vilain, et retournons à nos deux amis. Ysengrin, à l'arrivée de Renart, étoit déjà repu : le reste du bacon il l'avoit couvert de feuillage, afin de mieux le tenir au frais. Près de là étoit la hart dont le vilain l'avoit attaché pour le porter plus aisément.

« Sire Ysengrin, » dit Renart, « vous allez « me donner, j'espère, la part qui me revient « dans le bacon ? — Ami, tu veux rire, » reprend le loup, « assurément tu dois te trouver « fort heureux d'avoir echappé à mon ressen- « timent. Cependant, je te permets de prendre « la hart, fais-en ce qu'il te plaira ; mais ne « demande rien de plus. »

Renart comprit qu'avec un compagnon de la force d'Ysengrin, il n'y avoit pas à réclamer. « Si quelqu'un, » dit-il, « mérite la hart, ce « n'est assurément pas moi. Je le vois, on n'a « pas grand profit à attendre de votre com- « pagnie, permettez-moi de prendre congé. « D'ailleurs, j'ai la conscience chargée de quel- « ques gros péchés, et mon intention seroit, « pour en avoir l'absolution, d'aller en pele- « rinage à Saint-Jacques. — Soit, » dit Ysengrin, « je ne te retiens pas ; je te recommande « à Dieu. — Et vous au diable ! » repartit à demi-voix Renart : « au moins n'est-ce pas ma « prière qui vous en délivrera. »

VINGT-CINQUIEME AVENTURE.

Comment Renart devenu pélerin fait rencontre de damp Frobert le grillon, lequel disoit ses heures, et comment il ne put le décider à lui donner son livre.

LE voilà donc en semblance de pelerin, allant par monts et par vaux près de la forêt, séjour ordinaire d'Ysengrin. Un matin, il s'arrête devant un village, pénètre dans l'enclos du prêtre, et là, trouve abondance de chairs fraîches et salées. « J'ai bien fait, » ce dit-il, « de venir « ici : mais gardons-nous ; il y a souvent de « mauvais piéges tendus. » En furetant partout avec précaution et en prêtant l'oreille, il entend quelque bruit et tremble aussitôt d'être dénoncé. C'étoit Frobert le grillon qui déclinoit gaîment sa chanson ordinaire à l'entrée du four. En apercevant Renart il se tut. « Ah! « vraiment, » dit Renart quand il le reconnut, et après avoir allongé ses pieds en avant, « il « n'y a que les clercs pour bien chanter. Con- « tinuez votre psautier, damp Frobert, je veux « en faire aussi mon profit. — Par Dieu ! » répond Frobert, « vous n'avez guères la mine « d'un pélerin contrit, et je serois assez curieux

« de voir de quel pied vous clochez. » Il trottine alors à pas pressés vers Renart qui jette aussitôt sur lui la manche de sa pelerine. Il croyoit le tenir et le faire bientôt passer par son gosier ; mais il manqua son coup, et Frobert trouva par bonheur une sortie au travers de l'enveloppe : « Ah ! Renart ! je t'avois reconnu, » dit-il, « tu
« n'as pas changé de nature en changeant de
« vêtement. Ce sont pelerins du diable ceux
« qui guettent les gens sur la route ; mais heu-
« reusement Dieu m'est venu en aide. — Damp
« Frobert, » répond Renart, « n'avez-vous pas
« un peu trop bu? Moi vous guetter ! ne voyez-
« vous pas que j'en voulois seulement à votre
« livre? si j'avois pu le saisir, j'y aurois appris,
« assurément, de beaux cantiques. J'avois
« grand besoin d'en chanter, car je suis en
« mauvais point : les pelerinages m'ont épuisé,
« je n'ai plus longtemps à vivre, et je n'ose
« penser sans effroi à tous les péchés que j'ai
« commis. Encore si j'avois un confesseur !
« Vous plairoit-il, damp Frobert, de m'en
« servir? car, vous le savez, je ne dois pas es-
« pérer rencontrer ici le prêtre que je venois
« voir ; il est, m'a-t-on dit, au synode.

« — Patience ! » répondit Frobert, « le prêtre
« ne peut tarder longtemps à revenir. » Au même instant on entend les aboiements de plusieurs mâtins escortés de piqueurs, d'arbales-

tiers et de chasseurs. Renart aussitôt de jouer des pieds; mais il est aperçu, les veneurs découplent leurs chiens. *Le goupil! le goupil!* crient-ils à qui mieux mieux. « Holà! Tabaus, Rigaus, « Clarembaus; eh! Triboulé! eh! Plaisance! » Mais Renart, de son côté, ne s'endormoit pas; dans la crainte d'être cerné, il revient, se tapit sur le haut du four, y demeure blotti jusqu'à ce que la meute se soit éloignée, en croyant toujours se rapprocher de lui. Or cette meute réveilloit en même temps Ysengrin, dont elle avoit reconnu les traces. On le poursuit, on l'atteint, on le déchire à belles dents : lui se défend avec courage; plus d'un chien est mis hors de combat, les entrailles déchirées. Du haut de son four, Renart se faisoit juge du camp. « Ah! bel oncle, » crioit-il, « voilà le « profit du bacon que vous avez refusé de par-« tager. Vous seriez moins lourd et plus dispos « si vous aviez été moins glouton. » Mais ces mots, au lieu de décourager Ysengrin, redoublent son ardeur : il étrangle le premier chien d'un coup de dent; les autres, plus ou moins déchirés, ensanglantés, abandonnent enfin la partie.

Ysengrin regagne péniblement son logis; mais son plus grand mal est le chagrin de ne pas en avoir fini avec Renart, et de ne l'avoir pas étranglé, quand l'occasion s'en présentoit.

Il n'est pas encore à bout, et l'Ascension ne passera pas sans le rendre victime des nouvelles méchancetés de son beau neveu.

VINGT-SIXIEME AVENTURE.

Comment Renart fit rencontre de Noble le Roi et d'Ysengrin, et comment les deux barons se donnèrent le baiser de paix.

Ysengrin, pour avoir laissé vivre Renart quand il auroit pu se venger de lui, n'en étoit pas moins persuadé que dame Hersent, sa noble épouse, avoit eu de grands sujets de plainte contre son compère; et Renart, de son côté, obéissoit à son naturel, en ne laissant échapper aucune occasion de honnir et tromper Ysengrin. Un jour il étoit aux aguets dans le bois, avec l'espoir de rapporter quelque chose à la maison pour sa chère Hermeline. Il n'y fut pas longtemps sans voir arriver de son côté Monseigneur Noble le Roi, accompagné d'Ysengrin, le connétable. Ils marchoient du même pas, devisant agréablement. Renart ne se détourne pas; et même afin de tirer parti de la rencontre aux dépens de son compère, il s'avance et salue le Roi d'une inclination profonde : « Bien

« venue la noble compagnie ! » dit-il. — « C'est
« vous, damp Renart ! » répond le Roi qui, sachant les mésaventures d'Ysengrin, avoit peine
à ne pas rire. « Je vous souhaite bonne jour-
« née et chance heureuse, pour le malin tour
« que vous vous disposez sans doute à jouer.

« — En effet, Monseigneur, j'ai besoin de vos
« souhaits : depuis le point du jour je suis en
« chasse ; j'espérois rapporter quelque chose à
« l'épouse qui vient de me donner un nouvel
« enfant, et jusqu'à présent je n'ai rien
« trouvé.

« — Vous êtes en chasse ? » répond le Roi
d'un ton sévère, « et c'est ainsi que vous faites
« sans nous vos affaires ?

« — Sire, » repartit Renart, « par la foi que je
« vous dois, je sais trop bien qu'à moi ne con-
« vient de marcher de pair avec vos compa-
« gnons ordinaires, et d'espérer un regard du
« Roi au milieu de tant de grands personna-
« ges ! Vous devez naturellement à nous au-
« tres petits préférer les hauts barons, tels que
« sire Brun l'ours, Baucent le sanglier, Rooniaus
« le veautre, le seigneur Ysengrin et leurs pa-
« reils.

« — Et voilà, » reprit le Roi, « de vos rail-
« leries ordinaires ; mais enfin, demeurez, s'il
« vous plaît, avec nous ; au moins aujourd'hui
« je vous admets à ma chasse, et nous allons

« chercher ensemble de quoi nous déjeuner
« convenablement.

« — Ah! sire, » fait Renart, « je n'oserois, à
« cause de messire Ysengrin, qui me voit tou-
« jours à contre-cœur. Il m'a voué, pourquoi je
« l'ignore, une haine mortelle, et cependant,
« j'en jure par mon chef, jamais je ne lui ai fait
« la moindre offense. Il m'accuse d'avoir honni
« sa femme, tandis que je n'ai, par la vertu
« Dieu, rien demandé de ma commère Her-
« sent que je n'eusse pu réclamer de ma propre
« mère. — Je pense comme vous, Renart, »
reprit le Roi ; « il n'y a rien de sérieux dans tout
« cela : quand même vous auriez entretenu le
« commerce criminel dont vous êtes soupçonné,
« il faudroit, pour vous condamner, quelques
« preuves sensibles, et l'on n'en présente pas.
« Terminons donc ces malentendus, je veux
« remettre la paix entre vous. — Puisse Dieu,
« sire, vous en récompenser ! car, en vérité,
« et par la foi que je dois à Hermeline, le droit
« est de mon côté.

« — Voyons, Ysengrin, » reprit le Roi, » cette
« haine contre Renart est-elle raisonnable?
« Vous êtes vraiment fou de lui imputer une
« vilenie et, pour moi, je suis persuadé qu'il n'a
« rien à se reprocher à l'égard de dame Hersent.
« Montrez-vous conciliant ; laissez les vieux le-
« vains de rancune. Doit-on haïr les gens pour

« de méchans propos recueillis çà et là? Je
« connois Renart mieux que vous, et je suis
« assuré que, pour le donjon de l'empereur
« Octavien, il ne feroit rien de ce qu'on lui
« reproche.

« — Sire, » dit Ysengrin, « dès que vous en
« portez témoignage, je le crois. — Eh bien,
« qui vous arrête donc? Allons, rapprochez-
« vous : pardonnez-lui de bon cœur et sans
« réserve. — Je le veux bien. En votre
« présence, sire, je lui pardonne; je dé-
« pose tout ressentiment du passé, je prétends
« que nous demeurions toute notre vie bons
« amis et compagnons. »

Alors se donnèrent le baiser d'amitié ceux qui ne s'aimoient guère et ne s'aimeront jamais. Qu'ils disent ce qu'ils veulent, qu'ils jurent toutes les reconciliations du monde, même en présence du Roi, ils se détesteront toujours, et je ne donnerois pas une prune de leurs baisers. C'est la paix la plus mensongère et la plus trompeuse; pour tout dire en un mot, c'est la paix Renart.

VINGT-SEPTIEME AVENTURE.

Comment le Roi Noble, Ysengrin et Renart se mirent en chasse, et de la rencontre d'un vilain que Renart fit noyer.

Voila les trois personnages remis au chemin ; Noble le premier, puis Ysengrin, puis Renart. « Comment « nous y prendre? » dit le Roi regardant Renart. « Vous qui connoissez les bons en-« droits, soyez notre guide; on s'en rapporte à « vous. Savez-vous près d'ici un pré, bocage ou « pâture où nous puissions rencontrer bonne « proie? — Par saint Remi, sire, » répondit Renart, « je ne puis rien promettre. Pourtant « je me souviens qu'entre ces deux montagnes, « là-bas, on trouve une verte vallée où le bé-« tail du village voisin vient souvent paître. « Voulez-vous prendre ce côté? — Je m'y ac-« corde, » dit le Roi.

Ils marchent, et vous allez juger comme la paix nouvellement jurée étoit solide. Arrivés dans la prairie, Ysengrin aperçoit le premier, vers l'autre extrémité, une proie superbe. Alors tout joyeux : « Nous sommes en bonne voie, « sire, » dit-il, « je distingue là-bas un tau-

« reau, une vache et son veau ; il ne faut pas
« qu'ils nous échappent. Mais il seroit bon
« d'envoyer Renart en avant, pour éprouver s'il
« n'y auroit pas de mâtin ou de vilain à crain-
« dre : on ne sauroit prendre trop de précau-
« tions. — Vous parlez bien, » dit le Roi, « Re-
« nart est fin et rusé, il reconnoîtra mieux que
« personne les lieux. Allez donc en avant, Re-
« nart, et quand vous aurez vu, vous revien-
« drez nous avertir. — Volontiers, sire. »
Aussitôt de courir à travers champs : il arrive
à portée de la proie. Le vilain, gardien du bétail, dormoit tranquillement sous un orme.
Renart se coule tout auprès de lui, cherchant
dans sa tête un moyen de s'en défaire. Sans le
réveiller, il saisit une branche de l'arbre et
saute rapidement plus haut : il va de branche
en branche et s'arrête enfin précisément au-
dessus de la tête du berger. Me sera-t-il
permis de continuer? Renart, comme un vrai
salaud, se tourne, pousse et laisse tomber
sur le vilain une large écuelle de fiente infecte.
Le berger, sentant couler sur lui un pareil
brouet, s'éveille en sursaut, porte la main à
son visage humide, et ne devine pas comment
pareille chose a pu tomber de l'arbre. Il lève
les yeux et ne voit que des rameaux du plus
beau vert du monde, car Renart s'étoit dérobé
sous le plus épais du feuillage. La surprise du

vilain est extrême ; il se croit le jouet d'un fantôme, il touche de sa main, il sent une grasse humidité dont la puanteur est insupportable ; puis il se lève et court droit au fossé qui fermoit la prairie et qui portoit une profondeur de vingt pieds d'eau. « Lavons-nous d'abord, » se dit-il, « puis je tâcherai de découvrir à qui « je dois cette male aventure. »

Comme il arrivoit au fossé et qu'il commençoit à se pencher accroupi pour se laver, Renart, qui ne l'avoit pas perdu de vue, s'étoit laissé glisser à terre et l'avoit rejoint. Quand il l'avoit vu dos courbé, tête penchée sur l'eau, il avoit sauté vivement sur son échine, et de son poids avoit décidé la chûte du vilain au fond du fossé. Pour Renart il n'avoit pas même touché la surface de l'eau. Le pauvre homme, transi d'effroi, étendoit les bras et jouoit des pieds pour échapper au danger ; mais Renart est là, qui avise à quelque distance une large pierre plate et carrée ; il la pousse, la soulève, la fait tomber enfin de telle force sur le dos du vilain que celui-ci descend avec elle dans la bourbe du fossé.

Cependant le Roi et le Connétable, las d'une assez longue attente, s'étoient avancés quelque peu. Ysengrin, dont les yeux étoient excellens, aperçut Renart près du fossé, et le montrant à Monseigneur Noble : « Voyez, sire, comme

« Renart se soucie de vous servir; il prend ses
« ébats pendant que vous perdez patience. Il a
« trouvé pour lui, il ne demande rien de plus.
« On peut l'envoyer chercher la mort; sûr
« moyen de l'attendre longtemps! Si vous le
« trouvez bon, sire, nous pousserons de ce côté,
« au moins saurons-nous de lui ce qui l'y re-
« tient. — Soit, » dit le Roi; « mais par saint
« Julien! si Renart nous a joués, il le paiera
« cher et n'aura pas de longtemps envie de
« recommencer. »

Pendant qu'ils arrivoient de fort mauvaise humeur, le vilain avoit longtemps battu l'eau, avoit plongé deux fois et deux fois remonté, et perdoit tout ce qui lui restoit de forces. Renart, de son côté, souhaitoit d'en finir pour retourner plus vite auprès du Roi; il fait rapidement un amas de grosses mottes de terre et les jette dru comme grêle sur le dos du patient qui plonge pour la troisième et dernière fois. Le vilain demeura sous les eaux, arrêté dans les herbages. Dieu veuille le recevoir dans son paradis! Du moins peut-il être sûr qu'à compter de ce jour on ne fera plus sur lui de mauvaises chansons. Quant à la proie, elle étoit à nos chasseurs, rien ne les empêchoit plus de s'en emparer.

Après ce grand exploit, damp Renart se mit au retour, et, comme on a vu, Monseigneur Noble et sire Ysengrin lui évitèrent la moitié du chemin. « Bien venus, » leur dit-il, « vous Monsei- « gneur, et votre compagnie ! — Moi, » répond le Roi, « je ne vous salue pas, damp Renart, et « je devrois peut-être vous faire pendre aux « fourches, pour nous avoir abandonnés si long- « temps. — La faute n'est pas mienne, Mon- « seigneur, » fait Renart. « Par la foi que je « dois à ma femme, j'ai eu pour entremets le « vilain qui gardoit le bétail, et vous com- « prenez que s'il vous eût aperçus, il eût mis « ses bêtes à l'abri de toute attaque; mais, « grâce à Dieu, vous voyez que je reviens frais, « dispos et séjourné, pendant qu'il s'en est allé « rejoindre les grenouilles au fond du fossé. « J'imagine que vous désiriez mon retour; bien « s'ennuie qui fait longue attente : mais quand « vous saurez comment j'ai travaillé, vous « m'en aimerez davantage. Écoutez-moi de « point en point. »

Alors il leur raconta comment il étoit monté sur l'orme, comment il avoit sali le visage du vilain, comment le vilain effrayé avoit couru se laver au fossé, comment arrivant à petits pas il s'étoit posé sur son échine, puis l'avoit culbuté dans la mare, et mis ordre à ce qu'il n'en sortît jamais.

Le Roi l'écoutoit, et peu à peu sa colère faisoit place à l'envie de rire; il battoit des

mains, juroit que jamais vilain n'avoit été mieux traité selon ses mérites. « Oh! » dit Ysengrin à son tour, « cela paroît en effet très-plai-
« sant; mais pour le croire, je ne serois pas
« fâché de l'avoir vu de mes yeux. — Eh
« bien, » dit Renart, « vous pouvez vous en
« donner le plaisir; allez au fond de l'eau, le
« vilain vous dira si j'ai menti d'un mot. — Il
« n'est pas nécessaire, » reprit le Roi, qui vouloit sauver la confusion du Connétable. « Je
« ne tiens pas assez aux vilains pour en aller
« voir un de plus, et j'aimerois autant fourrer
« ma tête dans une tonne de vipères. Il est au
« fond de l'eau, qu'il y reste! et pour nous,
« hâtons-nous de procéder au partage de la
« proie. »

VINGT-HUITIEME AVENTURE.

Comment Ysengrin ne fut pas aussi bon partageur que Renart.

NOBLE se tourna d'abord vers Ysengrin :
« C'est vous, damp connétable, qui
« déciderez ce qui doit revenir à
« chacun : vous trouverez aisément
« moyen de nous contenter tous les trois.
« — J'obéis, Monseigneur, puisque tel est

« votre plaisir; d'ailleurs j'avoue que je man-
« gerai volontiers. De quoi s'agit-il? d'un tau-
« reau, d'une vache et d'un veau.... » Il parut
hésiter un instant, comme cherchant moyen
de tout arranger au mieux; car il se rappeloit
ce que dit le vilain :

> Qui le bien voit et le mal prent,
> Souvent à bon droit se repent.

En tout cas, il se seroit fait étrangler plutôt que
de rien proposer à l'avantage de Renart.

« Monseigneur, » reprit-il enfin, « mon avis
« est que vous reteniez pour vous le taureau et
« la belle génisse. Je me contenterai du veau,
« et quant au roux que vous avez admis dans
« votre compagnie, je sais qu'il aime peu ces
« sortes de viandes; nous l'inviterons à cher-
« cher pâture ailleurs. »

Oh! que grande chose est Seigneurie! Il
faut au seigneur donner tout à garder, tout faire
à sa guise et surtout ne jamais lui parler de partage. En tous pays la coutume est la même;
le connétable Ysengrin pouvoit-il oublier une
telle vérité! Or ce qui devoit arriver arriva :
Noble ne l'avoit pas écouté sans branler la tête
et sans témoigner une indignation vive. A
peine le partageur a-t-il fini, que lui se dresse,
fait deux pas, lève sa terrible patte et l'étend
sur la joue d'Ysengrin d'une telle force qu'il

enlève la peau, le cuir du visage, et laisse le coupable couvert de sang. « Ysengrin, » dit-il, « n'entend rien aux partages, j'aurois dû le « deviner. C'est à vous, Renart, plus habile et « plus sage, à satisfaire chacun de nous. — « Sire, » répondit Renart, « vous me faites « un honneur que je n'osois espérer; mais « voici ma proposition : Prenez, seigneur, ce « qu'il vous plaira et nous abandonnez le « reste.

« — Non, non ! » dit Noble, « je ne l'en-« tends pas ainsi : je veux que tout soit réglé « par jugement, suivant l'équité, et de façon « que personne n'ait droit de se plaindre. — « Eh bien ! » reprit Renart, « puisque vous le « voulez, mon avis est d'abord, comme Ysen-« grin l'avoit proposé, que le taureau soit à « vous ; c'est la part du Roi, il ne peut tom-« ber en mains plus glorieuses. La génisse est « tendre, grasse et jeunette; elle sera pour Ma-« dame la Reine. Le prince impérial votre fils « a, si je ne me trompe, été nouvellement « sévré, il doit avoir un an, ou peu s'en faut; « à lui doit revenir ce petit veau, tendre comme « du lait. Pour nous autres, ce vilain et moi, « nous irons chercher notre chevance ailleurs. »

Ces paroles répandent une satisfaction visible sur le fier visage du Roi. « Voilà, » dit-il, « qui « est bien parlé : aussi personne ne réclame.

« C'est bien, Renart, je suis content. Mais, dites-moi, qui vous apprit à si bien faire les partages? — Sire, » répond Renart, « le chaperon rouge d'Ysengrin est pour moi de grande autorité. Je suis même tenté de croire que la couronne que vous lui avez faite indique un cardinal, sinon l'Apostole lui-même. O la belle couleur de pourpre! il faut s'incliner devant elle. »

« — Maître Renart, maître Renart, » fait le Roi en lui passant doucement le bras sur l'oreille, « vous êtes un subtil personnage, et vous savez mieux que votre pain manger. Tant pis pour qui refuseroit vos bons services; vous retenez bien ce qu'on dit, et vous savez profiter à merveilles des sottises d'autrui. Demeurez ici tous les deux et de bonne amitié; mais je conseille à Ysengrin, s'il veut s'épargner de grands regrets, de mieux répartir une autre fois. Pour moi, j'ai de grandes affaires qui m'obligent à m'éloigner. Cherchez, parcourez ces bois, et si vous y trouvez votre dîner, je vous permets de le prendre. Adieu, Renart! bien partagé, vraiment, bien partagé!

« — Eh bien, sire Ysengrin, que vous en semble? » dit Renart, dès que Noble se fut éloigné emmenant la proie devant lui; « le Roi nous a-t-il assez outragés? des barons tels que

« nous doivent-ils être ainsi maltraités et joués ?
« Croyez-moi, en nous entendant un peu, nous
« pourrions lui donner assez d'embarras.
« Comme votre ami, je vous dois mes meilleurs
« conseils, et je vous aiderois volontiers de
« toutes mes forces à prendre de ce mauvais roi
« une vengeance éclatante. Car enfin il y a
« trop de honte à se laisser traiter ainsi et nous
« lui donnerions l'envie de faire pis encore.
« Mon avis est de venger avant tout l'injure
« qu'il vous a faite, puis le déni de justice qui
« nous a privés du bien qui nous appartenoit. »

Ysengrin écoute attentivement Renart. Il garde un fier ressentiment du traitement qu'il a reçu; il seroit heureux de pouvoir s'en venger : mais d'un autre côté il faut avoir des alliés, pour entreprendre une guerre contre le Roi. La prudence veut qu'on demande avant tout conseil à ses véritables amis. « Cepen-
« dant, » se dit-il, « où trouverois-je un plus
« sage conseiller que Renart, un compagnon
« plus adroit, plus utile ?... Mais, s'il me tra-
« hissoit ? s'il ne m'arrachoit mon secret que
« pour aller le révéler au Roi ? La trahison est
« assez dans ses habitudes et dans celles de sa
« race.... Non ! je lui fais injure ; c'est, après
« tout, mon compère ; il ne voudroit pas me
« perdre ? Il est prudhomme, le Roi le disoit
« tout à l'heure encore, en nous reconci-

« liant. Cependant ma femme! ma femme !...
« Mauvais propos que tout cela ; je veux me
« venger du Roi, Renart m'offre ses conseils
« et son aide, je serois fou de l'éconduire. »

Il répond donc à Renart : « Bel ami, cher
« et doux compère, j'ai réellement besoin de
« votre aide et je vous la demande. Je voudrois,
« avant, l'arrivée de la première nuit, tirer
« vengeance de notre mauvais roi. — Oh ! » reprend aussitôt Renart, qui ne vouloit que donner le change à son compère sur le principal objet de ses rancunes, « il ne faut pas
« tant se presser ; nous en reparlerons une
« autre fois : pour le moment, j'ai le plus
« grand besoin de revoir ma famille ; je suis
« hors de Maupertuis depuis fort longtemps,
« et je veux y faire un tour. Adieu, cher oncle
« Ysengrin ; demeurons tout d'un accord con-
« tre l'orgueil du Roi. » Cela dit, les nouveaux amis prirent congé l'un de l'autre. Avant d'avoir fait cent pas, ils avoient oublié la guerre qu'ils devoient entreprendre et la foi qu'ils avoient déjà si souvent jurée et mentie.

VINGT-NEUVIEME AVENTURE.

Comment Renart entra et sortit heureusement du Puits; comment Ysengrin y entra, mais en sortit à son grand dommage.

J'ENGAGE à faire silence ceux qui n'étant pas d'humeur à écouter sermon ou la vie de quelque saint homme, voudroient bien entendre raconter des choses plaisantes et faciles à retenir. Je n'ai pas la renommée d'avoir un grand fond de raison; mais à l'Ecole, on a vu bien souvent que les fous pouvoient vendre la sagesse. Laissez-moi vous apprendre un nouveau tour de damp Renart, ce grand maitre en fourberies, Renart l'ennemi naturel des chemins droits, qui joueroit aisément le monde entier, et qui lutteroit de malice avec le démon lui-même.

Il étoit allé chasser assez loin de sa maison : mais le gibier ayant fait défaut, il lui fallut revenir du bois sans souper. Il sortit une seconde fois, et perdit une seconde fois ses peines : dans les joncs, au milieu desquels il restoit inutilement au guet, il n'entendit que son ventre murmurer de la paresse de ses dents et du repos de son gosier.

Ces plaintes répetées le decidèrent à faire une nouvelle tentative. Un étroit sentier couvert le conduisit dans une plaine à l'extrêmité de laquelle étoit un plessis, formant l'enceinte de grands bâtimens. C'étoit une abbaïe de Blancs moines, gens qu'on ne prend guères au dépourvu de bonnes provisions. La grange étoit à la gauche du cloître, et Renart desiroit y faire une pieuse visite; mais les murs étoient hauts et solides. Quel dommage cependant! Là sans doute étoit reuni tout ce qu'avoit à desirer un goupil : poules, coqs, chapons et canards. Renart, en regardant sous la porte, appercevoit le gelinier où devoit reposer ce qu'il aimoit le mieux au monde, et ses yeux ne pouvoient s'arracher à cette vue irritante. N'y avoit-il donc là ni fenètre extérieure, ni trou, ni la moindre lucarne? Comme il commençoit à désesperer et que, pour mieux suivre le cours de ses tristes pensées, il alloit s'accroupir au bas de la porte, ô bonheur! une legère pression fait ceder le guichet mal joint et lui offre un passage inattendu. Aussitôt le voilà dans la cour. Mais ce n'est pas tout d'être entré, s'il est apperçu, sa pelisse pourra bien demeurer en gage. Avançant donc avec précaution, il arrive à portée des gelines : un pas de plus, elles sont à lui. Mais si les poules jettent un cri? Cette reflexion l'arrête et le décide même à rebrousser chemin. Il alloit donc repasser le guichet, quand un sentiment de honte le retient dans la cour et lui fait donner quelque chose à l'aventure. Le besoin qui fait vielles trotter lui représente vivement qu'autant vaut être roué de coups que mourir de faim. Il revient alors aux objets de sa convoitise par un autre détour qui devoit mieux assurer sa marche et sa retraite. Bientôt il avise trois gelines qui s'étoient endormies, juchées au delà d'un tas de foin, sur une longue pièce de bois. Au premier mouvement qu'elles remarquent dans le foin, elles avoient tressailli et étoient allées se tapir un peu plus loin; Renart fond sur elles, les étrangle l'une après l'autre, mange la tête et les ailes des deux premières et emporte la troisième.

La campagne avoit été heureuse; Renart quitta sans encombre cette bienheureuse grange de moines. Mais la soif venoit succéder à la faim, et comment l'appaiser? Devant la maison se trouvoit un puits auquel il ne manqua pas de courir. L'eau par malheur n'étoit pas à sa portée. Il frémit d'impatience, lèche ses barbes desséchées et n'imaginoit pas d'expédient quand, au-dessus de sa tête, il voit un treuil ou cylindre auquel tenoit une double corde. L'une descendoit dans le puits, l'autre soutenoit un seau vuide à fleur de terre. Renart devine l'usage qu'on peut en faire, et déposant la geline qu'il avoit rapportée de la grange, il se rapproche de l'ouverture du puits, s'attache à la corde et la tire de toutes ses forces dans l'espoir de ramener le seau qui reposoit au fond. Mais soit que le vaisseau ne fût pas rempli, soit que la corde tournée sur le treuil eût échappé à la cheville qui la retenoit, Renart fut quand il s'y attendoit le moins entrainé lui-même dans le gouffre.

Il a maintenant toute liberté de boire; il auroit même le temps de pêcher à son aise. Mais je doute qu'il s'en soit avisé; la soif ne le tourmentoit plus, elle avoit fait place à la crainte, à la terreur. Le voilà donc attrapé, le grand attrapeur des autres ! Que va-t-il devenir, ô mon Dieu ! il faudroit des ailes pour sortir d'ici. A quoi lui sert une sagesse prétendue? Il restera dans ce lieu jusqu'au jour du Jugement, à moins qu'un autre ne vienne l'en tirer. Et dans ce cas-là même que n'aura-t-il pas à craindre de ces moines, ennemis de sa race et si convoiteux du collier blanc de sa fourrure.

Tout en faisant ces douloureuses réflexions, il se tenoit d'une patte à la corde du puits, de l'autre à l'anse du seau qui flottoit au-dessus de l'eau. Or, le hasard voulut qu'Ysengrin fût sorti du bois à peu près en même temps que lui et que dans une intention pareille, il arrivât dans ces parages, souffrant de la faim et de la soif. Trop maladroit pour découvrir le défaut du guichet : « Voilà, » disoit-il en revenant sur ses pas, « une terre du démon, non du « Dieu vivant. On n'y trouve rien à manger, « rien à boire ; je vois bien là ce qu'ils appel- « lent un puits, mais le moyen d'en tirer une « seule goutte d'eau ? »

Ysengrin s'en étoit pourtant approché ; il avoit mis ses pieds sur la pierre circulaire et mesuré des yeux la profondeur. Damp Renart, tranquille comme une ombre, conservoit à l'eau dans laquelle il étoit à demi plongé toute sa transparence. « Que vois-je là ! » dit tout à coup Ysengrin, « au fond de ce puits damp « Renart ! Est-il possible ? » Il regarde encore, et cette fois son image reproduite à coté du corps de Renart lui donne les idées les plus étranges. Il croit voir de ses propres yeux Renart en compagnie de dame Hersent, il suppose entr'eux un rendez-vous convenu. « C'est « bien lui ! c'est bien elle ! Ah ! traitresse, di- « ras-tu maintenant que tu n'as pas été surprise « avec le méchant Renart ? » Le puits sonore répond *Renart !* Il repète ses injures et l'écho lui apporte la confirmation de sa honte et de son malheur.

Renart avoit aisément reconnu son compère, il le laissoit maugréer et crier. Cependant au

bout de quelques minutes : « Qui va là-haut? » dit-il, « et qui se permet de parler? — Va! » dit Ysengrin, « je te reconnois.— Je vous re-
« connois aussi ; oui, je fus autrefois votre bon
« voisin, votre compère, et je vous aimois
« comme votre neveu; mais aujourd'hui je suis
« feu Renart ; j'étois assez sage durant ma vie,
« aujourd'hui je suis, Dieu merci, trépassé, et je
« me trouve dans un lieu de délices. — S'il est
« vrai que tu sois mort, » répond Ysengrin, « je
« n'en suis pas autrement fâché; mais depuis
« quand? — Depuis deux jours. Ne vous en
« étonnez pas, sire Ysengrin : tous ceux-là
« mourront qui sont encore en vie; tous passe-
« ront le guichet de la mort. Notre Seigneur,
« dans sa bonté, m'a tiré de la vallée de misère,
« du siècle puant dans lequel j'étois embourbé,
« puisse-t-il aussi vous visiter, Ysengrin, à l'heure
« de la mort ! Mais d'abord, je vous engage,
« et dans votre intérêt seul, à changer de dis-
« positions envers moi. — Je le veux bien, » répond Ysengrin ; « puisque te voilà mort, je
« prends Dieu à témoin que je n'ai plus de
« haine : je commence même à regretter que tu
« ne sois plus du monde. — Et moi j'en ai
« grande joie. — Comment? Tu parles sérieuse-
« ment? — En pure vérité. — Mais explique-
« toi. — Volontiers. D'un côté mon corps re-
« pose dans la maison de ma chère Hermeline,

« de l'autre mon ame est en Paradis, placée
« devant les pieds de Notre Seigneur. Com-
« prenez-vous maintenant que j'aie sujet d'être
« joyeux et satisfait? J'ai tout ce que je puis
« désirer. Ah! sire Ysengrin, je ne veux pas
« faire mon éloge, mais vous auriez dû me te-
« nir plus cher que vous ne faisiez, car je ne
« vous ai jamais voulu de mal et je vous ai
« souvent procuré du bien. Non pas que je
« m'en repente, mes vertus sont aujourd'hui
« trop bien récompensées; et si vous êtes un des
« grands de la terre, je suis encore mieux
« placé dans l'autre monde. Je ne vois ici que
« riches campagnes, belles prairies, plaines
« riantes, forets toujours vertes; ici, les grasses
« brebis, des chèvres, des agneaux comme on
« n'en voit pas chez vous; ici, vingt fois plus
« de lapins, de lièvres et d'oisons que vous n'en
« pourriez compter. En un mot, j'ai tout ce
« que je désire, comme tous ceux qui vivent
« à peu de distance de moi. Autant de gelines
« que nous voulons. En voulez-vous la preuve?
« Sur le bord de cette ouverture doit s'en trou-
« ver une que j'ai jetée comme superflue, en
« sortant de notre dernier festin. Regardez,
« vous la trouverez. »

Ysengrin détourne un peu la tête et trouve
en effet la geline dont Renart lui parloit.
« Il dit ma foi vrai, » pensa-t-il; « mais quel

« bon Paradis que celui où l'on a telle viande
« à foison ! Je n'en voudrois jamais d'autre. »
En même temps il jetoit les dents sur la geline
et la dévoroit sans y rien laisser que les plumes. Puis revenant au puits : « Feu Renart, »
dit-il, « aie compassion de ton compère; apprends-moi, par la grace de Dieu, comment à ton exemple je pourrai gagner Paradis.

« Ah ! » répond Renart, « vous demandez
« là quelque chose de bien difficile. Voyez-
« vous, le Paradis, c'est la maison du ciel, on
« n'y entre pas quand et comme on veut. Vous
« conviendrez que vous avez toujours été vio-
« lent, larron et déloyal. Vous m'avez toujours
« poursuivi d'injustes soupçons, quand vous
« aviez une femme remplie de vertus, un vrai
« modèle de pudicité. — Oui, oui, j'en con-
« viens, » dit Ysengrin, « mais à cette heure
« je suis repentant. — Eh bien ! si vous êtes
« dans les bonnes dispositions que vous dites,
« regardez les deux vaisseaux qui sont l'un
« près de vous, l'autre près de moi. Ils servent
« à peser le bien et le mal des âmes. Quand
« on se croit en état d'espérer les joies de Pa-
« radis, on entre dans la corbeille supérieure,
« et si l'on est en effet repentant, on descend
« facilement ; mais on reste en haut si la con-
« fession n'a pas été bonne et complète. —

« Confession ? » dit Ysengrin, « est-ce que tu as confessé tes péchés ? — Assurément : avant de mourir j'ai vu passer un vieux lièvre et une chèvre barbue, je les ai priés de m'écouter et j'en ai reçu l'absolution. Il faut donc, si vous voulez descendre près de moi, commencer par vous confesser et vous repentir de vos méfaits. — Oh ! s'il ne faut que cela, » dit Ysengrin fort joyeux, « je suis en bon point : hier justement j'ai rencontré sur mon chemin damp Hubert l'épervier, je l'ai appelé, l'ai prié d'entendre ma confession générale et de m'absoudre ; ce qu'il a fait sans hésiter.

« — S'il en est ainsi, » dit Renart, « je veux bien prier le roi des cieux de vous ménager une place auprès de moi. — Je t'en prie, compère, et je prends à témoin sainte Appetite que j'ai dit la vérité. — Mettez-vous donc à genoux et demandez à Dieu qu'il vous accorde l'entrée de son paradis. »

Ysengrin tourna vers l'Orient son postérieur, et sa tête vers le soleil couchant. Il marmotta, il hurla à rompre les oreilles. « Renart, » dit-il ensuite, « j'ai fini ma prière. — Et moi j'ai obtenu votre grace. Entrez dans la corbeille, je pense que vous descendrez facilement. »

On étoit alors en pleine nuit : le ciel étoit

inondé d'étoiles dont le puits renvoyoit la lumière. « Voyez le miracle, Ysengrin, » dit alors Renart; « mille chandelles sont allu-« mées autour de moi, signe assuré que Jesus « vous a fait pardon. »

Ysengrin rempli de confiance et d'espoir essaie longtems sans succès; mais enfin, aidé des conseils de son compère, il parvient à se tenir à la corde avec les pieds de devant, en posant les deux autres dans le seau. La corde alors se dévide et cède au nouveau contrepoids de son corps. Il descend, Renart beaucoup plus léger s'elève dans la même mesure. Voilà pour Ysengrin un nouveau sujet de surprise : au milieu de la route il se sent heurté par Renart. « Où vas-tu, cher compain, dis-moi? Suis-je « dans la bonne voie? — Oui, vous y êtes et « je vous la quitte entière. La coutume est telle « ici : quand vient l'un s'en va l'autre. A ton « tour, beau compain, à demeurer dans la com-« pagnie des moines aux Blancs manteaux. « Belle occasion pour toi d'apprendre à mieux « chanter. » En prononçant ces derniers mots il touchoit au bord du puits; il saute à pieds joints, sans demander son reste et ne cesse de courir jusqu'à ce qu'il ait perdu de vue l'abbaye des Blancs-moines.

La surprise, la honte et la rage ne permirent pas au pauvre Ysengrin d'essayer une réponse.

YSENGRIN DANS LE PUITS.

Il eût été de ceux qui furent pris devant la cité d'Alep[1] qu'il n'eût pas été plus confus et plus désespéré. Vainement essaie-t-il de remonter, la corde glisse entre ses bras, et tout ce qu'il peut faire c'est, grace au seau qui l'a descendu, de conserver la tête au-dessus de l'eau glacée dans laquelle le reste de son corps est plongé.

Ainsi passa toute la nuit, pour lui si longue et si cruelle. Voyons maintenant ce qu'on faisoit dans le couvent. Apparemment les Blancs moines avoient trop salé les fèves crevées dont ils avoient souppé la veille, car ils se reveillèrent fort tard. Après avoir ronflé comme des tuyaux d'orgue, ces généreux sergens de Jesus-Christ sortirent enfin de leur lit et demandèrent à boire. Le cuisinier, gardien des provisions, envoya sur-le-champ à la cave et voulut bien aller lui-même au puits accompagné de trois frères et d'un gros âne d'Espagne qu'ils attachèrent à la corde. Le loup eut soin alors de se maintenir sur l'eau. L'âne commence à tirer ; mais il n'a pas assez de toutes ses forces pour soulever le poids que le puits lui oppose. Les Frères le frappent, les coups sont

---

[1]. Allusion aux combats livrés en 1146 dans la campagne d'Alep, et à la reprise d'Edesse par Noureddin, sur Jocelin de Courtenay. Voyez les historiens des Croisades.

inutiles. Alors un des frères s'avise de regarder au fond du puits ; ô surprise ! il apperçoit les pieds, il reconnoit la tête d'Ysengrin. Il appelle les autres : « Oui ! c'est le loup. » Ils retournent à la maison, jettent l'allarme au dortoir, au Refectoire. L'Abbé saisit une massue, le Prieur un candelabre ; il n'y pas un moine qui n'ait pieu, broche ou bâton. En cet attirail ils reviennent au puits, se mettent tous à la corde, si bien qu'enfin, grace aux efforts de l'âne et des moines, le seau monte et touche à l'extrémité supérieure du puits. Ysengrin n'avoit pas attendu si longtems ; d'un bond il avoit sauté par-dessus la tête des premiers frères ; mais les autres lui ferment le passage : il reçoit une grêle de coups, la massue de l'Abbé tombe d'aplomb sur son pauvre dos, si bien que faisant le sacrifice de sa vie, Ysengrin ne se défend plus et demeure à terre sans mouvement. Déjà le Prieur mettoit la main au couteau : il alloit commencer à découdre sa pelisse noire, quand l'Abbé, vénérable personne, le retient : « Que pourrions-nous faire de cette peau ? » dit-il, « elle est toute déchiquetée, toute cou-
« verte de trous. Allons-nous-en et laissons
« cette charogne. »

Ysengrin ne se plaignit pas du mépris qu'on faisoit de sa fourrure, et quand les frères, dociles à la voix du digne abbé, se furent éloignés, il fit un effort, se souleva et parvint lentement à se traîner jusqu'aux premiers buissons qui annonçoient la forêt. C'est là que son fils le retrouve : « Ah! cher père, qui vous a mis en « pareil état? — Fils, c'est Renart le traitre, « le felon, le pendart. — Comment! ce nain « roux qui, devant nous, fit honte à ma mère et « nous a sali de ses ordures? — Lui-même, et « que le juste ciel me donne le temps de le bien « payer! » Ce disant, Ysengrin prenoit son fils par le cou, et soutenu par lui, parvenoit au seuil de sa demeure. Dame Hersent en le revoyant dans cet état cria plus haut que les autres et parut désolée de la mésaventure de son cher époux; on se mit en quête de bons mires, on les amena, ils s'empressèrent de visiter les plaies, de les laver, d'y appliquer de bons topiques, et de préparer au malade une potion faite des simples les plus rares. Grace à leur science, le malade recouvra ses forces, il retrouva l'appétit, il put se lever, il put marcher. Mais s'il désiroit vivre c'étoit dans l'espoir que l'occasion se présenteroit bientôt de tirer du traitre Renart une vengeance complète.

TRENTIEME AVENTURE.

De la nouvelle infortune arrivée à dame Hersent, et de la résolution d'Ysengrin d'aller porter plainte à la Cour du Roi.

Nous avons vu qu'Ysengrin, à peine guéri de ses gouttes, et relevé de la maladie gagnée dans le Puits des Blancs-moines, avoit aussitôt médité sur les moyens d'assurer sa vengeance. Défier son ennemi, lui declarer une guerre ouverte, c'étoit courir de grands risques ; car le Roi pouvoit intervenir, et Renart avoit de nombreux amis qu'il engageroit aisément sous sa bannière. Ysengrin jugea donc plus sage de commencer par épier Renart en lui ménageant un guet-apens qui pouvoit tout finir, plus vite et plus surement pour lui.

Il se fit rendre un compte exact des endroits que Renart visitoit d'habitude. A certain jour, il vouloit le cerner et le pousser le long d'un mur de cloture, de façon à lui enlever tout moyen de salut. On étoit au tems de la coupe des pois : les tiges étoient liées et rassemblées sur la voie, et Renart ne manqua pas de les visiter. Ysengrin, dès qu'il le vit approcher, baissa la tête, jeta un cri et courut sur lui. Mais Renart ne marchoit jamais sans prévoir quelque danger ; il ne perdit pas le sens, et quand Ysengrin se croyoit sûr de le prendre, il étoit déjà loin, la queue basse et le cou tendu.

Ysengrin et dame Hersent se mettent à le poursuivre : tandis que damp Renart s'esquive par un sentier tortueux et qu'Ysengrin croit l'atteindre en se perdant dans une autre route, dame Hersent, plus attentive aux mouvemens de Renart, n'avoit pas quitté ses pistes, soit qu'elle voulût l'avertir des dangers qui le menaçoient, soit qu'elle eût à cœur de tirer vengeance elle-même de l'ancienne injure. De son côté, Renart ne se rendoit pas bien compte des véritables dispositions de la dame ; au lieu de l'attendre, il éperonna jusqu'à l'ouverture d'une voie creuse qui dépendoit de Maupertuis et qui étoit justement assez grande pour lui donner passage : mais la malheureuse Hersent, plus large des flancs et de la croupe, s'étant élancée après lui, se trouva retenue de façon à ne pouvoir avancer ni reculer d'un pas, la tête et le haut du corps engagés dans cette crevasse rocheuse. Au cri de détresse qu'elle ne put retenir, Renart ressortant du coté opposé accourut vers elle. « Ah ! c'est vous, dame Hersent, » lui dit-il d'un ton railleur, « c'est bien à vous, de
« venir ainsi trouver les amoureux jusques dans

« leur logis! Oui, je le vois, vous vous êtes en-
« gagée par le cou, pour avoir le prétexte de
« rester plus longtems avec moi. Oh! demeurez
« tant qu'il vous plaira : si le compère Ysengrin
« vous trouve, je ne m'en mêle pas, qu'il en
« pense ce qu'il voudra. Lui direz-vous encore
« que vous ne m'aimez pas, que vous ne m'a-
« vez jamais accordé de tête-à-tête? Quant à
« moi, je vous le déclare; je dirai tout le con-
« traire, que vous m'aimez cent fois plus que
« votre mari et que rien ne vous arrête quand
« vous avez l'espoir de me rencontrer. »

La pauvre Hersent, plus confuse qu'on ne
sauroit dire, répondoit en priant le méchant
roux d'avoir compassion d'elle et de la tirer
du mauvais pas où elle se trouvoit; Ysengrin
arriva comme Renart essayoit en effet de lui
porter secours. Quelle ne fut pas alors sa rage!
« Ah! maudit nain; vous allez payer cher
« ce dernier outrage. — Lequel, et de quoi
« parlez-vous? » répond Renart qui s'étoit
hâté de rentrer au logis et se remontroit par
la plus étroite ouverture. « En vérité, sire
« Ysengrin, vous reconnoissez mal le service
« que j'allois rendre à votre digne épouse.
« Ne voyez-vous pas comme elle est prise?
« Est-ce ma faute si elle est venue s'y en-
« gager? Cependant, au lieu de me remercier
« de l'aide que je lui portois, vous en paroissez

« tout en colère. Supposeriez-vous que j'aie
« voulu frapper dame Hersent? Je suis prêt à
« jurer que j'ai fait tout ce qui dépendoit de moi
« pour la dégager. — Toi jurer! double traitre!
« mais ta vie n'est qu'un long parjure. Laisse
« tes mensonges et tes inventions; j'ai vu, j'ai
« entendu. Est-ce en l'outrageant de paroles
« que tu marques ton respect pour elle et pour
« moi? — Vous êtes en verité trop fin et trop
« subtil, sire Ysengrin. Votre femme s'est en-
« gagée volontairement dans cette porte; elle
« n'en étoit pas encore sortie, j'en conviens,
« mais j'allois la délivrer quand vous êtes arrivé.
« Si je ne me suis pas pressé davantage, c'est
« que je fus, il n'y a pas longtems, blessé à
« la jambe, et que je n'ai pu faire plus grande
« diligence. Je vous ai dit la vérité; vous en
« tomberez d'accord, à moins que vous ne
« soyiez décidé à me faire mauvaise que-
« relle. D'ailleurs, Madame est là; vous
« pouvez l'interroger, je suis bien sûr qu'une
« fois rendue libre elle ne joindra pas sa cla-
« meur à la vôtre. Dieu vous garde, sire
« Ysengrin! » Cela dit, il rentra la tête dans
Maupertuis, ferma la lucarne et disparut.

Ysengrin n'étoit pas dupe de ces belles paroles. Il croyoit en avoir assez vu, les excuses du coupable étoient, pensoit-il, un nouvel
outrage. Il vient à sa femme qu'il essaie de

délivrer : il la saisit par les pieds demeurés en dehors, il tire au point de la blesser et de lui arracher de nouveaux cris. Pour comble d'ennui, l'excès de tant d'émotions avoit jeté dans les entrailles de la dame un certain désordre dont le malheureux Ysengrin ressentit les fâcheux effets. Un instant, il se tint à l'écart, puis réunissant ses efforts à ceux de la pauvre dolente, et jouant à qui mieux mieux des mains et des pieds, ils enlevèrent quelques pierres, élargirent un peu la voie, et dame Hersent, le dos et les genoux écorchés, fut tirée de ce maudit piége. Il lui fallut alors essuyer les reproches d'Ysengrin : « Ah ! louve abandon-
« née, venimeuse couleuvre, serpent infect !
« Pourquoi n'avoir pas suivi le même chemin
« que moi? Pourquoi ne m'avoir pas averti
« que je faisois fausse route? Renart devoit
« vous rencontrer, vous ne sauriez le nier. —
« Non, sire, je ne l'essaierai pas. Renart est
« capable de tous les crimes, mais il n'a pas
« dépendu de moi de le punir comme je l'eusse
« voulu. Ne parlez pas de tout ce que j'ai en-
« tendu, de tout ce que j'ai souffert : l'injure
« ne sera pas amendée par ce que vous ou
« moi pourrions dire. Mais à la cour du Roi
« Noble on tient les plais et les assises; on con-
« noit de tous les cas de guerre et de querelle ;
« c'est là que nous devons aller, que nous de-

« vons faire notre clameur et demander ven-
« geance. »

Ces paroles, prononcées d'un air douloureusement résigné, furent pour Ysengrin comme un baume salutaire posé sur les plaies de son cœur. « Il se peut, en effet, » dit-il, « que je « vous aie trop accusée ; c'est l'effet de mon peu « de réflexion ; j'oubliois les usages et les lois « de notre pays. Votre conseil, dame Hersent, « me rend à la vie : oui, nous irons porter « notre clameur au Roi, et malheur à l'affreux « nain, s'il vient à comparoître devant la Cour « de nos Pairs ! »

FIN DU LIVRE PREMIER.

LIVRE DEUXIEME.

LE PROCES.

LE TRANSLATEUR.

Le Procès de Renart va présenter un autre caractère que les aventures dont il devoit être l'expiation. Ce n'est plus seulement une suite de récits dont la première forme étoit déjà dans le domaine public et remontoit souvent à l'antiquité la plus reculée; nos trouvères feront ici preuve d'une invention plus haute et moins contestable. Tout en conservant aux animaux leur personnalité consacrée, ils sauront prendre la véritable mesure de la société de leur temps, ou plutôt de tous les temps; car les institutions changent de forme, non les hommes, qui se plient tant bien que mal au joug de ces institutions. Il y avoit au douzième siècle des rois, des barons, des bourgeois, des vilains ou villageois, des clercs, des rimeurs et des *artistes; nous avons tout cela de notre temps, et je suis persuadé qu'il y aura de tout cela longtemps encore.* Pierre de Saint-Cloud, l'heureux génie auquel nous devions déjà le Partage du Lyon, *et la* Ferme de Berton le Maire *va, le premier, mettre en scène sous les apparences de Noble le lion, de Renart et d'Hersent, d'Ysengrin, de Lombart le chameau et de Brichemer le cerf, tout le système politique de son temps, le Roi, la Cour, l'Église, les Chevaliers et les Femmes. On connoîtra peut-être mieux les véritables formes de la justice féodale sous le règne de Louis le Jeune, après avoir lu le* Procès de Renart, *qu'en essayant d'accorder ce que les légistes modernes ont tenté de nous en apprendre. Cette étude pourra bien aussi contribuer à diminuer les préventions que nous gardons involontairement contre l'indépendance et la solidité de jugement de nos pères; car les auteurs du roman de Renart ont dû la principale vogue de leurs récits à la peinture des mœurs dont ces récits étoient l'expression fidèle.*

Les gens de religion, en transmettant aux générations postérieures tout ce qu'ils écrivirent jamais, nous ont bien donné le change sur les habitudes des gens du monde de leur temps, lesquels agissoient beaucoup, mais n'écrivoient guère. Le nombre infini de livres pieux et d'élucubrations ascétiques composées pour les monastères, nous laissent supposer aujourd'hui que le Moyen-âge étoit une sorte de grand couvent dans lequel on ne faisoit guère usage de la liberté d'examen, où l'on ne vivoit que pour songer à mourir. Mais, en réalité, tous ces écrits de haute édification passoient à peu près inaperçus des gens du monde auxquels ils n'étoient pas destinés, et l'enseignement littéraire du Siècle reposoit plutôt sur des chants d'amour et de guerre, sur des contes de gai savoir, sur les romans de Troie, d'Artus ou de Renart, dont les auteurs, honorés et festoiés par les rois, par les barons, les bourgeois et même les clers, s'exprimoient avec une liberté sur les hommes et sur les choses qui n'a pas été dépassée. Le Procès de Renart nous obligera du moins à convenir que l'on connoissoit alors assez bien la juste limite des droits et des devoirs; que la défense ne manquoit pas aux accusés, que les entraves opposées aux tendances arbitraires étoient assez bien calculées; que l'affectation d'une piété rigide n'échappoit guère plus qu'aujourd'hui au soupçon d'hypocrisie, et qu'en fait de goût on ne confondoit pas la véritable éloquence avec le bavardage inutile ou prétentieux.

On peut dire encore du Procès de Renart que c'est la Comédie d'un théâtre dont les Chan-

*sons de geste auroient été la Tragédie. Pierre
de Saint-Cloud qui, le premier, introduisit l'élément politique dans ce genre de récits, a
suivi pas à pas, ou plutôt terre à terre; la
disposition, le mouvement, les formes même
de notre épopée; et cette observation, dont je ne
pense pas que l'on puisse contester la justesse,
suffit déjà pour mettre hors de cause la prétention des étrangers à l'invention primitive
de la partie la plus originale du roman.
On reconnoît dans Pierre et dans son continuateur, les contemporains des chantres de
Girart de Roussillon, d'Ogier le Danois, de
Roncevaux et des Loherains. La clameur levée
par Ysengrin, les messages remplis à leurs
risques et périls par Baucent, par Brun et par
Tybert; l'assise et l'instruction, les plaidoyers de l'accusateur et les défenses de l'accusé; le jugement et le combat judiciaire, tout
cela se trouve déjà, sur un ton plus élevé,
dans les gestes d'Aspremont, d'Ogier, de Girart et de Garin. Il n'est pas jusqu'à l'arrêt
de mort prononcé contre Renart et commué en
réclusion perpétuelle dans un monastère, qui
ne soit une ingénieuse imitation des jugemens
prononcés contre Bernart de Naisil et contre
son neveu Fromondin. Enfin l'arrivée du convoi de dame Copette dans la salle du Jugement rappelle involontairement l'arrivée de la*

biere de Begon de Belin chez son frère Garin de Metz. Sire Noble le lion est bien

Charles li rois à la barbe grifaigne,

et quand on se souvient de Bazin de Gènes, de Ganelon, de Maugis d'Aigremont et même un peu de Renaud de Montauban, on ne peut disconvenir que le Renart de Pierre de Saint-Cloud ne soit de la même famille.

En voilà beaucoup pour un livre aussi peu gravé : au moins n'est-ce pas ici le lieu de développer ces premières données critiques. Je n'ajouterai plus qu'un mot : je voudrois avoir le temps d'y revenir une autre fois.

TRENTE-ET-UNIEME AVENTURE.

Comment le connétable Ysengrin et dame Hersent firent leur clameur à la cour du Roi.

Ysengrin n'avoit pas perdu de temps pour se rendre à la Cour, en compagnie de madame Hersent. C'étoit, il ne faut pas l'oublier, un grand personnage, revêtu dans la maison du Roi de la charge de connétable; on s'accordoit à lui reconnoître surtout une profonde expérience de tous les usages de la Cour.

Il monta les degrés de la salle où le Roi donnoit audience, et trouva l'Assemblée grande et plénière, garnie de hauts et puissants animaux, de riches vavasseurs, tous plus ou moins à priser. Le Roi étoit assis dans le faudestueil, avec toute la dignité qui convenoit au rang suprême, et les barons formoient une sorte de glorieuse couronne autour de sa personne.

Ysengrin, tenant par la main sa compagne

Madame Hersent, s'avança jusqu'au milieu de la salle et rompit le silence général en levant clameur de la manière suivante :

« Sire, n'y aura-t-il plus de foi dans le
« monde? La justice sera-t-elle méprisée ; la
« vérité devra-t-elle céder la place au men-
« songe? Vous aviez fait publier à son de
« trompes que nul à l'avenir ne fût si hardi que
« de violer la loi de mariage ; Renart n'a pris
« souci de vos vœux ni de vos ordres : Renart,
« origine de tous les discorts, assemblage de
« tous les genres de malice, sans respect pour
« les liens d'amitié et de compérage, m'a des-
« honoré dans la personne de ma chère femme.
« Et ne croyez pas, sire, qu'une aveugle pen-
« sée de haine et de rancune me conduise au-
« près de vous : la clameur que je porte à votre
« cour n'est hélas! que trop juste, et dame Her-
« sent va l'appuyer de son témoignage.

« — Il est vrai, sire ; » dit alors Hersent, les yeux baissés, le visage voilé de confusion, « dès que je fus en âge d'être épousée, Renart
« m'a fatiguée de ses poursuites. Je l'avois tou-
« jours évité, j'avois montré le plus constant
« mépris de ses importunités et de ses prières
« quand, l'autre jour, accompagnant en chasse
« mon noble époux, j'eus le malheur d'arriver
« devant sa demeure. Là, je me trouvai telle-
« ment perdue dans les défilés de son hôtel

« d'où mon embonpoint m'ôtoit la liberté de
« me dégager, que damp Renart put me frap-
« per, m'outrager et m'accabler des injures
« les moins méritées ; en présence, et c'est là ce
« qui redouble ma honte, de mon époux lui-
« même. »

Elle se tut, mais aussitôt Ysengrin : « Oui,
« sire, vous venez d'entendre la vérité. Et
« maintenant, que vous en semble ? Renart a-
« t-il été contre droit et raison ? Je lève donc
« clameur contre lui, et vous adjure de remettre
« la cause à vos barons, pour que justice me soit
« rendue. J'ajouterai ce que dame Hersent n'a
« pas dit, et ce qu'elle ne démentira pas. Re-
« nart étoit venu, quelque temps auparavant,
« chercher querelle à mes fils dans mon propre
« hôtel ; il les avoit salis de ses ordures, les
« avoit battus, eschevelés, traités de bâtards
« et de fils d'abandonnée. Il en a menti, par
« la gorge ! Mais quand, le retrouvant à cette
« maudite chasse dont vous a parlé Madame
« Hersent, je lui reprochai son odieuse con-
« duite ; il nia tous les faits et m'offrit de venir
« s'en purger par serment, en quelque lieu qu'il
« me plût de désigner. Je conclus donc, sire,
« en demandant que la cause soit retenue,
« qu'il en soit fait jugement, pour qu'on ne
« voie pas se renouveler à l'avenir de pareils
« forfaits. »

Ysengrin revint à sa place. Sire Noble, la tête un peu penchée, sembloit vouloir comprimer un sourire : « Connétable, » dit-il, « avez-vous encore à ajouter quelque chose? « — Non, Monseigneur, sinon que pour mon « honneur, je n'aurois pas rendu cette que- « relle publique, si j'avois eu le choix des « moyens; mais la charge que j'occupe dans « l'Etat ne me permettoit pas de donner « l'exemple de la violation de vos édits, en me « faisant justice moi-même; chose qui m'eût « été bien aisée. — Hersent, » reprit le Roi, « répondez à votre tour. Vous venez ici nous « raconter que damp Renart vous a recher- « chée : mais vous, ne l'avez-vous jamais « aimé? — Moi, sire? non. — Comment donc « se fait-il que, n'étant pas son amie, vous « ayiez eu la mauvaise pensée de prendre le « chemin de son logis? — Pardonnez, sire, « cela n'est pas exact, et vous pourriez mieux « parler. Monseigneur le Connétable, qu'assu- « rément on peut croire, vous a dit qu'il « étoit avec moi, au moment où j'eus à me « plaindre des procédés de Renart. — Il étoit « réellement avec vous? — Sans aucun doute. « — Alors qui pourra jamais admettre qu'un « nain tel que Renart vous ait outragée impu- « nément, en présence de votre baron? »

Ysengrin se levant avec vivacité : « Sire,

« vous ne devez prendre ici la défense ni de
« lui ni de moi. Il doit vous suffire d'écouter
« ma clameur, de la retenir et de faire en sorte
« qu'elle soit considérée ou rejetée. J'appelle
« Renart en justice, et quand il comparoitra,
« il ne me sera que trop facile de le con-
« vaincre d'outrage et de félonnie à l'égard de
« ma femme, de mes enfans et de moi-même. »

Il est à propos de remarquer ici que Monseigneur Noble le Roi étoit porté naturellement à ne pas laisser connoître sa cour des délits dont l'amour étoit l'occasion ou le prétexte; tant qu'il voyoit espoir d'accommoder les querelles de ce genre, il refusoit d'en prendre gage de bataille. La clameur levée par Ysengrin lui étoit donc fort déplaisante. Il dit encore : « Connétable, pour rien au monde, je
« ne voudrois voir s'engager le combat entre
« vous et Renart le nain. Il me semble qu'on
« pourroit trouver un moyen de vous accom-
« moder. — Il me semble, à moi, sire, » reprit Ysengrin, « que vous soutenez la cause de
« mon ennemi. Sainte Marie ! vous auriez
« pourtant meilleure grâce à prendre ma que-
« relle en main, car je vous ai toujours mieux
« servi que Renart. Mais je le vois : si j'avois
« été comme lui faux, traître et déloyal, je
« trouverois grande faveur auprès de vous.
« Par mon museau ! vous me donnez regret à

« tous mes anciens sacrifices, et je m'apperçois
« un peu tard de la vérité du proverbe : *Tel*
« *le seigneur, tel le loyer.* »

Le Roi qui l'avoit impatiemment écouté répondit avec hauteur : « Oui, je ne m'en cache
« pas, j'excuserois Renart, si l'amour étoit la
« cause de ses torts. Le chagrin qu'il vous au-
« roit causé, dans l'intérêt de sa passion, ne
« l'en feroit pas estimer pour cela moins cour-
« tois et moins loyal. Cependant, puisque vous
« le voulez, on le citera ; on examinera l'af-
« faire, on la traitera suivant l'usage de ma
« cour ; dès ce moment, je fais retenir la
« cause. »

TRENTE-DEUXIEME AVENTURE.

Comment messire Chameau, le légat, fit sur la clameur d'Ysengrin un savant discours qui ne fut pas compris de tout le monde. Et du conseil secret des barons, dans lequel furent entendus Brichemer, Brun, Baucent, Plateau le daim et Cointereau le singe.

CE jour-là, parmi les conseillers du Roi se trouvoit messire Chameau, dont la Cour estimoit grandement la sagesse. Il étoit né devers Constantinople, et l'Apostole, qui l'aimoit tendrement, l'avoit envoyé de Lombardie au roi Noble, en qualité de légat. C'étoit un légiste de grande autorité. « Maître, » lui dit le Roy, « avez-vous « souvenir de telles clameurs levées et accueil-« lies, dans vos contrées ? Nous voudrions bien « avoir sur ce point votre avis. » Le Chameau prit alors aussitôt la parole :

« Quare Messire me audité; nos trobames en « decret, à la Rebriche de matremoine violate, « primo se doit essaminar, et se ne se puo es-« purgar, le dois grevar tu ensi que te place, « perché grant meffait ha fatto. Hec e la « moie sentenza; et sel vuol tornar en amen-« dance, je dis que si puo prender molto de la « pecune, ovvero lapidar ou ardre lo corpo de « l'aversari de la Renarde; et si vo di, buon « Rege, que nus ne deit vituperar la lei, et que « l'en deit toute jorno ben et dreitament judi-« car, si com fece Julius Cesar l'empéreres. Et « ensi fais, bon signor, ce que juger dois, quar « non es bone rege, se ne vuol far de droit tort. « Vide bon favela, et tene toi par la tue baro-« nie, car altrement cure n'aras de roialta, « et tu ne pas estar bon rege : Favellar come « ti plaira, che plus n'en sa ne n'en vuol dire. »

Ce discours fut accueilli par les barons de façon diverse. Les uns en murmurèrent, les autres s'en prirent à rire. Sire Noble seul conservant toute sa gravité : « Ecoutez-moi tous,

« barons et hauts seigneurs : Je vous donne à
« juger une question de délit amoureux. Vous
« aurez à décider d'abord si, pour prononcer
« condamnation, on peut admettre le témoi-
« gnage de la personne qui eut part à la
« faute. » Ces mots entendus, tous se lèvent,
et les plus sages vont, en sortant du pavillon
royal, se former en conseil. Brichemer le cerf,
comprenant la gravité de la cause, consentit à
diriger la discussion. A sa droite se plaça Brun
l'ours, connu par sa haine contre Renart, à
sa gauche Baucent le sanglier. Baucent n'a-
voit pas de parti pris, il ne vouloit écouter que
droit et justice. Les voilà donc réunis, assis et
prêts à commencer l'instruction de l'affaire.

Brichemer ayant pris l'avis de Baucent, demanda à parler : « Seigneurs, vous avez écouté
« la clameur d'Ysengrin contre Renart. L'usage
« de notre Cour, quand on lui vient demander
« la répression d'une forfaiture, est d'exiger la
« preuve par main triple ; tel, en effet, pourroit
« aujourd'hui même lever une clameur, dont
« seroit victime la bête la plus innocente.
« Venons au témoignage de Madame Hersent :
« c'est la femme épousée d'Ysengrin, elle ha-
« bite avec lui, elle lui est entièrement sou-
« mise ; elle ne peut parler ou se taire, aller ou
« venir sans le bon plaisir de son baron ; son
« témoignage ne peut donc suffire, il faut en

« demander à l'accusateur de plus libres et de
« plus désintéressés. »

« Par Dieu ! Seigneurs, » dit alors Brun l'ours,
« je ne saurois, comme juge, approuver les pa-
« roles que vous venez d'entendre. Il ne s'agit
« pas ici d'un personnage obscur, ordinaire :
« Monseigneur le Connétable a sans aucun
« doute le droit d'être cru sur parole. Oh ! si le
« plaignant étoit un mauvais garçon, un larron
« fossier, un briseur de chemins, l'appui de sa
« femme ne seroit pas à nos yeux d'un grand
« poids ; mais telle est l'autorité du nom d'Ysen-
« grin qu'il devroit en être cru, quand il n'au-
« roit d'autre garant de sa parole que lui-
« même. »

« Messire Brun, » dit à son tour Baucent, « a
« raison sans doute ; il n'est personne ici qui
« ne soit prêt à tout croire de ce qu'avancera
« Monseigneur Ysengrin. Mais, ici, la véritable
« difficulté sera de décider quel est le plus
« croyable de celui qui affirme ou de celui qui
« nie. Si vous dites que le meilleur baron est
« messire le Connétable, Renart répondra que
« pour ne pas occuper la même charge, il n'est
« pas moins loial ni moins digne de confiance.
« Il ne faut pas ici considérer le mérite ou la
« dignité de la personne ; autrement, voyez ce
« qui arriveroit : chacun pourroit faire clameur,
« en offrant sa femme pour garant. On diroit :

« un tel me doit cent sous, ma femme l'atteste,
« donc la dette est réelle : et de fort honnêtes
« gens pourroient être ainsi condamnés. Non,
« jamais je n'approuverai pareille façon de pro-
« céder. Sire Brun, qu'il me permette de le
« dire, n'est pas ici dans le vrai, et je me tiens
« à l'avis de damp Brichemer ; il étoit impossi-
« ble de parler d'une façon plus sage, plus ju-
« dicieuse et plus vraie. »

Ici, Platel le daim demanda à parler. « La
« clameur porte sur autre chose encore : Ysen-
« grin accuse Renart de lui avoir enlevé ses
« provisions, d'avoir embrené ses louveteaus,
« de les avoir battus, échevelés, appelés bâ-
« tards. Or de pareils excès exigent une forte
« amende, si l'on ne veut pas qu'ils se renou-
« velent sans cesse. »

« Vous dites vrai, » reprit Brun, « et je
« vais plus loin : honte et deshonneur à qui
« prendra la défense de Renart! Comment! on
« pourroit honnir un prud'homme, et s'empa-
« rer de son bien comme de legitime conquête,
« comme de fortune trouvée ou de trésor per-
« du ! Je plaindroi le Roi s'il abandonnoit ainsi
« la cause de ses barons ; mais, après tout, je
« n'en serois pas autrement surpris. Car *A tel*
« *morceau telle cuiller*, et *le chat sait toujours*
« *bien quelles barbes il lèche*. Je n'en dis rien
« de plus ; si non que Monseigneur le Roi, sauve

« sa grâce, ne s'est pas fait beaucoup d'hon-
« neur en riant en dessous de la clameur
« d'Ysengrin, et en prenant le parti d'un vil
« et méprisable flatteur tel que Renart. Laissez-
« moi, Seigneurs, à ce propos, vous raconter
« comment je fus un jour trompé moi-même
« par cet insigne fripon. L'histoire n'en sera
« pas longue.

« Renart avoit fait la découverte d'un grand
« village nouvellement bâti : il avoit sur la
« lisière du bois reconnu la maison d'un vilain
« abondamment garnie de bestiaux et de pro-
« visions : c'est elle qu'il choisit pour but
« de ses courses de nuit. Tous les jours il ren-
« troit à Maupertuis avec une de ces pauvres
« bêtes, après en avoir mangé sur les lieux une
« autre. Cela dura un mois entier. Enfin, le vi-
« lain, par voie de représailles, disposa ses
« chiens, cacha, dans les chemins et dans cha-
« cune des allées du bois, toute sorte de piéges,
« collets, regibeaux, bourjons, filets et trébu-
« chets ; si bien que Renart serré de près n'osa
« plus de quelque temps sortir du couvert et
« prendre le chemin de la ferme.

« Mais alors il se souvint que ma grande
« prestance et mon allure imposante me fai-
« soient partout reconnoître, tandis que sa taille
« courte et menue lui permettoit d'échapper.
« Il pensa que si l'on nous surprenoit de com-

« pagnie, on s'attacheroit à moi de préférence,
« tandis qu'il esquiveroit la recherche et la
« poursuite du vilain et de ses chiens. Et comme
« il savoit que le miel est la chose que j'aime
« le mieux au monde, il vint à moi, il y aura
« un an à la Saint-Jean : — Ah! sire Brun,
« me dit-il, que je sais un beau pot de miel!
« — Où est-il, où est-il? demandai-je. — Eh!
« chez Constant Desnoix.—Pourrai-je y mettre
« la tête? — Oui vraiment, venez seulement
« avec moi.

« Et dès la nuit suivante, nous étions à tâton-
« ner le terrain, pour arriver à la Ferme. Nous
« avancions pas à pas, ne posant le pied qu'a-
« près avoir examiné si personne n'avoit suivi
« la même trace. Nous trouvons le guichet ou-
« vert, nous pénétrons par la petite entrée, et
« pour ne rien aventurer, nous restons quel-
« que temps sans mouvement dans les choux.
« Il étoit convenu que, d'abord, nous irions au
« pot, nous le briserions, nous mangerions le
« miel et puis nous retournerions. Mais Renart,
« en passant devant le gelinier, ne put se tenir
« d'y monter et de jeter l'alarme parmi les
« poules. Elles poussent des cris aigus ; le
« village s'émeut, les vilains accourent de tous
« les côtés, on reconnoit Renart et chacun de
« huer, de courir à qui mieux mieux sur lui.
« Vous comprenez qu'en ce moment j'aie

« éprouvé certaine inquiétude : je décampai au
« grand galop ; mais comme Renart savoit
« bien mieux les détours et les retraites, ceux
« qu'il avoit ameutés me reconnoissant l'aban-
« donnèrent aussitôt, pour me fermer passage.
« Je le vis alors, le traître, gagner le large :
« — Eh quoi ! Renart, lui dis-je, pourrez-vous
« bien me laisser seul dans l'embarras ? — Ma
« foi, beau sire Brun, répond-il, chacun fait
« de son mieux ; je me sauve, le besoin fait
« vielles trotter. Allons ! travaillez à vous tirer
« de là ; pourquoi n'avez-vous pas un coursier
« rapide et des éperons trenchans ? C'est vo-
« tre faute si les vilains viennent à vous met-
« tre dans leur saloir. Entendez-vous leur va-
« carme ? si votre pelisse est trop chaude,
« comptez sur eux, ils vous en déchargeront.
« Pour moi je vais à la cuisine, préparer, à vo-
« tre intention, la poularde que j'emporte ;
« mais j'oubliois, damp Brun : à quelle sauce la
« voulez-vous ? Cela dit, le felon s'esquive et
« me laisse dans la presse. Vit-on jamais, dites-
« moi, plus odieux gabeur ?

« Cependant le bruit devient affreux, les vi-
« lains me cernent, les chiens m'entourent, je
« sens la dent des uns et la flèche des autres. Je
« comprends le danger et je me décide à le bra-
« ver. Je reviens sur les mâtins, je les mords, je
« les déchire, je les renverse l'un sur l'autre.

« Jamais chasseurs ne trouvèrent mieux à qui
« parler. Quoique percé de cent flèches barbe-
« lées, les chiens n'osèrent me toucher, et je
« contraignis les vilains à me laisser maître du
« champ de bataille. Mais ce ne fut que pour
« un instant; tandis qu'aucun d'eux n'osoit plus
« m'attendre, j'en atteignis un dont je mis
« à découvert les entrailles pantelantes. Je le
« labourois de mes pieds et de mes dents, il
« poussoit un dernier cri de détresse, quand
« par malheur un autre, arrivant par derrière,
« me décharge sur la nuque un coup de mas-
« sue qui me fait chanceler et tomber. Les
« chiens et les vilains de revenir tous à la charge :
« je sens l'étreinte des dents, le fer des pieus,
« la pluie des pierres et des carreaux. Les mâ-
« tins tomboient, revenoient sans cesse. Enfin
« mon corps sanglant n'étoit plus qu'une bles-
« sure, je pris le parti de regagner les bois. On
« n'osa me poursuivre ; je me dirigeai lente-
« ment vers le premier taillis, et de là me re-
« trouvai bientôt au milieu de mes domaines.

« Tel est le beau service que Renart me ren-
« dit. Je ne prétends pas en faire clameur,
« j'ai voulu seulement montrer par un exemple
« quelle étoit sa façon de procéder. Aujour-
« d'hui damp Ysengrin porte plainte contre
« lui ; l'autre jour c'étoit Tiecelin qu'il avoit
« plumé traîtreusement et qu'il vouloit mettre

« en lieu sûr. Tybert le chat le rend respon-
« sable de la queue qu'il a perdue, et dame
« Mésange, sa propre commère, vous dira
« comment il voulut la dévorer, en lui offrant
« comme un autre Judas le baiser de la paix.
« Il faut enfin réprimer tant de méfaits ; c'est
« l'impunité qui seule a pu lui donner tant
« d'audace. »

A ce long discours, Baucent demande la permission de répondre en peu de mots :
« Sauve votre grâce, messire Brun, on ne peut
« terminer brusquement la cause dont nous
« avons à connoître. La clameur d'Ysengrin
« n'a pas encore été rendue publique ; et certes
« il faudroit une grande sagesse pour juger,
« suivant droit et raison, une affaire dans la-
« quelle on n'auroit entendu que l'accusateur.
« Nous avons écouté la plainte, nous devons
« écouter la défense. Qui nous presse ? Rome
« a-t-elle été faite en un jour ? Et je ne parle
« pas dans l'intérêt de Renart ou dans celui
« d'Ysengrin ; mais ne devons-nous pas tous
« souhaiter de prévenir une lutte publique
« devant la Cour ? Il faut tous deux les inter-
« roger et les entendre : quant Renart sera pré-
« sent et que la cause sera débattue, nous ver-
« rons distinctement quelle amende il convient
« d'exiger de la partie coupable. »

« Oui, » dit Cointereau le singe ; « et le diable

« prenne ces gens pressés qui veulent juger sans
« attendre le *quia*. — Pour vous, Cointereau, »
répliqua Brun, « vous n'étonnerez personne, si
« vous êtes du parti de Renart; vous avez le
« même genre de savoir faire. Renart s'est
« déjà tiré de plusieurs mauvais pas, il sortira
« de celui-ci pour peu qu'on s'en rapporte
« à vous. » « Eh bien, maître, » répondit le
singe en faisant une de ses plus belles moues,
« dites-nous au moins comment vous justifie-
« riez une sentence aussi précipitée. — Par
« saint Richer! » dit Brun, « il n'y a pas de
« cour au monde où je ne sois prêt à déclarer
« que tout le mal vient de Renart, et qu'Ysen-
« grin a raison de l'accuser. Avons-nous be-
« soin de preuves, quand la femme et le mari
« sont d'accord pour en demander justice? Il
« conviendroit donc de commencer par s'assu-
« rer de la personne du coupable, de l'amener
« pieds et poings liés, de le jeter en chartre ou
« geole, de le battre de verges, et de le mutiler
« pour l'empêcher de jamais insulter d'autres
« nobles matrones. C'est ainsi que partout l'ou-
« trage est puni; et la répression du crime est
« sévère, même quand il s'agit d'une femme
« commune, abandonnée. Se montrera-t-on
« plus indulgent, quand la victime est une ver-
« tueuse et noble épouse, qui ne se consolera
« jamais de l'insulte qu'elle a essuyée? Car en-

« fin, il ne viendra dans l'esprit de personne
« qu'Ysengrin eût levé cette clameur, si l'of-
« fense n'étoit pas aussi claire que le jour ; et
« quelle ne seroit pas sa honte, si, maintenant,
« on lui dénioit justice?

« — Ma foi ! » répondit en ricanant Cointereau, « il est singulier qu'on mette une
« sorte de point d'honneur à faire éclater aux
« yeux de tous sa propre honte. Eh, mon Dieu !
« si Renart a fait ce qu'on lui reproche, à tout
« pécheur miséricorde, et notre devoir est d'ac-
« commoder les parties. Croyez-moi, d'ailleurs,
« le Loup n'est pas si grand qu'on le pense,
« et Renart ne le craint guères : il sait que pe-
« tite pluie a souvent abattu grand vent. Il
« viendra, j'en ai la conviction. Quant à messire
« Brun, en parlant aussi longuement, il a véri-
« tablement perdu belle occasion de se taire. »

Damp Brichemer étoit de trop grand sens
pour continuer ces querelleuses railleries. Ré-
sumant donc nettement le débat : « Seigneurs, »
dit-il, « nous ne devons penser qu'à prendre
« jour pour accorder les parties. Renart a pro-
« posé de faire serment ; sommons-le de
« tenir cet engagement. Aussi bien, comme
« Baucent l'a sagement remarqué, ne peut-
« on tenir plaid, à propos de meurtre ou de
« mortel outrage, tant que la question de
« fait n'est pas mise hors de doute. Et jus-

« ques là, nous devons tenter d'accommoder la
« querelle. Mais il faut aller au-devant de sur-
« prise et de malentendu. Une fois le serment
« fait, il peut arriver que le Roi soit absent
« du pays; alors, devant qui se tiendra l'as-
« sise? Il me semble que Rooniaus, le chien
« de Frobert de La Fontaine, pourroit être dé-
« signé comme Justice. C'est une personne
« honnête, d'une piété exemplaire ; le choix
« seroit approuvé de tout le monde. » Cette
proposition fut accueillie par un applaudisse-
ment général : la séance fut levée et les Conseillers retournèrent vers le Roi pour rendre
compte de ce qu'on y avoit résolu.

TRENTE-TROISIEME AVENTURE.

Comment Brichemer le Senechal rendit compte au roi Noble des conclusions du Conseil, et comment Grimbert fut chargé de semondre Renart.

BRICHEMER, auquel revenoit l'honneur de porter la parole, le fit en bonne rhétorique : « Sire » dit-il, « nous nous
« sommes enquis des usages de la
« terre, en ce qui touchoit à la cause présente.
« Nous les avons retrouvés et je vais, à défaut
« de tout autre, les exposer, sauf votre grace. »

Le Lion tournant la face vers lui fit un signe de consentement ; et Brichemer après s'être incliné continua de la manière suivante :

« Ecoutez-moi, Seigneurs, et reprenez-moi si
« je ne dis pas bien. Nous avons d'abord re-
« connu que la clameur d'Ysengrin devoit être
« reçue et qu'on y feroit droit ; mais s'il veut
« mieux prouver la justice de sa cause, il de-
« vra présenter, à jour nommé, un troisième
« garant des faits dont il demande vengeance.
« Ensuite, nous avons établi que le témoignage
« de sa femme n'étoit ici d'aucune valeur et ne
« pouvoit lui donner aucun avantage. Le point
« fut vivement débattu entre Brun et Baucent ;
« mais le Conseil parut se tenir à la décision
« que je viens d'exposer. La chose est d'ailleurs
« arrangée de façon que nul n'ait droit de se
« plaindre. Dimanche, à l'issue de la messe,
« Renart fera le serment et, sans desemparer,
« le jugement sera rendu devant Rooniaus le
« mâtin ; quel qu'il soit, les deux parties de-
« vront y souscrire et consentir à une reconci-
« liation mutuelle. »

« Par les saints lieux de Bethléem ! » dit gai-
ment le Roi, « j'aurois donné plus de mille
« livres pour être ainsi déchargé de cette
« fâcheuse affaire. Voilà donc qui est bien
« entendu : la Cour se réunira dimanche, au
« sortir de la messe, devant le vertueux Roo-

« niaus, chien de Frobert de La Fontaine. Et
« Renart ne s'étant pas encore présenté, je
« vais le faire semondre par Grimbert le blai-
« reau de venir après la procession prêter le
« serment ou répondre sur tous les faits dont
« Ysengrin a porté plainte. »

Après ce discours, tout le monde se tut, l'assemblée se leva et chacun revint à son hôtel. Grimbert de son côté ne perd pas un instant pour ses apprets de départ : il se met en route, arrive à Maupertuis, y trouve Renart et lui expose comment les barons et les comtes l'ont ajourné pour le serment et pour le plaid qui sera tenu sous la présidence de Rooniaus, et comment le Roi mande qu'il ait à s'y trouver. Renart répond qu'il ne souhaite rien de mieux, qu'il obéira, et que d'avance il est pret à se conformer à l'égard ou *verdict* de la Cour.

TRENTE-QUATRIEME AVENTURE.

De la visite intéressée d'Ysengrin à Rooniaus le matin.

GRIMBERT s'éloigne et laisse Rénart confiant dans sa fortune et dans ses ruses. Il sait qu'il a beaucoup d'ennemis, mais il ne prend aucun souci de les ramener à lui, tant il les hait tous et les méprise. Ysengrin ne met pas ainsi la chose en nonchaloir et, trois jours avant le jugement, il s'en va trouver Rooniaus, comme il reposoit doucement sur un lit de paille devant l'enclos de Frobert de La Fontaine. D'abord il n'étoit pas sûr qu'il fût bien prudent à lui de le déranger; mais Rooniaus, en considération des trèves, lui fit signe d'approcher de confiance; Ysengrin ne se fit pas prier. « Je vous dirai « tout de suite » fait-il à Rooniaus, « le sujet de « ma visite. J'ai besoin de bon conseil; je suis « en guerre avec Renart dont vous savez les « nombreux méfaits. J'ai levé clameur contre « lui, la cause est retenue, on a pris jour, di- « manche après la messe Renart doit compa- « roître devant vous; car la Cour vous a choisi « pour conduire le plaid. Mais avant les débats

« Renart doit se purger par serment. Cela lui
« coutera peu, sans doute; je viens donc ré-
« clamer votre amitié, pour conduire l'affaire
« de manière à le confondre. Et d'abord où
« devons-nous chercher le sanctuaire sur le-
« quel il devra jurer? Le point est de grande
« conséquence et, je vous l'avoue, il m'embar-
« rasse un peu. — Par ma foi, » dit Rooniaus,
« vous trouverez dans ce village assez de saints
« ou de saintes, et vous n'aurez que l'em-
« barras du choix. Mais écoutez; si Brichemer
« vouloit remplir l'office de Justice, on essaie-
« roit quelque chose de mieux. Je ferois le
« mort, je m'étendrois dans un fossé, hors du
« village : vous répandriez le bruit de ma fin
« édifiante, et quand on viendroit lever mon
« corps, on me trouveroit couché sur le dos,
« mâchoires ouvertes, langue tirée : vous con-
« voqueriez l'assemblée autour de moi, et
« Renart étant venu, vous déclareriez le tenir
« quitte de tout, pourvû qu'il fût consentant
« de jurer sur ma dent qu'il n'avoit jamais ou-
« tragé votre femme. S'il se tient assez près
« de mon chef pour me permettre de l'em-
« poigner, il pourra se vanter que jamais corps
« saint n'aura mieux retenu ni mordu. Et si,
« devinant le piége, il refuse d'avancer jus-
« qu'au sanctuaire, il y gagnera peu de chose;
« car je ferai tenir en aguet plus de quarante

« mâtins de première force. Ou Renart sera
« plus qu'un diable, ou il n'échappera pas à
« mes reliques d'une part, et à mes bons amis
« de l'autre. Dieu vous garde, Ysengrin! Songez
« à tout bien disposer; je me charge du reste. »

TRENTE-CINQUIEME AVENTURE.

Du parlement d'Ysengrin avec tous ses parens et amis, et de l'arrivée des deux barons et de leurs alliés, en présence de saint Rooniaus.

YSENGRIN approuva grandement la pensée de Rooniaus. Tout joyeux de la visite, il prend congé de son allié, retourne dans la forêt et se met en quête de ses amis. Il ne leur envoie pas de message, mais se rend lui-même chez eux, en bois, en plaines, en montagnes. Bientôt arrivèrent à son hôtel Brichemer le sénéchal, la tête haute, la démarche assurée; damp Brun l'ours, Baucent le sanglier, Musart le chamois, le Léopart, le Tigre, la Panthère, l'enchanteur Cointereau nouvellement arrivé d'Espagne, lequel sans trop se soucier de l'un ou l'autre des plaideurs, venoit pourtant se ranger par curiosité du côté d'Ysengrin. « Seigneurs » leur dit celui-ci, « je vous ai tous réunis dans l'espoir

« de trouver bon secours en vous. » Tous alors, étrangers ou familiers, parens ou amis, s'engagent à ne pas se séparer, avant d'avoir obtenu pour lui satisfaction complète. Tels étoient donc les appuis d'Ysengrin. Renart, de son côté, pouvoit compter sur autant de défenseurs de sa querelle. Son porte-oriflamme étoit Fouinet le putois; Tybert le chat suivoit de près; il n'aimoit pas Renart, mais il étoit enchaîné par les devoirs de la parenté; Grimbert, porteur de la semonce, ne pouvoit non plus refuser son appui, en sa qualité de cousin-germain. Rousselet l'écureuil arriva trottant, puis Gente la marmotte, Courte la taupe, damp Pelé le rat, damp Couart le lièvre, la Loutre, la Marte, Bièvre le castor, le Hérisson, la Belette; le Fourmi, fièrement et l'un des premiers, vint garantir l'appui de ses bras à Renart; pour damp Galopin le lapin, il s'excusa de venir dans une assemblée qui lui donnoit trop d'inquiétudes, et l'on prit en considération ses motifs d'abstention.

Renart se hâta de conduire cette noble compagnie aux abords du village où le plaid devoit être tenu. Ysengrin et tous ses amis les avoit précédés. Il y eut à l'abord quelques difficultés; mais on convint enfin qu'Ysengrin occuperoit la vallée et Renart la montagne. Entre les deux camps, sur le fossé, damp Rooniaus, le cou replié et la langue tirée, ne remuoit ni pieds ni tête. A quelque distance et cachés par un verger se tenoient tous les amis que l'on sait; ils pouvoient être une centaine, que lices que mâtins, tous animés des mêmes sentimens contre l'ennemi d'Ysengrin.

TRENTE-SIXIEME AVENTURE.

Comment Damp Renart eut des scrupules de conscience, et ne voulut pas jurer sur la dent de saint Rooniaus.

BRICHEMER, élu d'un commun assentiment pour le Parleur de cette première assemblée, s'étant levé en pieds:
« Renart, » dit-il, « vous devez aller
« au-devant de ce qu'Ysengrin allègue contre
« vous; approchez, et faites sans hésiter le ser-
« ment promis. Nous savons bien qu'on pour-
« roit s'en rapporter à votre simple affirmation,
« sans vous obliger à prendre à témoin les
« saintes reliques. Toutefois, au moins con-
« vient-il que vous juriez, sur la dent de saint
« Rooniaus le réchigné, que vous n'avez ja-
« mais trompé Ysengrin, que vous n'avez pas
« insulté votre commère, et qu'on ne peut
« mettre en doute votre droiture et votre
« loyauté. »

Renart se lève en pieds à son tour, replie la queue de son manteau, se drappe et fièrement se met en mesure de prêter le serment qu'on lui demande. Mais, en fait de ruses et d'aguets appensés, Renart ne connoissoit pas de maîtres : Il s'apperçut donc que les pas étoient gardés ; il devina que Rooniaus étoit encore du monde, au battement de ses flancs et à sa reprise d'haleine. Le mouvement qu'il fit alors en arrière n'ayant pas échappé à l'œil de Brichemer : « Eh ! qu'est-ce, Renart ? » lui dit-il, « hésiteriez-vous ? il ne s'agit que de mettre « votre main droite sur la dent de saint Roo- « niaus. — « Sire, » répond Renart, « je sais « qu'à tort ou à droit je suis tenu d'exécuter « l'ordonnance ; cependant, je crois voir une « chose que vous ne soupçonnez pas et dont je « dois vous avertir.—Non, non, » répond Brichemer, « je ne reçois pas votre excuse, il « faut jurer, ou vous resigner aux condam- « nations que nous allons prononcer contre « vous. »

Par bonheur, damp Grimbert le blaireau avoit également découvert la trahison : mais ne voulant pas s'exposer à la haine de tant de puissans personnages, il s'avisa d'un adroit expédient. « Seigneur, » dit-il, « la raison veut « au moins que Renart n'ait pas à se défendre « de la presse, et qu'on ne laisse pas écraser un

« baron de son rang par la foule qui lui tombe
« sur le dos. Faites éloigner l'assistance, de fa-
« çon à laisser au noble accusé la liberté d'a-
« border le sanctuaire. — En effet, » dit Brichemer, « et je n'y songeois pas ; oui vous avez
« raison, damp Grimbert ; je vais rendre la
« voie libre. » En même temps, il donne l'ordre d'écarter la foule devant, derrière et des
deux côtés. Renart saisit le moment favorable ;
il fait un demi-tour, et au lieu de s'arrêter au
sanctuaire, il s'élance à toutes jambes dans la
carrière qu'on venoit de lui ouvrir ; il franchit
la montagne où tous les siens étoient réunis,
disparoit dans une gorge et traverse un vieux
chemin ferré, pendant que crient, hurlent et
glapissent les amis d'Ysengrin, et que les chiens
disposés par Rooniaus s'élancent comme autant de traits empennés sur ses traces.

TRENTE-SEPTIEME AVENTURE.

Comment les amis de saint Rooniaus, indignés de la fuite de damp Renart, le poursuivent, et comment le connétable Ysengrin jura de renouveler sa clameur aux prochaines assises.

VOULEZ-VOUS connoître le nom de ces généreux mâtins ? C'étoit d'abord Rooniaus, aussitôt relevé du fossé ; c'étoit Espillart le chien du riche vilain Maubert; puis Harpin, Morant, Bruié, Egrillart, Heurtevilain, Rechigné le chien de Gillain, femme d'Everart le drapier; Afaitieus, Gorfaus, Tiran, Roillet, Lovelas, Amirant, Clarmont, Galiniers le chien de Macart de Rives, Cornebues, Herbelot, Friart, Brisegaut, Frisant, Voisié, Léopart, Tison, Courtin, Rigaut, Passeloup, Gringaut, Loyer, Passeoutre, Sillart, Baculart, Estourmi le chien de sir Tybert du Fresne, Pilet, Chapet, Pastour, Estour, L'engignié, le barbet Ecorchelande, Malfloré, Violet, Oiselet, Gresillon, Emerillon, Estourneau, Esclariau, Chanut, Morgain, Vigier, Passavant, Bolet, Porchas, Malet, Poignant le chien du boucher Raimbaut, Hospitaus, Tracemenu, Tournenfuie, Follevil et Passemarais, nouvellement arrivés de Pontaudemer.

Parmi les lisses on remarquoit Baude et Foloise, Coquille, Sebille, Briare venue de Sotlaville, Fauve, Bloette, Morete, Boete, Violette, Brachine, Maligneuse, Mauparlière qui étoit à Robert de La Marlete, Genterose, Prime-Noire la lisse au Prouvère, et Pinconette qui menace de plus près Renart ; il ne tiendra pas à elle s'il n'est arrêté à l'entrée du bois. Renart de son côté ne met aucun de ses bons tours en réserve, et l'on ne peut assurément l'en blâmer, le besoin fait vielles trotter. Trois des meilleurs mâtins l'attendoient sous les premiers buissons de la forêt ; ce sont Tranchon, Boémont et Failli : le voilà donc en plus grand danger que jamais ; ils tombent sur lui, le roulent et le déchirent ; le sang jaillit sur les restes de sa riche pelisse ; mais enfin il parvient à leur donner le change et, moitié courant moitié rampant, il arrive à son manoir de Maupertuis.

Pendant qu'il y trouve le repos dont il avoit grand besoin, et qu'il va chercher à panser et cicatriser ses plaies, jurant haine mortelle à Rooniaus qui s'est rendu l'artisan de la trahison du sanctuaire, Ysengrin mène grand deuil de ce que Renart est échappé. Retrouvera-t-il jamais une occasion pareille? Il convoque autour de lui toutes les bêtes de son parti : « Damp Brun, damp Rooniaus et damp Bau-

« cent, vous les amis particuliers du Roi, vous
« ses conseillers les plus intimes, vous avez
« vu comment le traître Renart a tenu sa pro-
« messe ; pouvoit-il mieux laisser voir qu'il
« avoit tort, et qu'il n'étoit pas en état de faire
« le serment convenu? Ecoutez-moi donc,
« bêtes grandes et petites, votre honneur
« est engagé à témoigner devant notre sei-
« gneur le Roi, quand il tiendra sa haute cour,
« que Renart a fait défaut de serment. — Et
« le Roi, » interrompit damp Brun, « sera bien
« mauvais s'il n'en fait pas justice, s'il ne le con-
« damne pas à être publiquement pendu. —
« Pendu ou brulé, » reprend Ysengrin. — Mais
« pourtant, » dit Grimbert, « on m'accordera
« bien le droit de dire que Renart en gagnant le
« large quand vous étiez au pont Guichart, n'a
« pas fait aussi mal que vous dites : il avoit ap-
« paremment deviné quelque aguet appensé, il
« avoit reconnu que Rooniaus, tout du long
« étendu, la langue tirée, n'étoit pas mort et con-
« servoit sa respiration. » Ces paroles causèrent
dans l'assemblée un véritable scandale et de-
vinrent le signal d'un grand tumulte. Rooniaus
agité de crainte et de honte se leva : « Damp
« Grimbert, voulez-vous lever contre moi cla-
« meur de trahison? — Je ne dis pas cela, »
répond Grimbert, « mais je cherche à excuser
« Renart. Ne soulevons pas ici de querelle,

« allons en cour, et si Renart est coupable il
« vous fera satisfaction. — J'y suis bien ré-
« solu, » dit Ysengrin ; « et quoi qu'il arrive, je
« suivrai ma clameur à la prochaine assemblée
« de mai; je demanderai justice à la cour
« de mes pairs, et j'amenerai des témoins qui
« prouveront que le traître Renart a refusé le
« serment qu'on lui demandoit. »

Après ces mots, ils se separèrent et ne se retrouvèrent plus que devant le Roi, aux prochaines assises, quand fut assemblée de nouveau la Haute Cour.

TRENTE-HUITIEME AVENTURE.

Comment le roi Noble tint cour plenière, et comment Ysengrin fit une seconde clameur contre Renart.

PERROT qui mit tout ce qu'il avoit d'esprit et d'étude à faire des vers sur Renart et son cher compère Ysengrin, Perrot qui nous a si bien raconté comment sire Noble le lion avoit partagé la proie, et comment Renart avoit refusé de prêter serment sur la dent de saint Rooniaus, a pourtant oublié le plus beau de sa matière ; j'entends le jugement rendu dans la cour du roi Noble, sur la grande querelle de cet odieux Renart avec messire Ysengrin et dam Hersent sa noble épouse.

L'histoire dit que l'hyver étoit passé, l'aube épine fleurissoit et la rose commençoit à s'épanouir; on approchoit de l'Ascension, quand sire Noble le Roi convoqua les bêtes dans son palais, pour s'y former en cour. Toutes répondirent à l'appel, toutes à l'exception de damp Renart, le trompeur et le mauvais larron. Chacun alors de le diffamer à qui mieux mieux et de rappeler ses gestes. Ysengrin ne devoit pas être le dernier à saisir l'occasion d'assurer sa vengeance, il s'avança jusqu'au faudesteuil du Roi et parla en ces termes :

« Beau très-doux sire, je vous demande jus-
« tice de l'outrage commis par Renart à l'é-
« gard de dame Hersent ma femme épousée. Il
« l'avoit conduite par surprise dans son châ-
« teau de Maupertuis : avant de lui laisser le
« temps de se reconnoître, il l'avoit outragée
« de faits et de paroles; j'arrivai pour être
« témoin de ses insolences. Quelque temps
« auparavant, il avoit furtivement pénétré
« dans ma demeure et souillé de ses ordures mes
« louveteaux, comme pour ne rien épargner
« de ce que j'avois de cher dans le monde.
« Sur la plainte que j'en avois portée naguère
« à votre cour, Renart prit jour pour se justifier
« mais, les saints apportés, il jugea plus à pro-

« pos, par quels conseils je l'ignore, de recu-
« ler précipitamment et de regagner son re-
« paire. Ce fut, comme on le pense bien, à
« mon grand regret. »

L'Empereur ayant attentivement écouté,
répondit : «. Ysengrin, croyez-moi, désistez-
« vous de votre clameur ; vous n'avez aucun
« intérêt à rappeler votre honte. Les barons
« et les comtes, les rois eux-mêmes sont expo-
« sés à des ennuis pareils : ils y sont peu
« sensibles. Tous ceux qui tiennent les hautes
« cours sont tout ce que vous pensez être, et
« jamais, pour si peu de chose, je ne vis faire
« tant de bruit. Les chagrins domestiques sont
« toujours de ceux dont on fait bien de ne
« rien dire. »

« Ah ! sire, » dit alors Brun l'ours, « vous
« pourriez parler avec plus de convenance.
« Ysengrin est-il mort ou retenu prisonnier,
« qu'il n'ait pu trouver les moyens de se ven-
« ger lui-même des insultes de Renart? Tout
« au contraire, on le sait assez puissant pour
« ôter à ce roux les moyens de nuire ; mais il
« a été retenu par le respect de la paix nouvel-
« lement jurée. C'est à vous, souverain du pays,
« à prévenir la reprise des armes, à maintenir
« l'union entre vos barons. Nous sommes prets
« à mettre haro sur ceux que vous accuserez.
« Ysengrin se plaint de Renart ; faites pronon-

« cer jugement sur la querelle, et si l'un doit à
« l'autre, il faut qu'il satisfasse et vous paie en
« outre l'amende du méfait. Envoyez donc citer
« Renart dans Maupertuis : pour ce qui me
« regarde, si vous me chargez du message, je
« me fais fort de l'amener ici et de le tenir au
« courant des usages de la Cour. »

« Sire Brun, » dit alors Bruyant le taureau,
« malheur, je ne dis pas à vous, mais à qui se
« réuniroit à vous pour conseiller au Roi de
« prendre l'amende du tort et de la honte que
« Renart auroit fait à sa commère. Renart a
« commis tant de crimes, outragé tant de bêtes
« honorables que personne ne doit le rece-
« voir à merci. Pourquoi messire Ysengrin
« viendroit-il justifier des faits qui sont à la con-
« noissance de tout le monde? Qu'on en dise
« ce qu'on voudra, mais si cet insigne larron,
« cet odieux trompeur, ce méchant roux de
« Renart avoit jamais dit à ma femme une
« seule parole insolente, il n'y a fort ni châ-
« teau, il n'y a pas de Maupertuis qui m'em-
« pêcheroit de le broyer et de jeter dans un
« privé sa puante charogne. A quoi pensiez-
« vous donc, dame Hersent, de ne pas vous
« être vengée vous-même? En vérité, je com-
« prends votre confusion d'avoir pu de sang
« froid recevoir quelque affront de la part
« d'un être aussi facile à châtier ! »

« Ecoutez, sire Bruyant, » dit alors Grimbert le blaireau, « il faut à tout prix étouffer le « bruit d'un aussi mauvais cas. Tel qu'il l'a di- « vulgué, commenté, exageré, regreteroit bien- « tôt de ne le pouvoir retenir. Il ne s'agit ici ni « de violence ouverte, de porte brisée, de treve « rompue ; tous les mauvais procedés repro- « chés à Renart peuvent être l'effet d'un amour « très excusable. En conséquence, on ne devoit « pas se hâter d'en parler mal et d'en porter « plainte. Renart aimoit Hersent depuis long- « temps, et Madame Hersent n'auroit pas fait « clameur, s'il avoit dépendu d'elle. Pour « Ysengrin, avouons qu'il a pris cela beaucoup « trop à cœur, et qu'il auroit du se garder d'en « instruire le Roi et le baronnage. Qu'il veuille « bien examiner un peu : s'il reste la moindre « trace du délit, si la maison est endommagée « ou les meubles brisés, enfin s'il a perdu dans « tout cela la valeur d'une noix de coudrier, « je m'engage, au nom de Renart, à tout « remettre en état, et à lui en faire prendre « l'engagement dès qu'il sera arrivé. Mais, en « fin de compte, la honte de tout cela va re- « tomber sur Hersent. Oui, Madame, le profit « le plus clair pour vous du bruit qu'a fait « votre mari sera d'être l'objet de toutes les « conversations, de tous les quolibets. Ah ! « vous seriez la dernière des créatures, si vous

« aimiez Ysengrin après cela, et si vous pou-
« viez souffrir qu'il vous donnât le nom de
« sœur ou d'épouse ! »

Ces paroles firent monter le rouge au visage de Madame Hersent ; tout son corps frémit et la sueur parut inonder son front. Enfin jetant un grand soupir : « Sire Grimbert, » dit-elle, « vous avez raison ; j'aurois mille fois mieux « aimé que Monseigneur et Renart demeuras- « sent bons amis. Il est certain que jamais Re- « nart n'eut de moi la moindre faveur, et je suis, « pour le prouver, prête à subir l'épreuve du « fer chaud ou de l'eau froide. Mais hélas ! de « quel poids sera ma declaration ? On n'ajoute « pas foi à ce que peut dire une pauvre mal- « heureuse. Oui, j'atteste tous les saints qu'on « adore et Dieu mon sauveur lui-même, que « Renart ne me traita jamais autrement que « si j'eusse été sa mère. Non que je le dise « pour Renart ou pour le profit de sa cause ; « je ne me soucie pas de lui et de ceux qui « l'aiment ou le haissent plus que du chardon « dont les ânes se régalent ; mais je le dis « pour Monseigneur Ysengrin, dont la jalousie « ne me laisse pas de relache, et qui s'imagine « toujours qu'on l'a trompé. Par la foi que je « dois à mon fils Pinçart, il y aura dix ans au « premier avril, le propre jour de Paques, que « l'on nous maria Ysengrin et moi. Les noces

« furent somptueuses ; nos fossés, nos terriers
« pouvoient à peine contenir les bêtes conviées
« à la fête ; une oie n'y auroit pas trouvé place
« pour y pondre son œuf. J'ai, depuis ce tems,
« vécu en loyale épouse, sans donner à per-
« sonne le droit de me blamer ou de me pren-
« dre pour une bête folle. Ainsi, que l'on me
« croie ou non, je n'en attesterai pas moins
« sainte Marie que jamais je ne fis rien qu'une
« sage et pieuse nonne ne pût avouer. »

Le discours d'Hersent et la façon naturelle dont elle avoit justifié sa conduite répandirent une joie inexprimable dans la bonne ame de l'âne, damp Bernart. Il en conclut qu'Ysengrin pouvoit bien avoir raison, mais que dame Hersent n'avoit pas tort. « Ah ! » s'écria-t-il, « gen-
« tille baronne, plût à Dieu que mon ânesse
« fût aussi sage, aussi loyale que vous ! Vous
« avez adjuré Dieu et les saints de paradis, il
« suffit : je soutiendrai votre cause et je suis
« tout pret à jurer avec vous. Dieu ne me fasse
« pas miséricorde, qu'il ne me laisse trouver un
« seul tendre chardon, si vous avez jamais fa-
« vorisé l'amour et les sollicitations de Renart.
« Mais telle est la méchanceté, la médisance et
« l'envie du siècle, qu'il affirme ce qu'il n'a
« pas vu et blâme ce qu'il devroit honorer.
« Ah Renart ! maudite l'heure où vous fûtes
« engendré, où vous êtes venu au monde ! car

« c'est par vous que le bruit s'est répandu de
« la foiblesse d'Hersent à votre endroit. Vous
« êtes un insigne menteur. Quelle apparence,
« en effet, quand elle vient offrir aujourd'hui
« de se justifier, par l'épreuve du fer chaud ou
« de l'eau bouillante ! »

Hersent l'écouta avec une agréable surprise, mais se garda d'ajouter un mot. Chacun alors de dauber à qui mieux mieux sur Renart; c'est ainsi qu'on agit à l'égard de ceux dont la cause est desesperée ; le seul Grimbert, en ami fidèle, soutint contre tous les intérets de son cousin. Il s'avance devant le Roi, abaisse son chaperon sur ses épaules et relevant son manteau : « Je
« demande, » dit-il, « un moment de silence.
« Sire, veuillez en gentil et bon prince appai-
« ser la querelle de vos deux barons, et rece-
« voir à merci damp Renart. Permettez-moi
« de le conduire ici ; vous entendrez ses ré-
« ponses, et si votre cour le condamne, vous
« fixerez l'amende qu'il devra subir; il y satis-
« fera. Que s'il a négligé de venir en cour et
« s'il n'a pas justifié son absence, vous pourrez
« lui adresser une réprimande sévère et l'obli-
« ger à une double composition. »

Le Connil ou lapin honora ce discours et celui de Bernart l'archiprêtre de son approbation. « Par saint Amant ! » dit-il, « messire
« Grimbert a sagement parlé. Si damp Renart

« étoit contraint de quitter la terre sans être
« entendu, la justice en seroit blessée. Que Re-
« nart soit donc mandé; je m'en rapporte à lui
« du soin de sa justification. Mais s'il a réelle-
« ment mérité quelques reproches à l'égard de
« dame Hersent, soit en dits soit en faits, il en
« conviendra plutôt que de se rendre parjure.
« Ainsi je me porte volontiers pour le garant
« de dame Hersent avec Bernart, le prudent
« archiprêtre. Je laisse la parole à d'autres, et
« je me tais. »

La Cour après tous ces débats conclut en ces termes : « Sire, plaise à vous, dans le cas où
« Renart, sommé de comparoître, ne se présen-
« teroit pas et ne fourniroit aucune excuse, or-
« donner qu'il soit ici traîné de force, pour y
« entendre la sentence qu'il conviendra de
« prononcer. »

« Barons, » dit le roi Noble, « vous mépre-
« nez, en voulant porter un jugement contre
« Renart. Vous donnez à ronger un os qui plus
« tard, le cas échéant, vous brisera les dents.
« Songez-y bien, autant vous en pend à l'œil.
« J'ai grand sujet de me plaindre de Renart,
« mais je n'entends pas le perdre s'il consent
« à reconnoître ses torts. Croyez-moi donc,
« Ysengrin, consentez à l'épreuve que votre
« femme réclame ; ou bien, à votre défaut, je
« prendrai sur moi de l'ordonner.

« — Ah ! sire, » repartit vivement Ysengrin, « n'en faites rien, je vous prie. Car enfin si « cette épreuve demandée par Hersent lui de- « vient funeste, si l'eau bouillante ou le feu l'at- « teignent, tous le sauront, ceux mêmes qui l'i- « gnorent encore, et mes ennemis s'en réjoui- « ront. Ils diront en me voyant : le voilà le « jaloux, celui que sa femme a trompé. J'aime « mieux retirer ma plainte et me faire justice « moi-même. Viennent les vendanges, et je « compte bien donner une chasse à Renart « dont serrure ou clef, muraille ou fossé ne « sauront le défendre.

« — C'est donc le diable, maintenant ! » repartit le roi Noble avec indignation, « et « votre guerre ne prendra-t-elle jamais fin ! Par « la corbleu ! vous comptez en vain avoir le « dernier avec Renart ; il en sait plus que vous, « et vous avez plus à craindre de ses tours que « lui des vôtres. D'ailleurs, le pays est en repos, « la paix est jurée ; malheur à qui s'avisera « d'y porter atteinte ! »

TRENTE-NEUVIEME AVENTURE.

Comment Chantecler, dame Pinte et ses trois sœurs vinrent demander justice pour dame Copette, méchamment mise à mort par Renart.

CETTE déclaration du Roi contre toute reprise de guerre fut pour Ysengrin un coup terrible : il perdit contenance, et ne sachant à quel parti s'arrêter, il alla se rasseoir auprès de sa femme épousée, les yeux enflammés, la queue entre les jambes. Ainsi, la cause de Renart prenoit le meilleur tour et tout présageoit un accommodement de la querelle, quand on vit arriver en cour, sous la conduite de Chantecler, dame Pinte et trois autres dames. Elles venoient implorer la justice du Roi, et cet incident ralluma le feu prêt à s'éteindre. Sire Chantecler le coq, Pinte qui pond les gros œufs, et ses sœurs, Roussette, Blanche et Noirette escortoient une litière tendue de noir. Là reposoit une geline morte de la veille : Renart l'avoit surprise et déchirée, lui avoit enlevé une aile, brisé une cuisse, et enfin séparé l'âme du corps.

Le Roi las des plaidoiries, alloit congédier

l'Assemblée, quand entrèrent les dolentes et Chantecler battant violemment ses paumes. Pinte eut la force de parler la première : « Ah!
« pour Dieu, mes seigneurs, chiens et loups,
« nobles et gentilles bêtes, ne repoussez pas
« d'innocentes victimes. Maudite l'heure de
« notre naissance! ô mort, viens nous saisir,
« avant que nous tombions sous la dent cruelle
« de Renart! J'avois cinq frères de père, Re-
« nart les a tous devorés. J'avois quatre sœurs
« de mère, les unes de l'âge le plus tendre, les
« autres, déjà gelines d'une beauté accomplie,
« Gombert du Fresne les engraissoit pour la
« ponte des œufs de choix ; soins inutiles, Re-
« nart de toute n'en épargna qu'une seule, les
« autres passèrent par son gosier. Et vous, ma
« douce Cope, couchée dans cette biere, chère
« et malheureuse amie, qui pourra dire com-
« bien vous étiez grasse et tendre ! Et que de-
« viendra votre sœur dolente et éplorée ! Ah
« Renart! puisse le feu d'enfer te dévorer! Com-
« bien de fois nous as-tu chassées, effrayées,
« dispersées? combien de robes nous as-tu dé-
« chirées? combien de fois as-tu franchi de
« nuit notre enceinte? Ce fut hier, près de la
« porte, que tu laissas ma sœur étendue, sans
« vie. Tu pris la fuite, en entendant les pas de
« Gombert, qui par malheur n'eut pas un che-
« val assez rapide pour te fermer la retraite.

« Voilà pourquoi nous venons à vous ; tout es-
« poir de vengeance nous étant enlevé, c'est de
« vous seuls, nobles seigneurs, que nous atten-
« dons justice. »

Après ces paroles souvent interrompues par les sanglots, Pinte tomba pâmée sur les dalles de la salle, et ses trois compagnes en même temps qu'elle. On vit aussitôt pour les secourir, chiens et loups quitter à l'envi leurs siéges. On les relève, on les soutient, on leur jete de l'eau sur la tête. En revenant à elles, elles coururent se précipiter aux pieds du Roi que Chantecler agenouillé mouilloit en même temps de ses larmes. La vue du bachelier remplit l'ame de Noble d'une grande pitié ; il exhala un profond soupir, puis relevant sa grande tête chevelue, il fit entendre un tel rugissement qu'il n'y eut bête si hardie, ours ou sanglier, qui ne frémît d'épouvante. L'émotion de damp Coart le lièvre fut même telle qu'il en eut deux jours durant les fièvres et qu'il les auroit encore peut-être, sans le beau miracle que vous apprendrez tout à l'heure.

On vit en même temps le Roi dresser sa noble queue pour s'en frapper vivement les flancs avec un bruit capable d'ébranler la maison. Puis il prononça ces paroles :

« Dame Pinte, par l'ame de mon père, pour
« laquelle je n'ai encore rien fait d'aujour-

« d'hui, je prends grande part à vos malheurs,
« et je compte en punir l'auteur. Je vais ajour-
« ner Renart, et de vos yeux et de vos oreilles
« vous pourrez voir et entendre comment je
« sais punir les traîtres, les assassins et les vo-
« leurs de nuit. »

QUARANTIEME AVENTURE.

Où l'on voit les honneurs rendus à dame Copette, et son épitaphe ; comment sire Brun fut envoyé semondre damp Renart ; et des beaux miracles accomplis sur la tombe de sainte Copette.

Quand Noble a cessé de parler, Ysengrin se dresse en pieds : « Sire, » dit-il, « vous êtes un grand roi. Vous con-
« querrez honneur et louange, en
« vengeant sur l'assassin le meurtre de dame
« Copette. Je n'écoute pas ici ma haine ; mais
« le moyen de ne pas prendre intérêt à cette
« innocente victime ? — Oui, » reprit le Roi,
« cette bière, ces pauvres gelines m'ont mis la
« douleur dans l'âme. Je me plains donc à vous,
« barons, de cet odieux Renart, ennemi du lien
« conjugal et de la paix publique. Cependant il
« faut penser au plus pressé. Brun, vous allez
« prendre une étole et vous ferez la recom-

« mandise de la défunte; vous disposerez sa
« sépulture dans le terrain qui sépare le jar-
« din de la plaine. »

Brun se hâta d'obéir. Il revêt l'étole; le Roi
et tous les membres du parlement commencent
les Vigiles. Le limaçon Tardif chanta seul les
trois leçons, le pieux Rooniaus entonna le ver-
set, et Brichemer le trait. L'oraison *custodiat
anima* fut prononcée par damp Brun.

Après les Vigiles, les Matines; puis le corps
fut porté en terre. On l'avoit auparavant enfermé dans un beau cercueil de plomb. La fosse
creusée au pied d'un chêne fut recouverte d'une
lame de marbre sur laquelle on traça à la
griffe ou au ciseau l'épitaphe suivante:

CI GIST COPETTE LA SEUR PINTE,
QUI MOURUT EN ODEUR DE SAINTE,
LIVRÉE A MARTYRE DOLENT
PAR RENART LE VILAIN PUANT.

On ne pouvoit voir, durant la cérémonie,
Pinte fondre en larmes, prier Dieu et maudire
Renart, Chantecler roidir les pieds de déses-
poir, sans être profondément ému et attendri.

Et quand les grandes douleurs furent appai-
sées, les pairs se rendirent auprès du Roi.
« Sire, » lui dirent-ils, « nous demandons ven-
« geance de ce glouton, fléau de tous, violateur
« de la foi jurée.— Très-volontiers, » dit le roi

Noble, « et c'est vous, Brun, que je charge d'al-
« ler le semondre. N'ayez pour le traitre au-
« cun ménagement. Vous lui direz qu'avant de
« me décider à l'ajourner, je l'ai attendu trois
« fois. — Je n'y manquerai pas, sire, » repondit Brun; et sur-le-champ, il prend congé,
met son cheval à l'amble et s'éloigne. Mais
pendant qu'il chemine ainsi par monts et par
vaux, il survint à la Cour un évènement qui fut
loin de remettre en meilleur point les affaires
de Renart. Nous avons vu que pendant deux
jours, Coart le lièvre avait tremblé les fièvres.
Après l'enterrement de dame Copette, le malade voulut absolument aller prier sur sa tombe.
Il s'y endormit, et en se réveillant il se trouva
guéri. Le miracle fit grande rumeur : Ysengrin
apprenant que dame Copette étoit vraie martyre, se souvint d'un tintement douloureux qu'il
avoit dans l'oreille. Rooniaus, son conseiller
ordinaire, le conduisit et le fit prosterner sur
la tombe; tout aussitôt, il fut guéri. C'est de
lui-même qu'on le sut : mais s'il n'eût pas été
téméraire de révoquer en doute une chose
d'aussi bonne créance, si d'ailleurs Rooniaus
ne l'eût pas attestée, on n'auroit peut-être pas
ajouté toute la foi désirable à la guérison d'Y-
sengrin.

L'annonce de ce double miracle fut accueillie
par le plus grand nombre avec une faveur mar-

quée. Grimbert au contraire s'en affligea ; car ayant pris en main la défense de Renart, il prevoyoit la mauvaise impression que ce recit feroit sur les esprits les moins prévenus. Mais il est temps de revenir à damp Brun, et de l'accompagner dans son voyage à Maupertuis.

QUARANTE-ET-UNIEME AVENTURE.

De l'arrivée de damp Brun à Maupertuis, et comment il ne trouva pas doux le miel que Renart lui fit goûter.

BRUN l'ours suivit le sentier tortueux qui à travers la forêt conduisoit à Maupertuis. Comme la porte du château étoit fort étroite, il fut obligé de s'arrêter devant les premiers retranchemens. Renart se tenoit au fond du logis, doucement sommeillant ; il avoit à portée le corps d'une grasse geline, et de grand matin il avoit déjeuné des ailes d'un gros chapon. Il entendit Brun l'appelant ainsi du dehors : « Renart, je suis « messager du Roi. Sortez un instant pour en- « tendre ce que notre sire vous mande. » L'autre n'eut pas plutôt reconnu damp Brun, qu'il se mit à chercher quel piège il pourroit lui tendre. « Damp Brun, » répond-il, de sa lucarne

entr'ouverte, « on vous a fait prendre, en ve-
« rité, une peine bien inutile. J'allois partir
« pour me rendre à la cour du Roi, aussitôt
« que j'aurois eu mangé d'un excellent mets
« françois. Car vous le savez aussi bien que
« moi, damp Brun : quand un homme riche ou
« puissant vient en cour, tout le monde s'em-
« presse autour de lui. C'est à qui tiendra son
« manteau, c'est à qui lui dira : *Lavez, lavez,*
« *Sire!* On lui sert le bœuf au poivre jaune ;
« toutes les viandes délicates qui passent de-
« vant le Roi. Mais il en est autrement de
« celui qui n'a pas grande charge et force
« deniers : on le diroit sorti de la fiente de
« Lucifer. Il ne trouve place au feu ni à la ta-
« ble ; il est obligé de manger sur ses genoux,
« et les chiens de droite et de gauche viennent
« lui enlever le pain des mains. Il boit une
« pauvre fois, deux fois tout au plus et du
« moindre ; il touche à une seule espèce de
« viandes, et les valets ne lui donnent que des
« os à ronger. Tristement oublié dans un coin,
« il devra se contenter de pain sec, tandis
« que les grands et bons plats, servis par les
« queux et les sénéchaux à la table du maître,
« sont mis de côté pour être envoyés aux amies
« chères de ces cuistres que le démon puisse
« emporter ! Voilà, sire Brun, pourquoi j'ai, ce
« matin avant de partir, fait la revue de mes

« provisions de pois et de lard; et pourquoi je
« me suis déjeuné avec six denrées de frais
« rayons de miel. »

A ce mot de miel, Brun, oubliant ce qu'il savoit de la malice de Renart, ne put s'empêcher d'interrompre : « *Nomini patre christum fil*,
« ami! où pouvez-vous donc trouver tant de
« miel? Ne voudriez-vous pas m'y conduire?
« par la corbieu! c'est la chose que j'aime le
« mieux au monde. » Renart étonné de le trouver si facile à enpaumer, lui fait la loupe, et l'autre ne s'apperçoit pas que c'est la courroie qui doit le pendre. « Mon dieu! Brun, » reprit-il, « si j'étois sûr de trouver en vous
« un véritable ami, je vous donnerois, j'en
« atteste mon fils Rovel, autant de ce miel ex-
« cellent que vous en pourriez desirer. Il ne
« faut pas le chercher loin; à l'entrée de ce
« bois que garde le forestier Lanfroi. Mais non :
« si je vous y conduisois uniquement pour vous
« être agréable, j'en aurois mauvais loyer. —
« Eh! que dites-vous là, Renart? vous avez
« donc bien peu de confiance en moi. — Assu-
« rément. — Que craignez-vous? — Une trahi-
« son, une perfidie. — C'est le démon qui vous
« donne de pareilles idées. — Eh bien! donc,
« je vous crois, je n'ai rien contre vous. — Et
« vous avez raison : car l'hommage que j'ai fait
« au roi Noble ne me rendra jamais faux et

« déloyal. — J'en suis persuadé maintenant, et
« j'ai toute confiance dans votre bon naturel. »

Pour repondre au vœu de damp Brun, il sort de Maupertuis et le conduit à l'entrée du bois. Lanfroi le forestier avoit déjà fendu le tronc d'un chêne qui devoit lui fournir les ais d'une grande table; il avoit posé deux coins dans l'ouverture, pour l'empêcher de se refermer. « Voilà, doux ami Brun, » dit Renart, « ce que je vous ai promis. Dans ce tronc est « la réserve du miel : entrez la tête et prenez « à votre aise; nous irons boire ensuite. » Brun, impatient, pose les deux pieds de devant sur le chêne, tandis que Renart monte sur ses épaules et lui fait signe d'allonger le cou et d'avancer le museau. L'autre obéit : Renart de l'une de ses pattes tire à lui fortement les coins et les fait sauter. Les deux parties séparées du tronc se rapprochent et la tête de Brun reste en male étreinte. « Ah! maintenant, » dit Renart riant à pleine gorge, « ouvrez bien « la bouche, sire Brun, et surtout tirez la lan- « gue. Quel bon gout, n'est-ce pas? » (Brun cependant exhaloit des cris aigus.) « Mais « comme vous restez longtems ! oh! je l'avois « bien prévu; vous gardez tout pour vous, sans « m'en faire part. N'êtes-vous pas honteux de « ne rien laisser à votre ami? Si j'étois ma- « lade et si j'avois besoin de douceurs, je vois

« que vous ne me donneriez pas poires molles. »
En ce moment arrive le forestier Lanfroi, et
Renart de jouer des jambes. Le vilain voit
un gros ours engagé dans l'arbre qu'il avoit
fendu, et retournant aussitôt au village :
« Haro ! haro ! à l'ours ! nous l'avons pris. »
Il falloit voir alors accourir les vilains avec
massues, fléaux, haches, bâtons noueux d'é-
pine. Qu'on juge de la peur de Brun ! Il entend derrière lui Hurtevillain, Gondoin Trousse-
Vache, Baudouin Portecivière, Giroint Bar-
bete le fils de sir Nicolas, Picque-anon le
puant qui fait sauver les mouches, et le bon
vuideur d'écuelles Corbaran de la Rue, puis
Tigerin Brisemiche, Tiger de la Place, Gombert Coupe-vilain, Flambert, damp Herlin,
Autran le Roux, Brise-Faucille prévôt du village, Humbert Grospés, Foucher Galope et
bien d'autres.

Aux cris toujours plus rapprochés de cette
fourmillière de vilains, Brun fait ses réflexions.
Mieux lui vaut encore perdre le museau que
livrer sa tête entière : la hâche de Lanfroi ne
l'épargneroit assurément pas. Il tâte et retâte
avec ses pieds, se roidit, sent la peau de son
cou ceder et se détacher, laissant à nud les oreilles et les joues sanglantes. C'est à ces cruelles
conditions que le fils de l'Ourse put rentrer en
possession de sa tête ; on n'eût pu tailler une

bourse dans la peau qu'il en rapportoit, et jamais si hideuse bête ne courut risque d'être rencontrée. Il fuit à travers bois ; la honte d'être vu, la crainte d'être assommé se réunissent pour lui conserver des forces. La meute des vilains le poursuivoit toujours. Maintenant voilà qu'il croise le prêtre de la paroisse, le père de Martin d'Orléans, qui revenoit de tourner son fumier. De la fourche qu'il avoit aux mains, il frappe Brun sur l'échine, et le grand faiseur de peignes et lanternes, frère de la Chievre de Reims, l'atteint d'une longue corne de bœuf et la lui brise sur les reins. Oh ! malheur à Renart si jamais Brun peut le rejoindre ! Mais celui-ci avoit pris soin de se mettre à couvert dans Maupertuis, et quand Brun passa devant ses fenêtres, il ne put se tenir de le gaber encore.

« Comment vous trouvez-vous, beau sire Brun,
« d'avoir voulu manger tout le miel sans moi ?
« Vous voyez à quoi mène enfin la trahison ;
« n'attendez pas de prêtre à votre dernier jour.
« Mais de quel ordre êtes-vous donc, pour
« avoir ce chaperon rouge ? » Brun ne tourna pas même les yeux sur lui ; qu'auroit-il répondu ? Il s'enfuit plus vîte que le pas, croyant toujours avoir à ses trousses Lanfroi, le prêtre, le lanternier et tous les vilains du pays.

Enfin il atteignit les lieux où le roi Noble tenoit sa cour. Il étoit grand temps qu'il arrivât, car il fléchit de lassitude et d'épuisement devant les siéges. Chacun, en le voyant ainsi débarrassé de ses oreilles et de la peau de son chef, fit d'horreur un signe de croix. « Eh! « grand Dieu, frère Brun, » dit le Roi, « qui a « pu t'accommoder ainsi? Pourquoi déposer « ton chaperon à la porte? Mais le reste, où « l'as-tu laissé? — Sire, » dit avec la plus grande peine le pauvre Brun, « c'est Renart « qui m'a mis en cet état. »

Il fit quelques pas, puis tomba comme un corps mort, aux pieds du Roi.

QUARANTE-DEUXIEME AVENTURE.

Comment le roi Noble envoie Tybert le chat semondre Renart, pour la seconde fois; et des souris qui ne passèrent pas la gorge de Tybert.

ON auroit alors pu voir le roi Noble rugir, hérisser sa terrible crinière et se battre les flancs de sa puissante queue, en jurant par le cœur, les plaies, le sang et la mort Dieu. « Brun » dit-il, « l'odieux et méchant roux qui t'a maltraité « n'a plus de composition à attendre; les plus « grands supplices seront encore trop doux pour « lui. J'en ferai telle justice qu'on en parlera

« longtemps par toute la France. Où êtes-vous,
« Tybert le chat? Allez tout de suite trouver
« Renart; dites à ce misérable roux qu'il ait à
« venir sans délai faire droit à ma cour, et
« qu'il ait soin de prendre avec lui non pas un
« sommier chargé d'or et d'argent pour distri-
« buer, non pas de beaux sermons à débiter,
« mais une hart qui serve à le pendre. »

S'il avoit été libre de refuser, personne n'eût
vu Tybert sur les chemins; mais il n'y avoit
pas d'excuse à produire; *il faut* bon gré malgré *que le prêtre aille au senne*[1]. Tybert ayant
donc pris congé, traverse une vallée qui le
conduit au bois, résidence ordinaire de damp
Renart. En découvrant le château de Maupertuis, sa première pensée fut pour Dieu qu'il
réclama dévotement, puis il pria saint Leonard
patron des prisonniers, de le défendre des méchans tours de Renart. Une chose ajoutoit à
son inquiétude : comme il alloit frapper à la
porte, il vit traverser, d'un sapin au frêne le plus
proche, l'oiseau de saint Martin, le corbeau.
« A droite, à droite ! » lui cria-t-il; l'autre
continua son vol à gauche. De ce triste présage Tybert conclut qu'il étoit menacé d'un
grand malheur, et cela lui ôta l'envie d'entrer
chez Renart. Mais qui peut éviter sa destinée?

---

1. Synode ou Concile.

Appelant donc de dehors : « Renart, sire
« compain Renart, êtes-vous là ? Répondez-
« moi. — Oui, » se dit à lui-même Renart, « et
« pour ta male aventure. » Puis élevant la
voix : « *Welcome*, Tybert, sois le bien venu,
« comme si tu arrivois en pelerin, de Rome ou
« de Saint-Jacques, un jour de Pentecoste. —
« Ne m'en veuillez pas, compain, et ne jugez pas
« de mes sentimens, d'après ce que j'ai mis-
« sion de vous dire. Je viens de la part du Roi
« qui vous hait et vous menace. Chacun à la
« Cour se plaint de vous, Brun et Ysengrin avant
« tous. Vous n'avez auprès de Noble qu'un
« seul défenseur, c'est votre cousin Grimbert.
« — Tybert, » répond Renart, « les menaces
« ne tuent pas : qu'ils aiguisent leurs dents
« sur moi, je n'en vivrai pas un jour de moins.
« Je prétends bien aller à votre cour; j'y verrai
« qui voudra lever clameur contre moi. — Vous
« ferez que sage, beau sire, et je vous le con-
« seille en ami. Mais j'ai fait grande hâte et je
« m'apperçois que je meurs de faim; j'en ai
« l'échine brisée; n'auriez-vous pas à me don-
« ner quelque chapon ou geline ? — Ah! vous
« demandez plus que je ne pourrois vous offrir,
« compain Tybert, et vous voulez m'éprouver
« sans doute. Tout ce que je pourrois vous
« trouver, ce seroit des rats, des souris, mais
« des souris bien grasses, par exemple. Vous

« n'en voudriez pas. — Comment! des souris?
« j'en prendrois avec le plus grand plaisir. —
« Oh! non, c'est un trop petit manger pour
« vous! — Je puis vous assurer, Renart, que si
« j'écoutois mon goût, je ne vivrois pas d'autre
« chose. — En ce cas, je puis vous en donner
« plus que vous n'en mangerez assurément. Je
« vous joins, et vous n'aurez plus qu'à me
« suivre. »

Le besoin avoit sans doute fait perdre, ce jour-là, la mémoire à Tybert; il ne soupçonnoit plus de trahison et suivit docilement Renart jusqu'aux portes d'un village voisin dont toutes les gelines étoient depuis longtemps passées dans la cuisine d'Hermeline. « Maintenant, » dit-il à Tybert, « coulons-nous entre
« ces deux maisons; nous arriverons chez le
« prêtre, son grenier que je connois est fourni
« de froment et d'avoine, les souris y trouvent
« table ouverte. La dernière fois que j'y fis
« une reconnoissance, j'en pris une grande
« quantité, dont je mangeai sur place la moitié,
« je mis les autres en conserve. Et tenez, voici
« le trou qui donne entrée, passez et régalez-
« vous. »

Tout cela étoit de l'invention de Renart. Le prêtre n'avoit ni froment ni avoine : bien au contraire, chacun, dans le village, se plaignoit de sa mauvaise femme qui l'avoit rendu père

de Martin d'Orléans. Elle avoit entièrement
ruiné le pauvre homme ; de tout son bêtail il
ne restoit qu'un coq et deux gelines, dont
Renart se gardoit bien d'approcher, car le
beau Martin qui avoit déjà couronne de moine
(plus tard il devoit avoir la corde), avoit mis
dans le trou deux lacets à prendre Renarts.
Digne fils de prêtre, qui met son étude à
guetter chats et goupils !

« Allons donc guetter ! » dit Renart, le voyant
hésiter un peu, « avance : Mère Dieu, que tu
« es devenu lourd ; va, je t'attendrai ici. » Tybert excité par ces paroles s'élance, mais aussitôt reconnoit sa folie : car il se sent pris à
la gorge et serré par un vigoureux lacet. Plus
il tire et plus il étrangle. Comme il faisoit pour
échapper de vains efforts, Martinet accourt.
« Debout ! debout ! » crie-t-il aussitôt ; « sus,
« beau père ! ma mère, au secours ! De la lu-
« mière ; accourez au pertuis ; le goupil est
« pris. »

La mère de Martinet, première levée, se
hâte d'allumer une chandelle, et de l'autre main
prend sa quenouille. Le prêtre suit, sans avoir
pris le temps de passer une robe, si bien que le
malheureux Tybert eut livraison de plus de
cent coups. C'est à qui le frappera, du prêtre,
de la prêtresse ou de leur fils. Enfin, perdant
toute patience, Tybert voyant le prouvère tout

près de lui, se jette avec rage, de la griffe et des dents, sur une de ses joues qu'il mord au point d'emporter le morceau. Le prêtre pousse un cri de détresse, la femme veut le venger, le chat s'élance sur elle et la traite presque aussi mal. Aux cris aigus qu'elle pousse, Martinet revient près de ses chers parens, mais Tybert, à force de travailler, parvient à ronger le lacet et se sauve roué, meurtri, mais vengé de ses boureaux. Que ne peut-il aussi tirer vengeance de Renart ! Mais dès que le traître avoit vu Tybert dans le piège et Martinet criant haro, il avoit repris le chemin de son logis. « Ah ! Renart, » disoit Tybert, « que jamais « Dieu ne te prenne à merci ! Pour moi j'ai « mérité tous les coups que je viens de rece- « voir. Comment ai-je pu me laisser encore « tromper par ce puant roux ? Au moins, toi, « méchant prêtre, tu te souviendras de moi. « Puisse Dieu te donner mauvais gîte, peu de « pain, et la compagnie des diables à la fin ! « la trace de mes griffes restera sur ton vilain « visage, et quant à ton digne fils, je lui sou- « haite de n'avoir jamais denier en bourse et « de quitter son abbaye comme relaps, pour « être conduit aux fourches comme larron. »

QUARANTE-TROISIEME AVENTURE.

Comment Grimbert porta la troisième semonce à damp Renart, et comment Renart après s'être confessé fut absous de ses péchés.

C'EST en prononçant telles malédictions que Tybert regagna la vallée où résidoit la cour du Roi. En arrivant, il s'agenouille aux pieds de Noble et lui rend compte des circonstances et du mauvais succès de son voyage. « En vérité, » dit le Roi, « il y a dans l'audace et l'impunité « de Renart quelque chose de surnaturel. Per-« sonne ne pourra-t-il me délivrer de cet « odieux nain? Je commence à douter de vous, « Grimbert. N'êtes-vous pas d'accord avec lui, « et ne lui donneriez-vous pas avis de tout « ce qui se passe ici? — Sire, je n'ai jamais « donné le droit de mettre en soupçon ma « loyauté. — Eh bien! s'il est ainsi, ren-« dez-vous à Maupertuis, et ne revenez pas « sans votre cousin Renart. — Sire, » dit alors Grimbert, « telle est la fâcheuse position de « mon parent, qu'il ne viendra pas si je ne suis « muni de vos lettres. Mais à la simple vue de « votre scel, je le connois, il se mettra en

« chemin. — Grimbert a raison, » dit le Roi ; et sur-le-champ il dicta la lettre que Baucent le sanglier écrivit et que Brichemer revêtit du sceau royal. Grimbert reçut à genoux et des mains du Roi la lettre scellée ; puis il prit congé de la Cour et partit.

A l'extrémité d'un essart ou terre labourée, il s'engagea dans un sentier étroit qui appartenoit aux dépendances du château de Maupertuis : un guichet ouvert conduisoit aux premières palissades. Renart entendant corner s'imagina qu'on venoit l'assaillir, et courut du côté d'où partoit le bruit. Il reconnut aisément Grimbert, comme il venoit de franchir le pont-levis et qu'il s'engageoit dans un défilé qui aboutissoit à la secrète entrée du manoir. « Est-ce toi, cher Grimbert? » lui dit Renart en lui jetant les deux bras au cou. « Çà, viens
« dans mes salles, et qu'on lui apporte deux
« oreillers ; je veux qu'on fasse à mon cousin
« tout l'honneur possible. »

Grimbert agit en personne sage : il n'exposa le sujet de sa visite qu'après avoir bien dîné. Dès que les nappes furent levées : « Écoutez-
« moi, sire Renart; vos malices ont poussé
« tout le monde à bout, et le Roy m'a chargé
« de vous porter la troisième semonce. Vous
« viendrez donc faire droit dans sa cour des
« Pairs. En vérité, je ne devine pas ce que

« vous opposerez à Brun, à Tybert, à Ysen-
« grin. Je ne veux pas vous flatter d'espé-
« rances vaines : vous serez condamné à la
« peine capitale. Tenez, rompez le scel de
« ces lettres royaux, et vous jugerez par vous-
« même de la gravité de la situation. »

Renart brisa la cire avec une certaine émotion; la lettre étoit ainsi conçue :

« Messire Noble, le Lion, souverain maître
« de toutes les régions et de toutes les bêtes du
« monde, mande à Renart honte et dernier
« supplice, s'il ne vient demain répondre à la
« clameur élevée contre lui dans ma cour. Il se
« munira, non pas d'une charge d'or ou d'ar-
« gent, non pas d'un beau sermon, mais de la
« hart qui pourra servir à le pendre.[1] »

A la lecture de ces lettres, Renart changea de couleur et perdit contenance. « Ah! Grim-
« bert, » dit-il, « maudite l'heure de ma nais-
« sance ! Conseillez-moi, je vous prie ; empê-
« chez que demain je ne sois pendu ! J'aurois
« dû, quand il en étoit temps, entrer en religion,
« à Clairvaux ou à Clugny ; mais les moines
« eux-mêmes ne sont guères faciles à vivre,
« et je n'aurois pas longtemps échappé au

---

1. Il arrivoit souvent de faire grâce aux captifs et à ceux qui étoient condamnés au dernier supplice, quand ils se présentoient nuds pieds, la corde au col ou la harf aux mains.

« mauvais vouloir des blancs manteaux. Ils au-
« roient été les premiers à me livrer. — Lais-
« sez là ces regrets, » dit le sage Grimbert, « et
« n'oubliez pas que demain vous courez grande
« aventure de mort. Personne ne viendra
« m'aider à vous défendre; mettez donc à
« profit le temps qui vous reste. Confessez-
« vous, me voici pour vous entendre, à défaut
« de prêtre. — Hélas! » fit Renart, « je re-
« connois que le conseil est bon à suivre; car
« enfin si je ne meurs pas, la confession ne me
« fera pas de mal, et si l'on me pend, elle
« m'ouvrira les portes du Paradis. Allons!
« écoutez, cousin, je commence :

« Seigneur, j'ai souhaité la femme de mon
« prochain. Hersent n'a pas dit vrai; elle
« me fut toujours excellente amie, et je n'eus
« jamais à me plaindre de ses cruautés. Mais
« si j'ai fait trop de mal à mon compère Ysen-
« grin pour être mis hors de cour, au moins
« que Dieu le me pardonne! J'en bats ma
« coulpe; c'est ma très-grande faute. J'ai fait
« prendre Ysengrin trois fois : la première,
« quand un piége à loup l'arrêta dans la vi-
« gne; la seconde, quand sa pelisse fut déchirée
« par un collet tendu; la troisième, quand il
« se gorgea tellement de bacons chez un prud-
« homme, qu'il ne put sortir du pertuis qui
« lui avoit d'abord livré passage. Je l'ai fait

« demeurer sur un vivier jusqu'à ce qu'il eut la
« queue prise entre les glaçons. — Je l'ai fait
« pêcher tout une belle nuit dans la fontaine,
« pour y prendre, avec les dents, la lune qu'il
« croyoit être un fromage blanc. — Je le fis
« battre par les marchands de poisson. — Je le
« couronnai d'une belle tonsure à l'eau bouil-
« lante, il devint moine et chanoine, mais en
« lui voyant manger les ouailles, ceux qui
« l'avoient fait berger se vengèrent de ne l'a-
« voir pas fait assommer. — Et quand Ysen-
« grin eut, un jour, entrepris le siége de Mau-
« pertuis, avec l'aide de Brun l'Ours et nombre
« de bœufs et de sangliers, j'avois, de mon
« côté, pris à ma solde et retenu Rooniaus
« le mâtin qui m'avoit amené plus de six
« mille de ses amis. Ils furent souvent battus
« et navrés pour moi : le siége levé, ils me de-
« mandèrent leurs soudées ; je m'accuse de
« leur avoir fait la loupe et de leur avoir
« manqué de parole. Je ne puis rappeler tous
« les autres tours que j'ai joués, mais il n'y a
« pas à la cour du Roi une seule bête qui n'ait
« à se plaindre de moi. Je ne parle pas des
« poules et des chapons du vilain, des frères
« et sœurs de la jeune Pinte, de Brun et du
« miel que je lui ai brassé ; de Tybert et des
« souris que je lui ai servies ; de tout cela
« et de bien d'autres méfaits je bats ma

« coulpe et je veux faire pénitence, si Dieu ne
« me laisse pas le temps de l'accomplir.

« — Damp Renart, » dit Grimbert, « vous
« vous êtes bien confessé ; il faut maintenant
« promettre de ne plus retomber dans les
« mêmes fautes. — Ah ! je le promets ; ce
« n'est pas aujourd'hui le moment de rien dire
« ou faire qui soit déplaisant à Dieu. » Il se
mit à genoux, et moitié latin moitié roman,
Grimbert lui donna l'absolution générale.

QUARANTE-QUATRIEME AVENTURE.

*De la chevauchée de damp Renart et de Grimbert,
et comme ils arrivèrent à la cour du Roi.*

Le lendemain, au point du jour, Renart embrassa sa femme et ses enfans qui demenoient grand deuil.
« Enfans de haut parage, » dit-il,
« je ne sais ce qu'il adviendra de moi ; songez
« à tenir mes châteaux en bon état. Tant que
« vous les garderez, vous n'avez rien à redou-
« ter de roi, de conte, de prince ou de châte-
« lain. Ils resteront six mois devant les bar-
« bacanes, sans être plus avancés que le premier
« jour. Vous avez des provisions pour plusieurs

« années; je vous recommande à Dieu, et priez-
« le de me laisser revenir bientôt. »

Et quand ils furent dehors, il fit encore l'oraison suivante : « Beau sire Dieu, je mets
« sous ta garde mon savoir et mon esprit.
« Fais que je les aie bien présens, quand je
« serai devant Noble, quand Ysengrin levera
« clameur contre moi. Fais que je le confonde,
« soit en niant, soit en plaidant, soit en com-
« battant. Surtout donne-moi le temps né-
« cessaire pour soulager mon cœur du poids
« de vengeance qui le brule, contre tous ceux
« qui me guerroient. » Alors il se prosterna,
dit trois *mea culpa*, et fit un signe de croix
pour se prémunir contre les diables et contre
le roi Lion.

Les deux barons s'en vont à la Cour. Ils
passent une rivière, suivent un defilé, gravissent une montagne, puis entrent en plaine.
Renart est tellement accablé de douleur qu'il
perd le vrai chemin et qu'ils se trouvent tous
deux, quand ils s'y attendoient le moins, devant une Grange aux Nonnes. La maison étoit
abondamment garnie de tous les biens de la
terre. « Nous ferions bien, » dit Renart, « d'a-
« vancer le long de ces haies, vers cette cour
« où s'ébattent tant de poules. Là doit être le
« chemin que nous avons perdu. — Ah! Re-
« nart! » fait Grimbert, « Dieu sait pourquoi

« vous parlez ainsi. Vous êtes vraiment pire
« qu'un hérétique. Ne vous êtes-vous pas con-
« fessé de vos anciens méfaits ; n'en avez-vous
« pas battu votre coulpe?—Je l'avois oublié, »
répond Renart, « éloignons-nous donc, puis-
« que vous le voulez. — Hélas! que tu recules
« ou avances, tu mourras sans devenir meil-
« leur; tu resteras parjure et foi-mentie! Con-
« çoit-on un pareil aveuglement! Tu cours
« aventure de mort, et tu le sais; tu as eu le
« bonheur de faire ta dernière confession, et
« tu songes à recommencer ta méchante vie!
« Maudite l'heure où ta mère te laissa tomber
« sur terre ! — Oui, mon beau cousin, vous
« avez raison; cheminons et ne querellons
« pas. » La crainte de son cousin le retenoit;
pourtant, de temps en temps, il tournoit la
tête du côté de la Grange aux Nonnes, et s'il
avoit été le maître, il n'eût pas manqué de
fondre sur la volatille, au risque d'aventurer
les mérites de sa confession.

D'ailleurs il avançoit à contre cœur. Plus il
approchoit et plus il trembloit d'inquiétude.
Mais voilà que la dernière montagne est fran-
chie, la vallée se découvre où siége la Cour,
et déjà la séance étoit ouverte, quand ils mirent
pied à terre et demandèrent à être introduits.

QUARANTE-CINQUIEME AVENTURE.

Comment damp Renard, messire Noble le roy et Grimbert firent de beaux discours qui ne persuadèrent personne, et comment messire Noble donna connoissance à damp Renart de l'acte d'accusation.

L'ARRIVÉE de damp Renart et de Grimbert causèrent un grand mouvement dans l'assemblée des barons. Il n'y eut bête qui ne témoignât la plus vive impatience de soutenir l'accusation. Ysengrin le connétable aiguise même déjà ses dents, dans l'espoir que le champ lui sera donné : Tybert et Brun brûlent de venger, le premier sa queue perdue, le second le chapeau rouge qu'il a rapporté. Chantecler se dresse sur ses ergots, près de Rooniaus qui gronde et aboie d'impatience. Mais au milieu de toutes ces démonstrations de hayne et de fureur, Renart, redevenu lui-même, affecte une apparente tranquillité ; il s'avance d'un air serein jusqu'au milieu de la salle, et après avoir promené lentement ses regards fiers et dédaigneux à droite, à gauche et devant lui, il demande à être entendu et prononce le discours suivant :

« Sire Roi, je vous salue, comme celui qui

« vous a rendu meilleur service, à lui seul, que
« tous vos autres barons réunis. On m'a diffamé
« auprès de vous; mon malheur a voulu que
« je n'aie jamais joui tout un jour de votre
« bienveillance. On me dit que, grace aux
« flatteurs qui vous entourent, vous voulez me
« faire condamner à mort. Peut-on s'en éton-
« ner, quand le Roi se complaît dans le rap-
« port de gens sans honneur, quand il répudie
« le conseil de ses barons le mieux éprouvés?
« Dès que l'on abaisse les têtes pour exalter les
« pieds, l'Etat doit se trouver en mauvais point;
« car ceux que Nature a fait serfs ont beau mon-
« ter en puissance, en richesse, ils ont toujours
« le cœur servile, et leur élévation ne leur sert
« qu'à faire aux Nobles de cœur et de naissance
« tout le mal possible. Jamais chien affamé ne
« se contentera de lécher son voisin. Les serfs
« ne sont-ils pas le fléau des pauvres gens? ils
« conseillent le changement des monnoies pour
« enfler leur bourse, ils rongent les autres et
« profitent seuls de toutes les iniquités qu'ils
« ont provoquées. Mais je voudrois bien sa-
« voir ce que Brun et Tybert viennent recla-
« mer de moi. Assurément ils peuvent, avec
« l'appui du Roi, me faire beaucoup de mal,
« qu'ils aient tort ou raison; mais enfin, si
« Brun fut surpris par le vilain Lanfroi,
« comme il mangeoit son miel, qui pouvoit

« l'empêcher de se deffendre ? N'a-t-il pas des
« mains assez larges, des pieds assez grands,
« des dents assez fortes, des reins assez agiles ?
« Et si le digne Tybert fut pris et mutilé pen-
« dant qu'il mordoit rats et souris, en quoi
« cela peut-il m'atteindre ? Etois-je maire ou
« prévôt, pour lui faire obtenir réparation ? Et
« comment viendroit-on me demander ce qu'il
« ne seroit pas en mon pouvoir de rendre ?
« Pour ce qui regarde Ysengrin, en vérité je
« ne sais que dire. S'il prétend que j'aime sa
« femme, il a parfaitement raison ; mais que
« cela désole le jaloux, je n'en puis mais.
« Parle-t-on de murailles franchies, de portes
« rompues, de serrures forcées, de ponts bri-
« sés ? Je ne le suppose pas : quelle est donc
« l'occasion de la clameur levée ? Mon amie,
« la noble dame Hersent ne me reproche rien ;
« de quoi se plaint donc Ysengrin ? comment sa
« mauvaise humeur pourroit-elle entrainer ma
« perte ? Non, sire Dieu m'en préservera. Votre
« royauté sans doute est très-haute, mais je puis
« le dire en toute assurance ; je n'ai si long-
« temps vécu que pour faire, envers et contre
« tous, acte de dévouement et de fidélité à votre
« endroit. J'en prends à témoin le Dieu qui ne
« ment pas, et saint Georges patron des preux
« chevaliers. Maintenant que l'âge a brisé mes
« forces, que ma voix est felée et que j'ai même

« assez de peine à rassembler mes idées, il est
« peu généreux de m'appeler en cour et d'a-
« buser de ma foiblesse; mais le Roi com-
« mande, et j'obéis. Me voici devant son
« faudesteuil; il peut me mettre en chartre, me
« condamner au feu, à la hart; toutefois, à
« l'égard d'un viellard, la vengeance seroit
« peu généreuse, et si l'on pendoit une bête
« telle que moi sans l'entendre, je crois qu'on
« en parleroit longtemps. »

A peine Renart avoit-il fini que le roi Noble prenant la parole à son tour: « Renart, Re-
« nart, tu sais parler et te défendre; mais l'ar-
« tifice n'est plus de saison. Maudite l'ame de
« ton père et de la mauvaise femme qui te porta
« sans avorter! Quand tu aurois toutes les
« ruses de la fauve ânesse dont parle le Livre,
« tu n'éviterois pas la punition de tes nom-
« breux méfaits. Laisse donc là ton appa-
« rente sécurité; c'est de la renardie. Tu
« seras jugé puisque tu le demandes; mes barons
« ici rassemblés décideront comment on doit
« traiter un felon, un meurtrier, un voleur tel
« que toi. Voyons, quelqu'un veut-il dire ici
« que ces noms ne te conviennent pas? Qu'il
« parle, nous l'écouterons. »

Grimbert se leva. « Sire, » dit-il, « vous
« voyez que nous avons répondu à votre se-
« monce; nous sommes venus nous incliner

« devant votre justice : est-ce à dire pour cela
« qu'il convienne de nous traiter outrageuse-
« ment, même avant d'entendre la cause ? Voici
« damp Renart qui se présente pour faire droit
« et satisfaire à ce qu'on lui va demander : si
« quelque clameur s'élève contre lui, vous de-
« vez, sire, laisser à la defense liberté entière
« et tous les moyens de repousser publique-
« ment une accusation publique. »

Grimbert n'avoit pas encore cessé de parler quand se levèrent tous ensemble Ysengrin le loup, Rooniaus le mâtin, Tybert le chat, Tiecelin le corbeau, Chantecler le coq, Pinte la geline, Drouin le moineau et damp Couart le lièvre ; sans parler de Brun l'ours, de Frobert le grillon, de la Corneille et de la Mésange. Le Roi ordonne à tous de se rasseoir : puis lui-même expose les diverses clameurs levées contre Renart, et soumises au jugement de la cour assemblée.

INCIDENCE. (*Ici l'auteur original donne en entier ce qu'on appelleroit aujourd'hui l'acte d'accusation : il reprend, l'une après l'autre, les aventures que le premier livre a déjà fait connoître et qui sont le fondement du procès de Renart. Nous n'avons pas à le suivre dans ces répétitions ; nous tiendrons seulement compte de quelques aventures rappelées par*

Noble et dont nous n'avons pu retrouver la place. Comme elles figurent parmi les charges de l'accusation, nous sommes obligés d'en donner connoissance ; autrement, l'histoire de Renart seroit incomplète.

Le chien Morhou qui, dans une des prochaines aventures, se chargera de la vengeance du bon Drouineau, pourroit bien avoir été le frère de Rooniaus le mâtin qui, dans l'affaire du serment (sans doute en souvenir des mauvaises soudées mentionnées plus haut dans la confession de Renart), s'étoit rendu l'instrument d'une fraude pieuse des plus hardies. Un des anciens historiens de Renart met également sur le compte de Rooniaus le mâtin plusieurs des fâcheuses rencontres dont la voix publique vouloit qu'Ysengrin eût été victime. Tout n'est peut-être pas controuvé dans cette attribution isolée ; car le chien n'a jamais été de pair-à-compagnon avec damp Renart. On ne s'étonnera donc pas de le voir se prêter de bonne grace aux projets de vengeance d'Ysengrin et de Drouineau. — Quand nous aurons exposé ces nouvelles aventures, nous reprendrons la suite du procès.)

QUARANTE-SIXIEME AVENTURE.

Comment un preux chevalier vit plusieurs fois damp Renart, et fut marri de ne pouvoir l'atteindre.

IL y eut jadis un preux et louable chevalier qui avoit fait bâtir un beau château dans la plus belle situation du monde. L'édifice s'élevoit sur une roche aigue ; le long des murs d'enceinte couroit une eau vive et profonde enfermée dans un large lit sur lequel un pont tournant étoit jeté. La rivière passoit au-dessous du tertre et fournissoit l'hôtel du Chevalier de toutes les choses qu'on achète ; puis elle alloit à quelque distance se perdre dans la mer. Une longue prairie charmoit la vue, et sur les côteaux opposés s'étendoient les vignes qui fournissoient le meilleur vin de France. Pour les bois dépendans du domaine, ils formoient un gazon de plus de cent arpens, abondamment peuplé de gibier et de sauvagine.

Un jour, le Chevalier monta son bon cheval courant, et dit qu'il vouloit aller en bois pour chercher venaison. Aussitôt, écuyers et sergens d'accoupler les chiens, et le Veneur de marcher en avant sur un grand chasseur gris [1]. Ils ne tardèrent pas à lever un goupil, et le Veneur appellant les chiens : *Or çà ! or çà ! par ici le Goupil !* Les chiens suivent et les chasseurs. Mais Renart a pris de l'avance ; il quitte le bois, saute sur le pont tournant et gagne la porte du château. Quand le Chevalier le voit entrer : « Il est à nous, » dit-il, « il s'est rendu « lui-même. » Et s'élançant à toute bride, il arrive au château le premier, descend de l'étrier que tient un sénéchal, et bientôt tous les autres rentrent et descendent dans la cour après lui.

Ils cherchent partout le goupil, ils fouillent les étables, les chambres, les cuisines, ils retournent tout et ne le découvrent pas. Ils reviennent dans les grandes salles, regardent sous les tables ; ils montent aux secondes chambres (*l'étage supérieur*), descendent dans les celliers, visitent tous les coins et recoins, regardent sous les bancs et jusques dans une vielle ruche dont on avoit enlevé le miel ; ils n'y trouvent pas le goupil. « Mon Dieu ! » font-ils, « qu'est-il devenu ? comment personne ne l'a- « t-il pu découvrir ? il faut donc qu'il soit « rentré sous terre ! — Tout ce que je sais, » dit le Chevalier, « c'est que je l'ai vu passer la

---

[1]. Cheval.

« porte, et qu'assurément il n'est pas sorti
« depuis que le pont est relevé. Mais enfin
« puisqu'on ne peut le découvrir, cessons de
« lui donner la chasse, il se montrera quand
« on ne songera plus à lui. — Pour nous, »
disent les autres, « nous le chercherons jus-
« qu'à la nuit, nous aurions trop de honte s'il
« nous échappoit. — Comme il vous plaira, »
dit le Chevalier, « pour moi je ne serai pas
« des vôtres. »

Il s'éloigne, et les autres se reprennent à chercher, en jurant qu'ils ne cesseront qu'à la nuit
tombante. Ils renversoient encore les bancs,
ils retournoient encore les lits, quand sonna le
couvrefeu qui les avertit de s'arrêter. Revenus
auprès du Chevalier : « Ah ! messire ! Renart
« est plus habile et plus fin que nous. — Com-
« ment ! ne l'avez-vous pas ? cela tiendroit de
« l'enchantement ; c'est un présage, un avertis-
« sement que Dieu nous envoie. Après tout, il
« n'est pas aisé de gagner au jeu de Renart :
« mes chapons et ceux qui les gardent en
« savent quelque chose. Je croyois bien pour-
« tant l'avoir ; il faut que Dieu ou le démon
« nous l'ait enlevé. Nous le chasserons une
« autre fois ; mais que je meure si je ne le fais
« arriver à male fin : je le promets à saint De-
« nis en France auquel je suis voué ; je veux
« que ma pelisse soit plus chaude cet hyver,

« grace à la sienne que j'y réunirai. Allons!
« allumez les cierges, asseyons-nous au manger;
« nous n'avons déjà que trop tardé pour un
« goupil. De l'eau! et lavons! »

Ils s'asseyent au soupper. D'abord le Chevalier et, près de lui, la dame épousée, belle, gracieuse et riante comme le doux nom de Florie qui étoit le sien; la mesgnie occupe les autres places. Arrivent les grands mets : des lardés ou filets de cerf et de sanglier, de bons vins d'Anjou, de Poitou, de la Rochelle. On tient de plaisans propos, on rit surtout de Renart qui les a tous si bien joués. Renart en personne n'étoit pas loin : alléché par le fumet des viandes, il se glisse sous la table et de là entend comme on parle de lui. Sur le dressoir, à quelques pas, se trouvoient deux belles perdrix lardées; Renart prend son temps, fond sur elles, emporte la plus grasse. On le reconnoît, on s'écrie : « Ah! le voilà! nous l'avons; cette
« fois il n'échappera pas. » Tous se lèvent aussitôt, mais ils ont beau courir, chercher, fermer les portes, Renart les a devancés; il avoit à toutes jambes gagné dans la cour un trou de sa connoissance, par où s'écouloit l'eau des grandes pluies, et tandis qu'on le traque à flambeaux, à chandelles, par les salles, les soliers, les caves, les cuisines et les écuries, il est tranquille dans un réduit éloigné, découpant à belles dents

la perdrix et s'en caressant agréablement les barbes.

« Ah! méchant Renart, » disoit cependant le Chevalier, « tu as pris assurément leçon à « l'école du diable ; mais que je ne sois jamais « assis au soupper si tu ne me le paies enfin « comme je l'entendrai. Otez les tables, j'ai « perdu toute envie de revenir au manger. »

Les tables ôtées, Madame Florie vient embrasser son baron : « Croyez-moi, » lui dit-elle, « allez reposer, il en est temps ; minuit « vont sonner ; vous devez être fatigué d'avoir « tant chassé le goupil en bois et en maison.— « Le goupil? ne pensez pas que je m'en soucie ; « mais allons dormir, puisque vous le souhait- « tez. » Ils entrent aux chambres où le lit étoit dressé. Tout y étoit ouvré à l'ambre ; l'imagier avoit figuré d'un excellent trait tous les oiseaux du monde, sans oublier *la Procession Renart*. Rien d'agréable comme ce travail, dans toutes ses parties. Le Chevalier, quand on l'eût déchaussé, se mit au lit où la dame ne tarda guères à venir le rejoindre, laissant sur une table deux cierges ardens pour combattre l'obscurité de la nuit. Tous dans le château reposèrent jusqu'au lendemain que les sergens et les écuyers se levèrent au grand jour. Le Veneur entra le premier dans la chambre au Chevalier qu'il trouva sur pied, déjà chaussé et prêt à se rendre dans la grande salle où chacun pour lui faire honneur se leva dès qu'il parut. « Beau « sire, » lui dirent-ils, « ayez aujourd'hui bon « jour ! — Allons ! qu'on selle tout de suite « mon chasseur ; je veux courre le goupil. »

Le varlet auquel s'adressoit le Chevalier court enseller le cheval ; il l'amène devant le degré, pendant que le Veneur dispose les chiens. Tous montent, passent la porte et le pont ; ils étoient encore dans le courtil quand ils apperçurent Renart couché tranquillement sous un pommier. Les chiens sont déliés, on corne au goupil, pendant que celui-ci, fâché du contre-temps, joue des pieds et atteint la forêt. Les levriers suivent et font avec lui mille détours ; il revient sur ses pas, sort du bois et franchit une seconde fois le pont et la porte du château. Les levriers dépistés s'arrêtent, la chasse est terminée. « Il faut avouer, par Dieu, » dit le Chevalier « que Renart doit bien se railler de « nous qui le laissons échapper ainsi. Cherchons-« le pourtant encore dans le château. »

On revient, on remue toutes les huches, on ouvre tous les coffres, on regarde sous toutes les tables, dans tous les draps, sur tous les lits ; jamais autant de mouvement et de presse à Senlis, un jour de foire, quand on mène un larron pendre. Tout cela pour rien. « Il faut « bien en prendre son parti, » dit le Chevalier ;

« par saint Jacques, je n'entends pas jeuner au-
« jourd'hui comme je fis hier. Çà, mettez les
« nappes et asseyons-nous au manger ! »

QUARANTE-SEPTIEME AVENTURE.

*De la visite annoncée au Chevalier, et de
la chasse au cerf et au porc sanglier.*

Les voilà donc assis au manger du matin. A peine commençoient-ils à toucher aux mets qu'ils voient de la fenêtre arriver au château deux écuyers bien équippés portant chacun un grand quartier de biche ou de sanglier. Ils mettent pied à terre devant le degré, montent dans la salle et saluant le Chevalier : « Sire, Dieu vous
« bénisse et votre compagnie ! — Dieu vous
« sauve ! » répond le courtois seigneur, « et
« soyez ici les biens venus ! Mais d'abord lavez,
« et prenez place à la table. — Avant tout,
« sire, nous dirons l'occasion de notre venue.
« Votre cher père vous salue et vos deux frè-
« res : tous trois doivent arriver ici demain.
« — Soyez donc une seconde fois bien venus, »
dit le Chevalier en levant le siége pour les
embrasser. Entrent alors deux beaux jeunes
varlets, le premier portant une serviette, l'autre

un bassin de pur argent. Le bassin, rempli d'une eau claire et limpide, est présenté aux deux écuyers qui après avoir lavé disent à demi-voix aux varlets : « Frères, allez prendre les denrées « que nous avons laissées au bas du degré, et « n'oubliez pas nos chevaux. » Les varlets s'éloignent : l'un se charge de déposer les quartiers de biche et de sanglier dans le garde-manger, l'autre conduit les chevaux à l'écurie, les fournit de foin et d'avoine, leur prépare une bonne litière et revient dans la salle où les écuyers avoient pris place auprès de Madame Florie. Les nappes repliées et les tables levées, on se dispose à retourner au bois, afin d'y chercher la venaison nécessaire pour bien recevoir ceux qu'on attend le lendemain. Le chasseur est amené, les levriers sont accouplés, et tous entrent dans la forêt.

Ils n'y furent pas longtemps sans lever un grand cerf de quatre cors, lequel ne jugea pas à propos de les attendre. Les chiens lâchés se mettent à sa poursuite avec ardeur. Le cerf les auroit pourtant lassés, sans un archer qui de loin lui decocha une flêche, l'atteignit au flanc, et le fit tomber sanglant et sans force. Les levriers accourent et le déchirent ; le cerf demeure au pouvoir des veneurs. On relie alors les chiens, et l'on confie cette belle proie aux soins de deux écuyers qui le mettent en état et le font conduire au château.

Ce n'étoit que le début de la chasse. Le Chevalier bat d'un long bâton recourbé les bruyères et les buissons; le Veneur donne du cor, et le son retentit jusqu'aux extremités de la forêt. Réveillé par le bruit, un énorme sanglier sort d'un taillis et se met à courir au plus vîte. Un grand et fort levrier s'élance après lui, gagne sur les autres l'avance d'une portée d'arc, l'atteint, et pour le dompter essaie de le mordre à l'oreille. Le sanglier furieux tourne la dent, ouvre le flanc du levrier et le porte au pied d'un chêne sur lequel il le jete, en faisant jaillir entrailles et cervelle à la fois. Les autres chiens l'entourent avec un redoublement de rage : il leur échappe; les buissons croisés, les rameaux entrelacés, les branches épaisses le dérobent longtemps à leur vengeance. Enfin, se voyant poussé à bout, il prend le parti de sortir du bois et de fuir du côté de la rivière. Il atteint à la falaise et tombe à plat ventre dans l'eau; il s'y croyoit à l'abri, quand un levrier saute après lui, jette les dents à son cou, pendant que la meute entière accourt pour porter aide à leur camarade; mais il étoit déjà trop tard : le porc l'avoit retourné et noyé sous le poids de son corps. Ce double exemple n'arrêta pas les autres; ils nagent autour de lui, s'acharnent après sa croupe et ses flancs, jusqu'au moment où les chasseurs arrivent. Le porc alors rassemble ses forces, passe à l'autre rive et fuit à travers champs; les chiens, les chasseurs le rejoignent et le dépassent : il est forcé de s'arrêter. Un lévrier plus ardent que les autres est atteint de sa terrible dent, et jeté dans l'air il retombe sans vie, pendant que la bête, gravement blessée, parvient encore à mettre un espace entre les chiens et elle. Mais toute issue lui est interdite; le sanglier revient à l'eau, la meute entière l'y joint encore, mais reste à quelque distance, et c'est avec cette furieuse escorte qu'il rentre une seconde fois dans la forêt. Un quatrième lévrier, qui l'avoit osé prendre à la gorge, est encore saisi, lancé contre un hêtre, la tête brisée, le ventre ouvert. Alors le Chevalier prend l'avance d'une portée d'arbalête. Ferme dans l'étrier, l'épieu au poing, il attend le sanglier que les blessures et la rage aveugloient, et qui vient se jeter à corps perdu sur lui. Le bois de l'epieu se brise, mais le fer reste dans le corps et pénètre comme un razoir du bas de l'épaule aux intestins. Aussitôt le monstre chancèle et cesse de se défendre en cessant de vivre. Le Chevalier met pied à terre, et tous les chasseurs arrivés autour de lui rendent grâces à Dieu de la victoire.

C'est maintenant au Veneur à faire son devoir. Il prend un long couteau dont la poignée étoit d'argent, ouvre le sanglier, fait sa toilette, donne les intestins et le poumon aux levriers d'abord, puis au reste de la meute ; sans oublier un seul chien, tous ayant bien fait leur devoir. La curée dévorée, le Chevalier monte et après lui tous les autres. On trousse le sanglier sur un fort roncin, la troupe fait bonne escorte jusqu'au château dont le pont se relève ; les portes se referment dès qu'ils sont rentrés.

Le Chevalier vint se reposer dans la grande salle. Cependant, le Veneur faisoit étendre le sanglier devant les fenêtres. On dispose un grand amas de paille sur laquelle on couche l'énorme bête : on allume, et quand la noire coine a pris la nuance de rouge doré qu'on lui vouloit donner, on le porte devant Madame Florie. Ne demandez pas si l'on se récria sur la grandeur de la hure et la longueur des défenses. Mais les tables sont dressées, les écuyers apportent les bassins pleins d'eau qu'ils présentèrent à la dame, au Chevalier, à tous les autres, et l'on prit place au manger.

QUARANTE-HUITIEME AVENTURE.

De l'arrivée du père et des frères du Chevalier ; d'un beau nain qui les accompagnoit, et comment on découvrit damp Renart.

Es tables levées, on quitte la salle, on monte les degrés de la tour principale, pour mieux jouir de la belle vue. Le Chevalier, l'épieu à la main, s'appuye aux créneaux. Les autres s'asseyent, regardant à leur aise les vignes, la prairie, les champs de blé, la rivière et la mer qui se perdoit dans l'étendue. Mais d'autres objets attirent leur attention. Des limiers, des brachets, des levriers accouroient vers le château, conduits par des valets à cheval. L'un portoit un cor à son cou dont il cornoit doucement. Après, venoient deux pesans chariots précedés d'un nain et escortés de deux écuyers. A la suite des chariots, quatorze hommes d'armes sur des chevaux richement caparaçonnés.

Le Chevalier s'adressant aux deux écuyers arrivés le matin : « Frères, » leur dit-il, « n'est-ce « pas là l'équipage de mon seigneur de père ? » « — Oui, sire, n'en doutez pas, » répondent-ils. Cependant le pont s'abaissoit, la porte du château s'ouvroit : on décharge les chariots en grande hâte, car la nuit approchoit : le Chevalier rentre dans la grande salle et s'assied dans le faudesteuil, sous un riche dais. Puis il se lève à l'approche des hommes d'armes, qui venant s'incliner devant lui : « Sire, » disent-ils, « Dieu vous accorde bonne nuit ! » Le Chevalier rend courtoisement le salut et conduit à table tous les nouveaux arrivés. Quant le repas fut terminé, le Chevalier donne en se levant le signal de la retraite ; les étrangers sont conduits dans les chambres où ils doivent reposer, et le lendemain matin ils sont réveillés par la gaite ou sentinelle qui du haut des créneaux corne le jour. Le Chevalier levé, chaussé, vêtu, se rend avec Madame Florie au moutier pour y entendre la messe de Notre Dame, et dès que l'office est achevé, il fait seller les chevaux pour aller au-devant de son père ; mais avant de s'éloigner il a soin de donner des ordres pour que tout concoure à la bonne réception qu'il prétend faire à ceux qui vont arriver.

Ils n'avoient pas marché une demie lieue sur le chemin ferré qu'ils entendirent le bruit joyeux d'une compagnie à cheval. C'est d'abord un grouppe de quatre valets de pied tenant en main la laisse d'un brachet ou d'un levrier. Le Chevalier passe outre jusqu'à son noble père qu'il accole tendrement. Il n'y a fête qu'il ne lui fasse ainsi qu'à ses deux frères : ils prennent la route du château, et chemin faisant, ils demandent nouvelles de tout ce qui peut les intéresser. Comme ils approchoient des fossés, ils distinguent fuyant vers le bois un goupil que le voisinage des chiens avoit fait lever. « Ah! vraiment, » dit le Chevalier en riant, « c'est le même goupil qui m'a déjà tant gabé; « je le reconnois. — Gabé! » font les autres, « et comment? — Je vais vous le dire : Je l'ai « fait deux fois chasser ; quand il se voit trop « pressé des chiens, il se prend à fuir vers le « château, nous l'y voyons entrer : nous tour- « nons le pont, nous fermons les portes, et « nous avons beau chercher nous ne le trou- « vons pas. Impossible de savoir où il se re- « tire. — Ami, » dit le père, « bien fin celui « qui trompera le goupil; cependant si vous « faisiez délier vos chiens, on pourroit le chas- « ser et lui ôter tout moyen de retraite. »

Sur-le-champ les valets mettent les chiens aux pistes de Renart; mais dès que celui-ci reconnoit leurs voix, il reprend le chemin du château. Ce fut un cri général. Les veneurs ont beau crier et les chiens aboyer, Renart atteint le pont et franchit la porte. Les valets, les écuyers accourent, se tuent à chercher, à tout ouvrir et bouleverser, autant de peines inutiles. On prend alors le parti d'en rire, le Chevalier

le premier et plus fort que les autres. « Oui,
« mes seigneurs, voilà, par saint Lambert,
« comment le goupil en use avec nous depuis
« longtemps. N'y pensons plus, et ne songez
« qu'à bien vous reposer. »

Le père et les trois frères, les mains l'une
dans l'autre, montent les degrés de la salle, et
le premier objet qu'ils voient en entrant est le
nain qui les avoit accompagnés. A vrai dire on
eût pu le prendre pour un démon : bossu par
devant et derrière, les pieds tordus, les hanches écrasées, deux courtes branches de pin au
lieu de bras que le quart d'une aune de serge
suffisoit pour couvrir ; la bouche contournée,
les lèvres assez relevées pour donner passage à
un pied de veau ; les dents de la couleur d'un
jaune d'œuf, le nez long d'un demi-pouce,
des yeux de chien, des cheveux noirs comme
de l'encre et les oreilles d'une chèvre. Il étoit
occupé à tresser un chapeau avec des brins de
fenouil ; il s'interrompit pour regarder de travers ceux qui entroient. « Nain, Dieu te garde ! »
dit le Chevalier. Au lieu de répondre, il branla
la tête et fit entendre un grognement.

Pour offrir un contraste avec cette hideuse
créature paroit Madame Florie qui fait aux nouveaux venus le plus gracieux accueil. On rit,
on échange des paroles courtoises et plaisantes
jusqu'à l'heure du manger. Cependant les nap-

pes sont mises, et sur la table le pain et le sel. On donne à laver à chacun, on prend place à table. Je ne décrirai pas les mets ni les vins. Il y eut sanglier empoivré, bons lardés de cerf, excellens pâtés de chapons, le tout arrosé de vins d'Orléans et d'Auxerre. Pendant qu'ils mangeoient, on remarqua que les brachets levoient la tête, l'œil inquiet, la bouche haletante, comme s'ils eussent senti quelque proie vivante.

Le Chevalier s'adressant alors à son veneur : « Ami, » dit-il, « apprends-moi, je te prie, « combien nous avons de peaux de goupil.— « Vous en avez neuf.—Neuf? diable! moi j'en « vois dix, et je ne comprends pas ces brachets « qui jappent si fort après elles. » Le Veneur s'approche alors des peaux ; l'une semble respirer et respiroit en effet, car c'étoit Renart lui-même, en os, en chair et en peau ; il pendoit au plus caché des ardillons destinés à réunir les pelisses de ses pareils; il s'y retenoit des dents et des pieds de devant. Le veneur le reconnoît : « Ah! par saint Léonart, c'est en « vérité le goupil qui se trouve là dans la com- « pagnie de ces peaux, et voilà pourquoi les « chiens glapissent. Un instant, et je vous l'a- « mène. »

Il lève alors la main vers les ardillons, arrive à Renart qu'il essaie de prendre; mais l'autre fait un demi-tour et remplace au crochet les pattes de devant par celles de derrière ; et quand le veneur fait une seconde tentative, il saisit de ses dents la main qu'il broie au point de séparer l'ongle de la chair. Le malheureux veneur pousse un cri aigu, Renart fait un saut vers la porte, sort de la maison et prévoyant qu'on pourra le joindre dans le bois, prend le chemin de la prairie : il est arrêté dans sa course par la rivière qui lui ferme le passage ; mais il n'avoit plus rien à craindre de la poursuite des valets du Chevalier, et comme on devoit le croire au bois, il sait qu'on l'y cherchera, avant de penser à le battre dans la plaine.

QUARANTE-NEUVIEME AVENTURE.

Comment Pinçart le Héron péchoit en rivière, et comment damp Renart pécha le pêcheur.

RENART étoit assez content de ses dernières journées ; il regrettoit pourtant de n'avoir pas eu sa part du grand diner auquel il venoit d'assister. La faim commençoit à le visiter quand, du buisson sous lequel il s'étoit tapi de façon à n'être vu de personne, il apperçut le héron Pinçart qui le long de la rivière pêchoit les poissons au bec. Pinçart est un objet de bonne prise; mais le moyen d'aller jusqu'à lui? « Possible qu'il « vienne de lui-même : mais quand? Je pour-« rai mourir de faim en l'attendant : et puis « quelque vilain ou, ce qui est pis encore, « quelque mâtin ne viendra-t-il pas me trou-« bler? Pinçart seroit pourtant un excellent « soupper. Allons! Donnons-nous de la peine; « c'est la loi du siècle, sans travail on ne peut « arriver à rien. »

Il rampe alors jusqu'au bord de l'eau. Le rivage étoit garni d'une fougère épaisse, il en arrache plusieurs brassées, les réunit et les serre en forme de radeau qu'il laisse aller à la dérive, au-dessus de l'endroit où se tient Pinçart. A la vue du train, l'oiseau pêcheur lève la tête et fait un saut en arrière : mais reconnoissant que ce n'est qu'un tas de fougère, il se rassure et reprend tranquillement sa pêche. Damp Renart fait un nouvel essai : il arrache une seconde brassée plus épaisse et la jette encore sur l'eau. Le héron regarde plus attentivement, se rapproche de l'objet flottant, fouille du bec et des pattes la fougère, et rendu certain qu'il n'y a là pour lui rien à gagner ou à craindre, il se remet une seconde fois à la pêche, résolu de ne plus l'interrompre pour d'autres arrivages du même genre. Cette confiance fut cause de sa perte : car Renart en va profiter pour tenter le coup décisif. Il fait un troisième radeau et s'y ménage une sorte de lit dans lequel il pourra se cacher aisément, car la fougère est précisément de la couleur de sa pelisse. Il hésite pourtant avant d'y entrer ; le terrain n'est peut-être pas assez solide : mais enfin il prend son parti, se met à flot en même temps que son frêle bâtiment, et se voit porté tout près du pêcheur au long bec. Pinçart ne s'en préoccupe pas : « A d'autres ! » dit-il, « je « ne m'effraie pas pour quelques brins de fou- « gère. » Et bientôt Renart, profitant du moment où le bec et la tête de l'oiseau étoient plongés dans l'eau, jette sur lui la dent, le saisit par le cou, lui redresse la tête, saute à terre et le traîne sous le buisson le plus voisin. Pinçart crioit de toutes ses forces ; mais l'autre n'etoit pas de ceux que les plaintes attendrissent ; il le place sous ses pieds et lui donne ainsi le coup de grace. Sitôt étranglé sitôt mangé, pour ainsi dire.

CINQUANTIEME AVENTURE.

D'un meulon de foin sur lequel Renart passa la nuit, et comme il céda la place au vilain qui le vouloit prendre.

N étoit au temps de la fenaison ; le jour commençoit à tomber. Renart complètement satisfait de l'excellent repas qu'il venoit de faire, prit le parti de se coucher sur une meule de foin, pour y attendre le lever du soleil : car il savoit qu'il est dangereux de se mettre en route aussitôt après avoir mangé ; au moins les médecins le prétendent-ils. Renart s'endormit donc sur le meulon. Vers le point du jour, il eut un mauvais rêve. Il croyoit être chez lui, près de sa chère Hermeline. Le château de Maupertuis prenoit feu, des flammes en sortoient de tous côtés, une puissance invincible le retenoit et l'empêchoit de se derober à une mort certaine. Comme il faisoit un dernier effort pour entraîner Hermeline, il se reveilla inondé d'une sueur froide. « Saint-Esprit ! » dit-il en se signant avant de bien ouvrir les yeux, « préservez mon corps « de male aventure ! » Il regarde alors autour de lui et voit avec terreur que pendant la nuit,

la rivière gonflée avoit couvert la prairie et que le meulon aussitôt envahi avoit été soulevé et déjà porté loin de sa première place. « Ah! qu'ai-je fait, » s'écria-t-il, « et que vais-
« je devenir! Pourquoi n'avoir pas regagné
« Maupertuis quand rien ne m'étoit plus fa-
« cile! Maintenant la rive est à perte de vue;
« si je m'élance je me noie, si je reste, les vi-
« lains vont arriver sans doute, et comment
« défendre contre eux ma pelisse? »

Comme il en étoit à ces tristes réflexions, voilà qu'un vilain faisant agir une barque s'approche de la meule. Il n'eut pas de peine à reconnoitre damp Renart: « Quelle aubaine, mon bon saint
« Julien! » dit-il, « c'est un magnifique gou-
« pil; quel dos, quelle superbe encolure! Ta-
« chons de l'attraper, la chose en vaut bien
« assurément la peine : j'en vendrai le dos,
« la gorge me servira pour engouler mon man-
« teau; puis une fois écorché, la rivière me
« débarrassera de sa puante charogne. »

De ce que fol pense, moult demeure, dit le proverbe. La chose n'ira pas comme entend notre vilain. Il arrive jusqu'à la meule, et d'abord il tend les bras vers Renart qui lui echappe. Il lève son aviron, l'autre fait un demi-tour et le coup ne l'atteint pas. Le vilain tourne et revient, mais il n'en est pas plus avancé. Il prend alors le parti de sortir de sa

barque et de passer lui-même sur le meulon, après avoir ôté ses lourds souliers. Mais au moment où il posoit le pied sur le foin, Renart mettoit le sien dans le bateau, s'emparoit de la rame abandonnée et poussoit au large. Le vilain est ébahi, désesperé : voilà ce que l'on gagne à vouloir prendre un goupil. Cependant Renart pousse le bateau vers la rive découverte, puis s'arrêtant à l'aise, en vue de celui qui comptoit sur lui pour fourrer le collet de son manteau : « Dieu te confonde, vilain ! Ah !
« quelle belle prison vous m'auriez fait tenir,
« si vous m'aviez conquis ! Le proverbe est
« bien vrai : *de vilain vilenie !* Quand vilain
« perd une occasion de mal faire, vilain en-
« rage, car tout son bonheur est de nuire aux
« bons clercs, aux nobles chevaliers. L'envie,
« la felonnie, la rage ont le cœur du vilain
« pour repaire ordinaire. A-t-on jamais conté
« de vilain une bonne action? Allons, vi-
« lain, fais ton deuil de ma peau, mais puisse
« Dieu ne pas sauver la tienne, et te donner
« mauvais lendemain ! » Cela dit, il rame jusqu'au rivage, saute legèrement à terre, et sans être inquieté, retourne et arrive dans son château de Maupertuis.

CINQUANTE-ET-UNIEME AVENTURE.

Comment Renart fit rencontre de Drouineau, et comment un bienfait est quelquefois perdu.

Plus gai, plus dispos que jamais, Renart à quelques jours de là sortit de son château, et se trouva bientôt devant un cerisier couvert des plus belles cerises. Sur l'arbre étoit un moineau sautillant de branche en branche. « Bon ap-
« pétit, ami Drouin, » lui dit Renart. « N'es-tu
« pas heureux au milieu de ces beaux fruits?
« — Ils sont excellens, » lui répond l'oiseau;
« mais j'en suis rassasié, et je vous les aban-
« donne, damp Renart, si vous ne les dédai-
« gnez pas. — Il faudroit d'abord les attein-
« dre, et je ne saurois le faire. Passe-m'en, je
« te prie, quelques-unes, pour que je puisse au
« moins juger de leur goût. — Comment, mes-
« seigneurs les Renarts mangent des cerises? »
dit Drouineau, « je ne le croyois pas. Je vais
« vous en envoyer, tant et tant que vous
« voudrez. — Merci, frère, » répond Renart,
« au moins quand je les tiendrai. »

Drouineau lui jette un nœud de trois cerises, et Renart les mange avec plaisir. « D'autres

« mon cher Drouineau ! je les trouve excellen-
« tes, en vérité. » Et le petit oiseau en remplit
son giron. « En voulez-vous encore, damp Re-
« nart?— Non, grâce à Dieu, je n'ai plus faim.

« — Mais damp Renart, » reprit Drouineau, « si vous me savez gré des cerises que
« j'ai cueillies pour vous, vous m'écouterez
« bien un moment, n'est-ce pas? — Je t'é-
« coute, ami. — Vous avez beaucoup vu,
« beaucoup voyagé ; vous avez retenu de beaux
« secrets ; mais je ne sçais si vous voudrez
« bien faire part de votre science à de petites
« gens comme nous autres. J'avoue que j'en
« aurois en ce moment le plus grand besoin. »
Renart répondit : « Mon petit Drouineau,
« après la courtoisie que tu viens de me faire,
« je n'ai rien à te refuser, sauf, comme tu le
« penses bien, mon dommage. Voyons, de
« quoi s'agit-il? — Ecoutez-moi, damp Re-
« nart : j'ai là, près de moi, neuf moinillons
« qui sont tous plus ou moins affectés de goutte,
« et j'en suis en grande douleur. — Reprens
« courage, » dit Renart, « car rien ne me
« sera plus aisé que de les guérir, j'entends gué-
« rir tout à fait. Tu sais que j'ai demeuré deux
« ans au-delà des monts, à Rome, en Pouille,
« en Toscane, en Arménie ; j'ai quatre fois
« passé la mer, j'ai poussé jusqu'à Constanti-
« nople pour trouver la médecine qui conve-

« noit à la maladie du roi Noble. J'ai voyagé
« en Angleterre, j'ai visité le pays des Irois
« et des Escots. J'ai tant fait, que j'ai guéri le
« Roi, et c'est en récompense de ce grand ser-
« vice qu'il m'a donné la charge de châtelain
« de ces contrées.

« — Eh bien ! dites-moi comment mes en-
« fans pourront guérir. — Mon cher Droui-
« neau, il les faut baptiser; dès qu'ils seront
« devenus de petits chrétiens, ils ne sentiront
« plus de goutte. — Je le croirois bien volon-
« tiers, » répond Drouineau; « mais il faudroit
« un prêtre, et je n'en connois point. — Un
« prêtre ? » dit Renart, « et moi, ne le suis-je
« donc pas ? — Pardonnez-moi, sire châte-
« lain, je l'ignorois. Mais est-ce que vous vou-
« driez bien les baptiser? — Oui, sans doute ;
« et d'abord, je donne à l'aîné le nom de Lié-
« nart ; nous passerons ensuite aux autres. —
« Oui, oui ! » dit Drouineau, « l'aîné d'abord,
« c'est le plus malade. »

Il rentre alors au nid, en tire le plus fort de
ses enfans et le jette dans le giron de Renart,
qui le met aussitôt à l'ombre de son corps.
Drouin retourne au nid, prend les autres et les
lance tour-à-tour au mauvais clerc qui les rend
chrétiens de la même manière. « Surtout, »
disoit le confiant Drouineau, « baptisez-les
« bien. — Sois tranquille, je t'assure qu'à l'a-

« venir ils n'auront plus de goutte et ne risque-
« ront pas de tomber du haut mal. »

Cependant Drouineau regardoit de côté et
d'autre : il avoit beau sauter de branche en
branche, il ne revoyoit pas sa famille. L'inquiétude le saisit : « Renart, Renart! où sont
« mes fils? Je ne les vois pas ; où les retenez-
« vous? les auriez-vous enlevés? — Je te dis
« qu'ils sont en lieu sur. — Ah! Renart, de
« grâce, montrez-les-moi ; Renart, où sont mes
« enfans? — Ils reposent là. — Ah! méchant,
« vous les avez dévorés. Vous avez mangé mes
« fils ! — Eh! non. — Vous les avez mangés,
« traître, et voilà comme vous m'avez récom-
« pensé ! — Mais tu es fou, Drouineau ; tes
« fils sont envolés. — Hélas ! ils n'avoient pas
« encore de plumes. Renart, au nom du Dieu
« qui ne ment pas, engagez-moi votre foi qu'ils
« vivent. — Oh! par ma foi, je le veux bien. —
« Hélas! qu'est-ce qu'un serment pour toi ! tu
« ne crains pas le parjure. Oh ! que je voudrois
« te frapper, te crever les yeux ! — Voyons,
« descends, essaie. — Non. — Et pourquoi? —
« Parce que je ne puis et que je ne le veux
« plus. Mais Renart, en bonne foi, dites-moi,
« qu'avez-vous fait de mes moineaux? —
« Veux-tu absolument le savoir? — Oui, au
« nom de Dieu! — Eh bien ! au nom de moi,
« je les ai mangés. — Hélas ! — En vérité.

« N'avois-je pas promis de les guérir? je l'ai
« fait, leur goutte est entièrement passée : je
« te dirai mieux encore : j'aurois voulu qu'un
« si tendre père ne fût pas demeuré plus long-
« temps séparé de ses enfans. »

Après ces cruelles paroles, Renart s'éloigne
et Drouin demeure seul à se lamenter : « Ah !
« doux enfans, quel regret dois-je ressentir de
« votre mort ! C'est moi qui vous ai livrés ;
« sans moi, vous seriez encore vivans. Ah ! je
« ne tiens pas à rester après vous. » Il se laisse
alors tomber de l'arbre, comme, chez nous
autres hommes, ceux qui de désespoir se pré-
cipitent du haut de leur maison : l'herbe le
reçut pâmé, privé de sentiment. Et quand il
revint à lui, ce fut pour se lamenter encore, se
frapper les flancs de son bec, s'arracher les
plumes l'une après l'autre. Tout d'un coup, il
lui vient une légère lueur d'espoir qui lui rend
son courage. S'il pouvoit trouver un vengeur !
Cette pensée le décide à ne pas mourir ; il ré-
pare le désordre de ses ailes et prend la résolution de voyager jusqu'à ce qu'il ait rencontré
le champion qui prendra en main sa querelle.

CINQUANTE-DEUXIEME AVENTURE.

Comment Drouineau cherche qui le venge de Renart, et comment il fit la connoissance de Morhou le bon Mâtin.

APRÈS avoir demandé bien dévotement à Dieu qu'il le conduise dans son enquête, il se met à la voie et ne rencontre pas une lice, un mâtin qu'il ne conjure de le venger de Renart. Mais chacun, après l'avoir attentivement écouté, alleguoit les difficultés de l'entreprise; on ne vouloit pas, on ne pouvoit se mettre sur les bras une aussi grande affaire. Renart avoit tort assurément, mais c'étoit un personnage considérable, avec lequel il falloit compter. Le plus simple bon sens conseilloit de ne pas aller lui demander raison de ce qu'il avoit fait contre d'autres. « Vos plaintes, Drouineau, sont fon-
« dées et parfaitement justes; Renart sans
« doute auroit pu mieux agir envers vous:
« mais que voulez-vous que nous y fassions?
« Bon Drouineau, croyez-moi, passez votre
« chemin. »

Et le moineau s'éloignoit, le cœur serré de douleur. Enfin un jour, sur un fumier, il avise un mâtin efflanqué, triste et mourant de faim. Il avance tout près de lui : « Hé ! Morhou, « comment te trouves-tu là ? — Fort mal, « Drouineau, je n'ai plus de voix ni de jambes. « Voilà deux jours que, par la ladrerie du vi- « lain que je sers, je n'ai rien mangé. — C'est « qu'il a trouvé le diable dans sa bourse. Mais « écoute-moi, cher ami : si tu veux faire une « chose que je te dirai, je puis t'assurer que tu « en seras payé mieux que ne feroit le meil- « leur vilain du monde.

« — Si tu fais en sorte que je mange assez « pour reprendre des forces et sentir mon « cœur, tu me verras prêt à entreprendre ce « qu'il te plaira de demander. Je ne suis pas « glorieux, mais, quand je me portois bien, « il n'y avoit pas dans les bois, de loup, de cerf, « de daim ou de sanglier qui pût espérer de « m'échapper. Que je fasse un seul bon repas, « et je redeviendrai, sois-en sûr, tout aussi fort, « tout aussi leste que je le fus jamais.

« — Mon bon Morhou, » répond Drouineau, « vous aurez plus que vous ne pourrez manger ; « vous en laisserez. — De quoi s'agit-il ? tu « veux, n'est-ce pas, te venger de quelqu'un ? « — Oui, Morhou ; le méchant roux de Renart « a tué, a mangé mes enfans en trahison ; si « j'en étois vengé, je ne demanderois plus rien « au monde. — Eh bien ! je m'engage à te

« rendre content, par l'âme de mon père ; oui,
« pourvû que tu tiennes d'avance la promesse
« que tu m'as faite, Renart est en mauvais
« point. — Viens donc avec moi, Morhou,
« tout de suite. »

CINQUANTE-TROISIEME AVENTURE.

Comment Drouineau parvint à procurer à Morhou le bon repas qu'il souhaitoit.

LE mâtin eut grand'peine à se soulever, mais l'espoir d'un repas lui donna des forces ; il put lentement suivre, le long de la route, son petit ami. Drouineau l'avertit de se coucher sous un buisson. « Je vois venir à nous, » dit-il, « une voiture chargée de pain et de viandes; « regarde bien, Morhou ; je vais aller amuser « le charreton: dès que tu le verras courir « après moi, tu ne perdras pas de temps, tu « iras à la charrette, rien ne te sera plus aisé « que d'y prendre un bacon. — C'est bien, » dit Morhou.

La voiture approchoit, et Drouineau avoit fait son plan. Il se laisse choir à terre devant le voiturier, comme s'il avoit une aile rompue.

L'autre descend, croit n'avoir qu'à le prendre : Drouineau lui échappe en sautelant çà et là. Le charretier, qui le suit pas à pas, garde l'espoir de l'atteindre; il croit le saisir à droite, il le retrouve à gauche, ou derrière quand il avoit à l'instant même deux pas d'avance. Impatienté, il va prendre son bâton dans la voiture et revient à l'oiseau qui se met en garde, tout en ayant soin de ne pas laisser plus de cinq pas entre l'homme et lui. Pendant cette chasse, Morhou quitte le buisson, va droit à la charrette, emploie toutes les forces qui lui restent pour lever ses pieds de devant jusqu'à la grande corbeille aux jambons; enfin il en tire un qu'il rapporte à grand peine sous le buisson. Pour Drouineau, dès qu'il le voit de retour à son premier gîte, il cesse le jeu et s'envole d'une aile rapide, peu soucieux des malédictions du charretier qui, tout en sueur, revint à son cheval, et continue sa route avant de reconnoître qu'il lui manque un de ses meilleurs jambons.

Drouineau, de son côté, ayant retrouvé son bon ami : « Dieu te sauve, Morhou ! — Ah ! « Drouineau, » répond l'autre, « soyez le bien « venu et veuillez m'excuser si je ne me lève « pas devant vous, je n'en ai pas le loisir. » Ce disant, il dévoroit son bacon. « Ne te dé- « range pas, cher Morhou; mange tout à

« l'aise, rien ne presse. — Ah! Drouineau, « quel excellent repas je vous dois; et quel « plaisir j'aurois à vous venger! — Ne parlons « pas encore de cela; dis-moi seulement, Mor- « hou, n'as-tu pas besoin d'autre chose? — « Puisque vous le demandez, je conviendrai « que j'ai grandement soif : cet excellent ba- « con.... — Eh bien, il faut songer à te satis- « faire, voilà précisément devant nous une « charge de vin; j'espère bien pouvoir te de- « mander tout à l'heure de quel pays tu penses « qu'il vienne. »

Il dit, et d'une aile joyeuse et legère se va poser sur le chemin. Au passage de la voiture, il saute à la tête du cheval limonier, s'acharne sur les yeux qu'il frappe violemment de son bec. Le cheval hennit et se cabre. Le conducteur, furieux à son tour, prend un gourdin et le lance sur Drouineau, qu'il reconnoît pour la cause de tout ce désordre. Mais le coup mal asséné va frapper le cheval qui, fortement blessé, s'affaisse sur lui-même, fait chanceler et enfin tomber la voiture sur le côté. Le voiturier lui-même est jeté à terre, et pour le tonneau, la violence de la chûte en fait rompre les cercles; les dalles s'écartent et donnent passage au vin, qui forme sur la route une grande mare rouge. Rien ne put rendre le chagrin du charretier en voyant son meilleur cheval et son bon vin perdus du même coup par la faute d'un moineau. Il lui fallut abandonner la pauvre bête et poursuivre son chemin, tandis que Morhou descendoit sur la route et lampoit le vin tout à son aise, bien que s'il avoit eu le choix, il eût sans doute préféré l'eau d'une claire fontaine.

« Et maintenant Morhou, » dit Drouineau, « es-tu content ? — Plus que je ne saurois « dire, bon Drouineau. J'ai, comme je l'espé- « rois, regagné mes forces, et je n'ai plus « qu'un seul désir, c'est de trouver bientôt « damp Renart sur mon chemin. »

CINQUANTE-QUATRIÈME AVENTURE.

De la visite que Drouineau rendit à damp Renart, et comment on voit par l'exemple de Morhou qu'un bienfait est quelquefois récompensé.

N vérité, Morhou, » répondit Drouineau, « vous parlez on ne peut mieux et, si vous tenez votre promesse, je serai au comble de mes vœux. At-« tendez-moi, je vais à la recherche de l'en-« nemi ; je serai bientôt de retour, car je con-« nois le chemin de son château. Je m'expose « à un grand danger : peut-être laisserai-je

« ma vie à celui qui m'a ravi tout ce qui me la
« faisoit aimer; mais si je reviens, c'est avec
« lui que vous me retrouverez. »

Cela dit, Drouineau prend congé de son ami. Il arrive devant Maupertuis, et tressaillit en reconnoissant le maître de la maison, tranquillement accroupi près de la fenêtre. « Re-
« nart, » se mit-il à crier du plus haut de sa tête, « leve-toi, viens me joindre à mes chers
« enfans; je ne puis vivre plus longtems sans
« eux. J'irois bien me livrer à toi, si tes fenê-
« tres étoient ouvertes ; mais peut-être ne vou-
« drois-tu pas violer les droits de l'hospitalité.
« Au moins je veux t'attendre ici ; je n'en
« bougerai pas que tu ne sois arrivé. »

Renart à demi endormi se réveille à cette douce voix : il jette un cri de plaisir, se lève et arrive à l'endroit où Drouineau lui avoit parlé. Mais celui-ci n'a pas encore fait ses dernières dispositions ; il vole à quelque distance, puis s'arrête. « Ah ! » dit Renart, « fi,
« du peureux ! on diroit que tu trembles
« maintenant, et que tu n'oses m'attendre. Tu
« crois peut-être que je te veux mal : erreur !
« en vérité, je n'ai pas cessé de regreter le petit
« mauvais tour que je t'avois joué. Si je veux
« t'approcher, c'est pour t'engager à vivre
« pour faire une bonne paix avec toi. — Je
« vous crois Renart; mon premier mouvement

« a été de fuir ; mais allez, je n'ai plus peur ! »
Renart alléché par toutes ces petites façons, court à lui, l'autre sautille et recule encore ; il continue ce jeu, non sans danger pour lui, jusqu'à ce qu'enfin il ait regagné le buisson où Morhou l'attendoit avec impatience. « Là ! » dit-il « je ne vais pas plus loin ; c'est ici que je « veux mourir, près de cet arbre qui me rappelle « le cerisier où reposoient mes pauvres enfans. »

Renart, de plus en plus irrité, fait un bond sur le buisson : aussitôt voilà Morhou qui le reçoit et le saisit par le chignon ; avant qu'il ait eu le temps de se mettre en garde, il est mordu, houspillé de la meilleure façon. D'abord il échappe et fuit à toutes jambes ; Morhou le rejoint à l'entrée du bois, le renverse à terre, lui caresse de ses dents le ventre, les flancs, les oreilles, et taille dans sa pelisse une bande de plusieurs doigts de large. Jamais Renart ne vit la mort de plus près. Si Morhou finit par l'abandonner, c'est qu'il suppose, le voyant immobile et sanglant, qu'il a bien rendu le dernier soupir. Le vainqueur revient à Drouineau qui trembloit que Renart n'eût échappé tout de bon la première fois : « Eh bien, Morhou, « quelles nouvelles ? — Bonnes. Renart, tu « peux y compter, ne trompera jamais per- « sonne, et s'il en échappe, le diable aura fait « pour lui miracle. — Merci donc, bon Mor-

« hou : si j'ai fait pour toi quelque chose, tu
« me l'as rendu aux cents doubles. Au revoir !
« et sois mille fois à Dieu recommandé ! »

Drouineau avoit encore un desir, c'étoit d'arriver auprès de Renart et de l'assister à son heure suprême ; il tenoit beaucoup à l'entretenir une dernière fois. Il vole, il arrive : « Eh ! vous voilà, damp Renart ! comment « vous trouvez-vous ? Eh ! qu'avez-vous donc « fait de tout votre esprit, pour vous être laissé « si mal atourner ? N'est-ce pas un large trou « que j'apperçois dans votre pelisse ? oui ; puis « un autre, trois, quatre, dix : oh ! que de piè-« ces il vous faudra recoudre ! et si l'hyver est « dur, vous mourrez de froid, j'en ai peur, à « moins que la très-honnête dame Hersent ne « consente à vous réchauffer. » Renart pouvoit l'entendre, mais n'avoit ni la force ni la volonté de répondre. Drouineau, après avoir entonné un joyeux chant de triomphe, partit satisfait, sans prendre congé de son ennemi. Pour Renart il demeura plus d'une saison entre les mains des meilleurs médecins, avant de pouvoir sortir de Maupertuis et continuer le cours de ses exploits.

CINQUANTE-CINQUIEME AVENTURE.

Comment Renart fut, par jugement des Pairs, condamné à être pendu. Comment il ne le fut pas, et comment il rentra dans Maupertuis.

APRÈS avoir gravement exposé quelles étoient les clameurs d'Ysengrin, de Brun, de Tybert, de Tiecelin, de Frobert, de Drouineau, de Chantecler et des dames Pinte, Corneille et Mésange, le Roi s'adressant aux barons assemblés : « C'est maintenant à vous, » dit-il, « de pro« noncer l'arrêt de ce grand malfaiteur, ou « plutôt de décider de quel supplice il devra « mourir. » La réponse de la Cour fut que Renart étoit atteint et convaincu de trahison, et que rien ne pouvoit le défendre des fourches qu'il avoit méritées.

« Vous avez bien dit, » fait le Roi. « Qu'on « dresse le gibet ! nous tenons le coupable, il « ne faut pas qu'il nous échappe. »

Les fourches furent dressées sur une roche élevée. On se saisit de Renart, on l'oblige à gravir la montée. Cointereau le singe lui fait la moue et de sa patte lui souflette le museau ; les autres, à qui mieux mieux, le tiraillent et le poussent. Couart le lièvre lui jette une pierre, mais de loin et quand il est déjà passé. Malheureusement pour lui, Renart, venant alors à tourner la tête, le vit, fronça le chef et Couart eût tellement peur qu'il se cacha sous une haie et ne reparut plus. Il vouloit, dit-il, regarder de là l'exécution plus à son aise. Pour Renart, au moment d'atteindre les fourches, il eut recours à l'expédient qu'il tenoit en réserve, il annonça qu'il avoit à faire d'importantes révélations. Le Roi ne put se dispenser de l'entendre.

« Sire, » dit-il, « vous m'avez fait saisir et
« charger de chaînes; vous avez décidé que je
« serois pendu. Je suis, je l'avoue, un grand
« pêcheur, mais vous ne voudrez pas m'ôter
« les moyens de me reconcilier avec Dieu.
« Permettez-moi de prendre la croix; je quit-
« terai le pays, j'irai visiter le Saint sépulcre.
« Si je meurs en Syrie, je serai sauvé et Dieu
« vous récompensera de m'avoir fait rentrer
« en grace avec lui. » Disant cela, il lui va tomber aux pieds, et le Roi ne peut s'empêcher d'être grandement touché.

Grimbert venant en aide à son cher cousin :
« Sire, je me porte garant de Renart auprès
« de vous; défendez-le du supplice, et jamais
« il ne fera de tort à vous ni à d'autres. Re-
« cevez, pour Dieu, votre baron à merci ! S'il

« est pendu, quel deshonneur pour toute sa li-
« gnée! et vous le savez, elle est de haut pa-
« rage : combien de services ne pouvez-vous
« encore en attendre! Vous aurez, avant six
« mois, besoin d'un vaillant homme d'armes :
« laissez Renart passer outremer ; à votre pre-
« mier appel il reviendra.

« — Non pas, » répondit Noble; « car la
« coutume des croisés est de retourner pires
« qu'ils ne sont partis. Ceux mêmes qui
« étoient des meilleurs à l'aller, sont mau-
« vais au revenir. — Eh bien! sire, il ne
« reviendra pas; mais, au nom du ciel, qu'il
« parte! »

Noble se tournant alors vers Renart : « Ah !
« méchante créature, toujours éloignée du
« droit chemin; n'as-tu pas cent fois mérité la
« hart qu'on t'avoit préparée?— Merci, gentil
« roi, » cria Renart. « Recevez ma foi : jamais
« je ne serai l'occasion de clameur. — Je ne
« devrois pas te croire ; mais j'atteste tous les
« saints de Bethléem que si j'entends encore
« mal parler de toi, rien ne te garantira du
« supplice. »

Renart voit bien que le Roi lui accorde la
vie; mais Noble fait plus encore; il lui tend les
mains et le relève. On apporte la croix ; c'est
Brun qui, tout en blâmant la foiblesse du Roi,
la lui attache sur l'épaule. D'autres barons,

non moins mécontens, lui présentent l'écharpe et le bourdon.

Voilà donc Renart un bourdon ou bâton de frêne à la main, l'écharpe au cou, la croix sur l'épaule. Le Roi lui fait déclarer à ceux qui l'ont condamné qu'il ne conserve contre eux aucun mauvais vouloir; il est (au moins le dit-il) résolu de renoncer à la vie de mauvais garçon; avant tout, il tient au salut de son ame. Tout ce qu'on lui demande, Renart l'accorde sans hésiter; il rompt le fêtu avec chacun des barons et leur pardonne. L'heure de Nones arrivoit quand il prit congé de la Cour.

Mais dès qu'il se sentit libre et qu'il eut mis les murs et le plessis entre les barons et lui, son premier soin fut de défier ceux qu'il venoit d'appaiser par son repentir; il n'excepta que messire Noble. Ici, je ne dois pas omettre qu'avant de prendre congé, il avoit trouvé dans le courtil du palais, Madame Fiere la Reine, dont grande étoit la beauté, la courtoisie. « Damp Renart, » lui avoit-elle dit, « priez « pour nous outremer, nous prierons ici pour « votre retour. — Dame, » fit Renart en s'inclinant, « la prière venue de haut est la chose « la plus précieuse du monde; heureux celui « pour qui vous prierez! il aura grand sujet « de démener joie. Oh! que j'accomplirois

« heureusement mon pélerinage, si j'emportois
« en Syrie un gage de votre amitié! »

La Reine alors détacha l'anneau de son
doigt et le lui tendit. Renart prit à peine soin
de l'en remercier, mais il dit entre ses dents :
« Cet anneau, je ne le rendrois pour rien au
« monde; » et l'ayant passé à son doigt, il
avoit reçu, comme on a vu, congé de toute la
Cour et piqué des éperons. Il fut bientôt près
de la haie où la crainte retenoit encore damp
Couart le lièvre; Couart se voyant découvert
et n'osant essayer de fuir lui dit d'une voix
tremblante : « Damp Renart, Dieu vous donne
« bon jour! Je suis bien content de vous revoir
« en bon point : c'étoit un grand deuil pour
« moi que les ennuis dont on vous accabloit tout
« à l'heure. — Vraiment, Couart, notre ennui
« vous affligeoit! Ah! mon Dieu, la bonne
« âme! Eh bien, si vous avez eu pitié de notre
« corps, je suis heureux de pouvoir me réga-
« ler du vôtre. » Couart entend ces terribles
paroles; il veut s'échapper, il étoit trop tard :
Renart le saisit aux oreilles : « Par le corbieu,
« sire Couart, vous n'irez pas plus loin seul;
« vous viendrez avec moi, de bon ou mauvais
« gré; je veux vous présenter ce soir à mes
« enfans qui vous feront bonne fête. » Et disant cela, il l'étourdit d'un coup de son
bourdon.

Puis il se remit en marche avec son prisonnier ; il gravit une montagne d'où l'on planoit sur le vallon dont la Cour du Roi remplissoit l'étendue. Il contemple de là ceux qui venoient de le condamner et qui murmuroient de la foiblesse de Noble ; il fait un grand cri pour attirer l'attention générale, et décousant aussitôt la croix qu'on lui avoit attachée. « Sire Roi, » dit-il, « reprenez votre lambeau, et Dieu « maudisse qui m'encombra de ce bourdon, « de cette écharpe et de toute cette friperie. » Il leur jette bourdon, écharpe et croix, leur tend le derrière et reprend : « Ecoutez, sire « Roi : je suis revenu de Syrie où j'étois allé « par vos ordres. Le sultan Noradin[1], me voyant « si bon pénitent, vous mande salut de par « moi. Les païens ont tellement peur de vous « qu'ils se mettent à la fuite dès qu'on pro- « nonce votre nom. » Pendant qu'il se plait à les gaber ainsi, damp Couart prend ses mesures, s'échappe, et mettant une bonne distance entre Renart et lui, retourne aux lieux où siégeoit la Cour. Il arrive les flancs brisés, la peau déchiquetée ; il se jette aux pieds du Roi, il raconte en haletant le nouveau méfait

---

1. Nourreddin, sultan d'Alep en 1145, puis de Damas et d'Egypte. Le fameux Saladin, un de ses émirs, lui succéda vers 1174.

dont peu s'en est fallu qu'il ne demeurât victime. « Grand Dieu! » s'écrie Noble, « malheur à moi d'avoir compté sur le repentir de ce larron infâme. Sus, barons! courez à lui; et s'il échappe, je ne le vous pardonnerai de ma vie : j'accorde franchise et noblesse à tous les enfans de ceux qui me l'ameneront. »

Il falloit voir alors monter à cheval et piquer des deux éperons, pêle-mêle, sire Ysengrin, Brun l'ours, Tybert le chat, Belin le mouton, Pelé le rat, Chantecler le coq, Pinte la geline et ses sœurs, Ferrant le roncin, Rooniaus le mâtin, Blanchart le chevreuil, Tiecelin le corbeau, Frobert le grillon, Petitpourchas le furet, Baucent le sanglier, Bruyant le taureau, Brichemer le cerf, et Tardif le limaçon, chargé de porter l'oriflamme et de leur montrer à tous la route. Renart les voit accourir et reconnoit aisément l'enseigne développée. Sans perdre un moment, il se précipite dans une grotte; les bataillons ennemis l'y suivent de près : il entend déjà les cris de victoire autour de lui. « Maudit roux! tes jambes ne te sauveront pas : il n'y a plessis, murs, fossés, fourré, barrière, château, donjon ou forteresse qui te garantisse. » Accablé d'une extrême lassitude, l'écume lui couvre la bouche, et sa pelisse n'est plus à l'abri de la morsure des plus ardens. C'en est fait ; on va lui fermer la retraite et le retenir prisonnier. Mais en ce moment, il découvre le sommet de Maupertuis et cette vue ranime ses espérances : il fait un dernier effort, il gagne enfin cet asyle, impénétrable à tout autre. Maintenant, que Noble en forme le siége ; il y passera plusieurs années avant d'en briser les portes. Renart a des vivres pour longtemps ; il attendra tout à son aise ceux qui le poursuivent. Sa femme qui l'honore et le vénère, avertie par les trompes de l'armée royale, vint recevoir son noble époux à la première entrée, dans la compagnie de ses trois fils, Percehaie, Malebranche et Rovel (aucuns nomment ce dernier Renardel). Il est alors entouré, caressé, embrassé. On visite ses plaies ouvertes, on les lave de vin blanc ; puis on l'asseoit sur un coussin moelleux. Le dîner est servi, Couart manquoit seul à la fête ; mais damp Renart étoit si las qu'il ne put guères manger que le filet et le croupion d'une geline. Le lendemain, il fut saigné et ventousé ; et quelques jours suffirent pour lui rendre ses anciennes forces et la meilleure santé.

Le Translateur. *Nous ne suivrons pas l'ancien poëte au siège de Maupertuis, entrepris par l'armée du Roi : cette partie de l'histoire n'offre aucun incident digne de mémoire. Le roi Noble fut contraint de donner congé à tous ses barons et de se retirer, après avoir été plus d'une fois surpris par les assiégés; comme l'empereur Charlemagne, quand il va délivrer les douze pairs, dans la geste de* Jean de Lanson. *Nous aimons mieux reprendre l'autre relation, qui donne pour conclusion du* Jugement *la bataille en champ clos de Renart et d'Ysengrin.*

CINQUANTE-SIXIEME AVENTURE.

De la dispute de Renart contre Ysengrin, et comment le combat fut ordonné entre eux.

L'histoire dit que quand le roi Noble eut longuement rappelé l'origine de toutes les clameurs portées devant sa cour, l'assemblée parut convaincue de la nécessité de faire un grand exemple. Mais Renart avoit été à bonne école; rien ne le troubloit, il avoit pris le temps de peser toutes ses réponses. Quand il vit la disposition des esprits, il se leva d'un air grave et demanda la permission de démentir chacune des accusations portées devant la Cour. « La de-
« mande est juste, » répondit le Roi; « on ne

« condamne pas sans entendre. Parle, nous
« écouterons ce que tu pourras dire pour te
« justifier.

« Sire, » dit Renart, « avant tout, je vous
« remercie de m'avoir semoncé à comparoître
« devant la Cour ; c'étoit me donner tous les
« moyens de faire prévaloir la vérité. Les
« plaintes de Tybert et de la Mésange ont si
« peu de gravité que, pour ménager votre at-
« tention, je ne veux pas même y répondre.
« Je n'ai pas le moindre souvenir d'avoir ja-
« mais vu Copette, je ne puis donc l'avoir
« blessée ni meurtrie. Tout ce que je sçais de
« Chantecler, c'est que, l'ayant un jour décidé
« à me suivre, je lui permis de me quitter à
« l'approche d'une meute qui pouvoit lui nuire
« autant qu'à moi-même. Pourquoi sire Brun
« l'ours se joint-il à mes accusateurs, je ne sau-
« rois le dire ; car je ne lui ai jamais envié
« une ligne de sa peau. Je ne me souviens pas
« non plus d'avoir la moindre chose à me re-
« procher, soit à l'égard de Rooniaus, soit à
« l'égard de mon compère Ysengrin. Si la plu-
« part de mes voisins m'accusent, c'est que
« l'ingratitude et l'envie règnent aujourd'hui
« dans le monde ; chacun le sait, et je ne puis
« m'étonner que mes services aient toujours
« été mal reconnus. On est bien souvent puni
« d'avoir voulu trop bien faire, et ce n'est pas

« ordinairement le plus coupable qu'on vient
« à condamner. Hélas! Dieu ne m'a pas été
« prodigue de faveurs : telle est ma destinée
« que mes meilleures actions sont devenues
« l'occasion de mes plus grandes infortunes. »
(Ici Renart parut céder à une vive émotion ;
il porta son bras à ses yeux comme pour essuyer une larme, et reprit :)

« Je le dis donc en toute sincérité, je n'ai
« jamais oublié ce que je devois à dame Her-
« sent, la femme épousée de mon compère.
« Outrager sa commère, auroit été le fait d'un
« hérétique, et messire Ysengrin a toute honte
« bue, quand il vient publiquement m'accuser
« d'une pareille énormité. »

Ici messire Ysengrin ne put s'empêcher de
l'interrompre : « Vraiment, c'est affaire à toi
« de nier des méfaits plus clairs que le jour !
« Ah! que tu sais bien chanter la messe des
« fous! Ce n'est pas toi non plus qui m'avoit
« conseillé d'entrer dans le puits, d'où je ne
« devois jamais sortir? Tu t'y trouvois, di-
« sois-tu, dans le Paradis, parmi les bois, les
« moissons, les eaux et les prairies ; tu vivois
« au milieu de tout ce qu'il étoit possible de
« desirer, perdreaux et gelines, saumons et
« truites. Je te crus pour mon malheur,
« j'entrai dans le seau ; à mesure que je des-
« cendois tu remontois, et quand à mi-che-

« min je voulus savoir ce que tu prétendois, tu
« me répondis que la coutume étoit, quand
« l'un descendoit que l'autre remontât; que
« tu sortois de l'enfer où j'allois moi-même
« entrer. Maintenant, que dirai-je de l'étang
« dans lequel je laissai la meilleure partie de
« ma queue!

« — En vérité, » répondit Renart, « ce n'est
« pas sérieusement qu'on m'adresse de pareils
« reproches. Quand nous allions à l'étang,
« Ysengrin avoit si grande envie de prendre
« poissons, qu'il ne crut jamais en avoir assez.
« C'est pour lui que le vilain dit : *Celui-là*
« *perd tout qui tout convoite.* Quand il sentit
« venir les turbots, pourquoi n'a-t-il pas
« quitté la place, sauf à revenir une ou deux
« autres fois? Mais sa gloutonnerie parloit
« plus haut. J'allai l'avertir, il me répondit
« par un hurlement furieux, et c'est alors que
« las d'attendre je le laissai à la besogne. S'il
« ne s'en trouva pas bien, à qui la faute? Ce
« n'est assurément pas moi qui mangeai les
« poissons.

« — Renart, » reprit Ysengrin, « tu sais
« fort bien donner le change à ceux que tu
« trompes, et tu m'as, toute ta vie, trompé.
« Un autre jour, ayant un peu trop mangé
« de jambon et me sentant le gosier sec,
« tu me fis accroire qu'une clef de cellier

« étoit tombée entre tes mains, et que tu avois
« la garde du vin. J'allai dans le cellier, mau-
« vais traître ; tu m'y regalas les oreilles de
« mauvaises chansons, et j'eus, grace à toi, les
« côtes rouées de coups.

« — Pour cela, » dit Renart, « je m'en
« souviens, et les choses se sont autrement
« passées. Tu te laissas prendre à la plus hon-
« teuse ivresse ; tu voulus chanter les heures
« canoniales, et tu fis un tel bruit que tous
« les gens du village accoururent. Je n'avois
« pas, comme toi, perdu la raison; quand je
« les vis approcher, je m'éloignai. Me fera-t-on
« un crime d'avoir su garder mon bon sens ?
« Si tu te laissas battre, en suis-je respon-
« sable. *Qui cherche mal, mal lui vient*, on l'a
« dit pour la première fois il y a long temps.

« — C'est encore apparemment par l'envie
« de m'être agréable qu'un jour, avec de l'eau
« bouillante, tu me traças une couronne qui
« me mit la tête à nud et m'enleva toute la
« fourrure des joues ? Une autre fois, tu m'of-
« fris la moitié d'une anguille que tu avois
« larronnée, mais pour me faire donner dans
« un nouveau piége. Je m'enquis où tu l'avois
« trouvée ; c'étoit à t'entendre sur une char-
« rette qui en étoit tellement encombrée que
« les conducteurs vouloient en jeter une partie
« pour alleger les chevaux. Ils t'avoient même

« invité à prendre place auprès d'eux, pour en
« manger plus à ton aise. A force de m'engager
« à suivre ton exemple, j'allois me poster sur le
« chemin des charretiers, et en fus payé de tant
« de coups de bâton que mon dos en est encore
« meurtri. Mais la plus longue journée d'été ne
« suffiroit pas à conter tous les maux, tous les
« ennuis dont je te suis redevable. Heureuse-
« ment, nous voici devant la Cour, où la renar-
« die ne peut être de grand secours.

« — La Cour fera comme moi, elle ne com-
« prendra rien à vos accusations. Déjà ceux
« qui nous entendent ont peine à revenir de
« leur surprise et vous tiennent pour sot d'a-
« voir si mal coloré vos mensonges. Pouvez-
« vous donc perdre votre ame aussi gratuite-
« ment ?

« — En voilà trop, » reprend Ysengrin, la fureur dans les yeux, « je n'attends que le congé
« du Roi pour demander contre le traître la
« bataille en champ clos. — Et moi, » dit
Renart, « je la desire au moins autant que
« vous. »

Aussitôt l'un et l'autre présentèrent leurs
gages ; le Roi les reçut sans hésiter ; toute la
Cour reconnoissoit que la bataille etoit inévitable : d'ailleurs on pensoit qu'à moins d'une
adresse surnaturelle, Renart ne pourroit soutenir l'effort du terrible Ysengrin.

CINQUANTE-SEPTIEME AVENTURE.

Quels furent les ôtages mis entre les mains du Roi, et comment furent nommés les juges du camp.

Le Roi demanda qu'on lui présentât les ôtages et ne voulut pas faire grace d'un seul. Ysengrin livra pour les siens Brun l'ours, Tybert le chat, Chantecler le coq et sire Couart le lièvre. Renart choisit de son côté ceux dont l'expérience étoit le mieux connue : Bruiant le taureau, Baucent le sanglier, Espinart le hérisson et son cousin Grimbert le blaireau. La bataille fut remise à quinze jours; Grimbert se portant garant que damp Renart se présenteroit à la place et à l'heure dites, pour *abattre l'orgueil d'Ysengrin.* « Allons, » dit le Roi, « ne rani- « mez pas les querelles; mais que chacun de « vous retourne paisiblement à son hôtel. »

Renart n'étoit pas assurément de la force d'Ysengrin; mais il possédoit mieux tous les secrets de l'escrime, et cela l'avoit décidé à accepter la lutte. S'il est le moins vigoureux, il sera le plus adroit; il saura tirer parti de *l'entre-deux*; il se repliera pour découvrir son adversaire au moment favorable; il connoit à fond le *jambet*, les *tours* françois, anglois et bretons, la *revenue*, les coups secs et inattendus. Pour Ysengrin, il ne croit pas avoir besoin de préparation ; fort de son bon droit et de la foiblesse de Renart, il va tranquillement dormir en son hôtel, en maudissant toutefois les ajournemens qui retardent l'appaisement de sa vengeance.

Le délai fut également employé des deux côtés à la recherche des meilleures armes et au soin de les mettre en excellent état. Ysengrin porte son attention sur l'écu et le pourpoint de feutre ; il essaie les jambières, il adopte des chausses legères et solides ; le bâton dont il jouera est une branche noueuse de néflier ; pour vernir son écu, il choisit la couleur vermeille. Les amis de Renart s'étoient chargés de préparer son adoubement : c'étoit un écu rond, jaune de couleur, une cotte courte et portant à peine deux aunes ; des chausses feutrées, pour bâton une tige d'aubépin, garnie de sa courroie. De plus, ils eurent grand soin de le faire bien raser et tondre, pour laisser à son ennemi moins de prise. Quand Ysengrin le vit arriver devant la Cour assemblée, il eut un grand dépit de ne pouvoir, comme il espéroit, dechirer à belles dents sa riche fourrure ; il n'avoit pas, quant à lui, daigné se débarrasser d'un seul poil. Mais qu'il modère son impatience, la lutte ne sera pas aussi facile qu'il se plait à le croire.

On vit arriver devant les barrières la prude dame Hermeline accompagnée des trois valets ses fils : Percehaie, Renardel et Malebranche. Tous quatre adressoient à Dieu de ferventes prières, lui demandant à genoux qu'il conduisît le bras de Renart et qu'il lui enseignât un tour à le rendre victorieux. Renart, témoin de leurs oraisons, les en remercia de la voix et du geste.

Dame Hersent étoit en même temps agenouillée dans l'oratoire qu'elle avoit fait élever de l'autre côté. Elle réclamoit à chaudes larmes l'aide du Seigneur, pour qu'il ne laissât pas revenir son époux de la bataille, et pour que la victoire demeurât à son ami cher; elle n'avoit oublié ni les déclarations de l'un, ni les indiscrétions de l'autre, et si damp Ysengrin a le pire, ce n'est pas la franche bourgeoise Hersent qui s'en affligera.

Quand le roi Noble vit la foule se pressant autour des barrières et demandant à grands cris le commencement du combat, il fit approcher Brichemer et lui donna la charge de juge du camp ; c'est lui qui redigera la formule du serment, maintiendra le bon usage et proclamera le vainqueur. Brichemer remplit dignement son office : il choisit d'abord trois barons de haute naissance, pour l'aider de leurs avis. Le premier est le fier et peu endurant Léopard; le second, Baucent à la démarche imposante; messire Bruiant le taureau fut le troisième. Ils passoient pour les plus sages de l'assemblée, et personne en effet ne connoissoit mieux tout ce qui se rapporte aux gages de bataille.

CINQUANTE-HUITIEME AVENTURE.

Comment les Juges du camp firent un dernier effort pour appaiser la querelle, et comment les sermens furent prononcés par Renart et démentis par Ysengrin.

RÉUNIS en conseil, Brichemer leur dit : « Seigneurs, il est malaisé de croire « à tous les griefs reprochés à damp « Renart. Ce n'est pas seulement « notre ami Brun qui l'accuse; c'est Roo- « niaus, Frobert, Tiecelin, Pinte et d'autres « encore. Heureusement, toutes les clameurs « particulières se taisent depuis qu'Ysen- « grin les a réunies à la sienne. Ysengrin a « présenté des gages au nom de tous, c'est « avec lui seul que nous devons compter. « Dans cet état de choses, Seigneurs, ne

« seroit-il pas sage et judicieux de faire une
« dernière tentative d'accommodement en-
« tre les deux champions? — Nous le croyons
« comme vous, » répondent Baucent et les
deux autres. Ils se rendent aussitôt chez le Roi :
« Sire, nous sommes tombés d'accord, sauf
« votre honneur ou vos sujets particuliers de
« plainte, et il est à desirer que les deux ba-
« rons, messire Ysengrin et damp Renart,
« soient amenés à conciliation. »

Le Roi n'avoit rien plus à cœur; aussi, bien
loin de les contredire : « Allez-en donc parler
« d'abord à Ysengrin; c'est de lui que tout
« dépend : pour moi, je ne puis que maintenir
« son droit, et vous laisser le soin du reste. »

Brichemer se rend, le col tendu, chez Ysengrin, et le prenant à l'écart : « Le Roi, » dit-
il, « est mécontent de vous savoir contraire à
« toute tentative d'arrangement. En ami véri-
« table, je vous engage à prendre de meilleurs
« sentimens; recevez Renart à composition :
« le Roi et tous les barons vous le demandent.
« — Vous perdez votre françois, » répond
Ysengrin, « et que je sois mis en charbon, si je
« m'accorde jamais avec le traître, si je ne
« l'empêche de plus honnir et deshonorer son
« compère et sa commère. Je verrai si l'on
« déniera mon droit. — Recevoir l'offenseur
« à composition, » dit Brichemer, « ce n'est pas

« dénier le droit de l'offensé. Je voulois vous
« empêcher de pousser les choses à l'extrème
« et je voulois ôter entre vous tout motif
« de ressentimens ; vous ne le voulez pas, j'en
« ai regret.— Bien ! damp Brichemer, » répond
Ysengrin, « allez dire au Roi qu'il peut me
« tenir pour ivre si je laisse le vilain roux sor-
« tir du champ sain et sauf; la paix ne peut se
« faire que dans le champ, la bataille est né-
« cessaire, et nul, encore un coup, ne peut me
« dénier mon droit. »

Brichemer retourné vers le Roi : « Sire,
« nous n'avons rien obtenu ; la bataille est
« inévitable. Ainsi, pour maintenir le droit, il
« faut ouvrir les lices et laisser attaquer et
« défendre du mieux qu'ils pourront. — Puis-
« qu'il est ainsi, » répond Noble, « je prens
« à témoin saint Richer qu'ils auront la ba-
« taille et que je ne les en dispenserois pour
« tout l'or que le plus riche des deux pourroit
« m'offrir. Sénéchal, livrez le champ ! »

L'ordre du Roi fut aussitôt exécuté. Ysengrin et Renart sont conduits à l'ouverture des
barrières, se tenant par la main. Un chapelain paroit, c'est le sage et discret Belin : il
tient devant lui le sanctuaire sur lequel les
deux champions prononceront le serment. Et
pendant que damp Brichemer en règle la formule, on proclame le ban du Roi, que nul ne

LES SERMENS DONNÉS ET DEMENTIS. 311

soit si hardi de faire scandale en paroles, en contenance ou en gestes.

« Seigneurs, » dit Brichemer, « écoutez-« moi, et qu'on me reprenne si je parle mal. « Renart va jurer le premier qu'il n'a fait aucun « tort à Ysengrin; qu'il n'a pas été déloyal en-« vers Tybert; qu'il n'a pas joué de méchans « tours à Tiecelin, à la Mésange, à Rooniaus, « à Brun ni à Chantecler. Approchez, Renart ! »

Renart fait deux pas en avant, se met à genoux, rejette son manteau sur ses épaules, demeure quelque temps en oraison, étend la main sur les reliques et jure, par saint Germain et les autres corps saints là présens, qu'il n'a pas le moindre tort dans la querelle. Cela dit, il baise le sanctuaire et se relève.

Ysengrin, surpris et indigné de le voir ainsi mentir en présence de Dieu et des hommes, approche à son tour : « Bel ami doux, » lui dit Brichemer, « vous allez jurer que Renart a « prononcé un faux serment et que le vôtre est « seul vrai. — Je le jure ! » Cela fait, il baise les saints, se relève, avance un peu dans le champ, et fait une oraison fervente pour que Dieu lui laisse venger sa honte et reconquérir son honneur. Puis, après avoir baisé la terre, il prend et manie son bâton, le balance en tous sens, en tourne la courroie dans sa main droite : il humecte ses coudes, ses genoux et ses paumes; il prend son écu, fait à la foule un gracieux salut, et avertit Renart de bien se tenir.

CINQUANTE-NEUVIEME AVENTURE.

Du grand et mémorable combat de damp Renart et de messire Ysengrin; et comment le jugement de Dieu donna gain de cause à qui avoit le meilleur droit.

RENART ne se vit pas en face d'Ysengrin sans inquiétude. Il avoit bien été mis aux lettres, il savoit même assez de nigromancie; mais au moment de dire les mots qui servent pour les combats singuliers, il les avoit oubliés. Cependant, persuadé que l'escrime avoit une vertu suffisante, il empoigne son bâton, le fait deux ou trois fois brandir, tourne la courroie sur son avant-bras, embrasse son écu et paroit aussi ferme qu'un château défendu par de hautes murailles. Voyons maintenant ce qu'il saura faire.

Ysengrin attaque le premier : c'étoit le droit de l'offensé. Renart s'incline et le reçoit, l'écu sur la tête. Ysengrin frappoit et injurioit en même temps : « Méchant nain! que je sois « pendu si je ne venge ici ma femme épousée!

« — Faites mieux, sire Ysengrin; prenez l'a-
« mende que je vous offre. Les chevaliers de
« ma parenté vous feront hommage, je quitte-
« rai le pays, j'irai outre mer. — Il s'agit bien
« de ce que tu feras en sortant de mes mains!
« Va! tu ne seras pas alors en état de
« voyager. — Rien n'est moins prouvé. On
« verra qui demain sera le mieux en point. —
« J'aurai vécu plus d'un jour, si tu vois la fin
« de celui-ci. — Mon Dieu, moins de menaces
« et plus d'effets! »

Ysengrin se précipite, l'autre l'attend l'écu sur le front, le pied avancé, la tête bien couverte. Ysengrin pousse, Renart résiste et d'un coup de bâton adroitement lancé près de l'oreille, il étourdit son adversaire et le fait chanceler. Le sang jaillit de la tête, Ysengrin se signe en priant le Dieu qui ne ment de le protéger. Est-ce que, d'aventure, sa femme épousée seroit complice de Renart? Il voyoit cependant trouble : à qui lui eût demandé s'il étoit tierce ou none et quel temps il faisoit, il auroit eu grand peine à répondre. Renart le suivoit des yeux, et s'il hésitoit à prendre l'offensive, au moins se préparoit-il à bien soutenir une deuxième attaque. « Eh! que tardez-vous,
« Ysengrin? pensez-vous la bataille finie? » Ces mots réveillent l'époux d'Hersent; il avance de nouveau; le pié tendu, il brandit son bâton

et le lance d'une main sûre. Renart l'esquive à temps et le coup ne frappe que l'air. « Vous le voyez, sire Ysengrin, Dieu est pour mon droit, vous aviez jeté juste et pourtant vous avez donné à faux. Croyez-moi, faisons la paix, si toutefois vous tenez à votre honneur. — Je tiens à t'arracher le cœur, et je veux être moine si je n'y parviens. »

Ysengrin retourne à la charge le bâton dissimulé sous l'écu, puis tout à coup il le dresse et va frapper Renart à la tête. L'autre avoit amorti le coup en se baissant; et profitant du moment où l'ennemi se découvre, il l'atteint de son bâton assez fortement pour lui casser le bras gauche. On les voit alors jeter leurs écus de concert, se prendre corps à corps, se déchirer à qui mieux mieux, faire jaillir le sang de leur poitrine, de leur gorge, de leurs flancs. Le combat redevient égal par la perte qu'Ysengrin a faite de son bras. Combien de passes et de tours l'un sur l'autre, avant qu'on puisse deviner qui l'emportera! Ysengrin a pourtant les dents les plus aigues; les ouvertures qu'il pratique dans la pelisse de son ennemi sont plus larges et plus profondes. Renart a recours au tour anglois : il serre Ysengrin en lui donnant le jambet ou croc-en-jambe qui le renverse à terre. Sautant alors sur lui, il lui brise les dents, lui crache entre les lèvres, lui arrache les grenons avec ses ongles et lui poche les yeux de son bâton. C'en étoit fait d'Ysengrin : « Compère, » lui dit Renart, « nous allons « voir qui de nous deux a droit. Vous m'avez « cherché querelle à propos de dame Hersent : « quelle folie de vous être soucié de si peu de « chose, et comment peut-on mettre confiance « dans une femme ! Il n'en est pas une qui le « mérite ; d'elles sortent toutes les querelles, « par elles la haine entre les parens et les vieux « amis ; par elles les compères en viennent aux « mains ; c'est la source empoisonnée de tous « désordres. On me diroit d'Hermeline tout ce « qu'on voudroit, je n'en croirois pas un mot, « et je ne mettrois pas assurément ma vie en « danger pour elle. »

Ainsi railloit le faux Renart, tout en faisant pleuvoir les coups sur les yeux, le visage d'Ysengrin, tout en lui arrachant le cuir avec le poil. Mais par un faux mouvement, le bâton dont il joue si bien sur le corps de son ennemi lui échappe ; Ysengrin met le moment à profit, il alloit se relever, son bras cassé l'en empêche. Renart conservoit donc l'avantage, quand, pour son malheur, il avance les doigts dans la mâchoire d'Ysengrin qui les serre avec ses dents de reste, et pendant que la douleur fait jeter un cri à Renart, l'autre débarrasse son bras droit, le passe au dos de son adversaire, le fait descendre, et lui monte à son tour sur le ventre. Voilà les rôles changés : Renart, entre les genoux d'Ysengrin, implore non pas son ennemi, mais tous les saints de Rome, pour éviter le salaire du faux serment qu'il a prêté. Et comme Ysengrin ne lui épargne pas les coups, il s'évanouit, devient froid comme glace, en déclarant vouloir mourir avant de se démentir et se reconnoître vaincu. Après l'avoir battu, frappé, laissé pour mort, Ysengrin se relève; il est proclamé vainqueur. Les barons accourent de tous côtés pour le féliciter et lui faire cortège. Jadis les Troyens n'eurent pas autant de joie quand ils virent entrer Hélène dans leur ville, que n'en témoignent Brun l'ours, Tiecelin le corbeau, Tybert le chat, Chantecler le coq et Rooniaus le mâtin quand ils virent la défaite de Renart. Vainement les parens du vaincu s'interposent près du Roi; Noble ne veut rien entendre, il ordonne que le traître soit pendu sur le champ. Tybert se met en mesure de lui bander les yeux; Rooniaus lui lioit les poings, quand le malheureux Renart exhala un soupir annonçant qu'il vivoit encore, et ses premiers regards se portèrent sur les apprets de son supplice.

SOIXANTIEME ET DERNIERE AVENTURE.

Comment Renart, confessé par Belin, fut sauvé de la hart, et comment frère Bernart, un saint homme, voulut en faire un bon moine.

RENART, pour mieux se reconnoître avant de mourir, demande qu'on lui donne au moins un confesseur. Grimbert fait aussitôt avertir Belin ; le bon prouvère arrivé reçoit la confession et règle les conditions de la pénitence, en raison de la gravité des péchés. Pendant qu'il le confessoit, vint à passer frère Bernart, lequel arrivoit de Graudmont. Il rencontre en son chemin Grimbert et lui demande ce qu'il avoit à pleurer. « Ah ! beau sire, je pleure le « malheur de damp Renart que l'on va pen- « dre ; personne n'ose parler au Roi pour lui. « C'étoit pourtant un chevalier de grande « loyauté, plein de gentillesse et de courtoi- « sie. » Au grand deuil que demènent Grimbert et Espinart le hérisson, Bernart se sent ému de pitié ; si bien qu'il va trouver le Roi avec l'intention de demander qu'on lui remete Renart, pour en faire un moine de sa maison.

Frère Bernart étoit le religieux le mieux

aimé de messire Noble. En le voyant entrer, le Roi se lève et le fait asseoir près de lui. Bernart aussitôt lui demande la vie du coupable; mais Noble, au lieu de répondre, le regarde d'un air mécontent : « Ah! sire, » reprend Bernart, « veuillez accorder ma de-
« mande; qui tient à ses ressentimens ne doit
« pas espérer de voir jamais Dieu le père. Si
« Jesus-Christ pardonna sa mort, n'ouvrirez-
« vous pas votre cœur à la clémence? Grace!
« grace pour le pécheur, s'il est réellement
« touché de l'amour de Dieu, comme sa con-
« fession le témoigne. Accordez sa vie à l'af-
« fection que vous avez pour moi; je ne suis
« venu vous trouver que pour empêcher son
« supplice. Je veux le faire ordonner moine,
« je veux effacer ses vieux méfaits, le rendre
« un sujet d'édification générale. Dieu ne veut
« pas la mort du pécheur, et dès qu'il le voit
« repentant, il lui accorde le salut éternel. »

Noble écoute et sent peu à peu fléchir sa résolution. Il ne voudroit pas refuser quelque chose à Bernart; il lui remet enfin le coupable en lui laissant la liberté d'en disposer comme il l'entendra. C'est ainsi que Renart fut tiré de prison. On l'instruisit de la règle de l'ordre, on le revêtit des draps de l'abbaye, il devint moine. Quinze jours n'étoient pas écoulés, qu'il avoit vu toutes ses plaies cicatrisées, et qu'il étoit aussi bien portant que jamais. On étoit édifié de lui voir si bien retenir tous les articles de la doctrine chrétienne, et remplir si pieusement les devoirs d'un excellent religieux ; chacun des frères le chérissoit et le consideroit. La principale étude de frère Renart étoit pourtant de leur donner le change et de les gaber tous, à force de papelardise.

Aucunes gens disent qu'il demeura dans l'abbaye jusqu'à la fin de ses jours et qu'on l'eût canonisé, si sa fausse dévotion n'avoit pas été révélée, après sa mort, à un saint et pieux hermite dont Renart avoit plus d'une fois mangé la pitance. D'autres disent que tout en suivant le service divin, le frère Renart ne laissoit pas de penser souvent aux belles gelines dont la tendre graisse lui alloit si bien au cœur. La tentation souvent renouvelée fut enfin la plus forte ; mais grace au saint habit qu'il portoit, il put tromper longtemps la confiance des moines. L'ennui l'avoit pris de jeuner, de veiller pour ne rien prendre, de suivre le chant des offices au lieu de faire chanter damp Tiecelin ou Chantecler. Un jour, après le service qu'il avoit entendu d'une extrême dévotion, on ne fut pas surpris de le voir demeurer derrière les autres, le nez dans son bréviaire. Au sortir du moutier, il vit entrer dans l'infirmerie quatre beaux chapons que Thibaut, un riche bourgeois de la ville voisine, venoit offrir à l'Abbé. Frère Renart se promit d'en caresser longuement ses grenons. « Décidément, » se dit-il, « tous ces « gens qui font vœu d'abstinence ne vont pas « avec moi de compagnie. » La nuit venue, frère Renart sortit de sa cellule, prit le chemin de l'infirmerie, trouva l'endroit où les chapons gardoient l'espoir de vivre quelques jours encore, les étrangla tous les quatre et commença par se faire bonne bouche de l'un d'eux. Puis sans prendre congé de damp abbé, il emporta les trois autres chapons sur son cou, passa l'enclos, jeta son froc aux buissons de la haie, et se trouva bientôt en pleine campagne.

C'est ainsi qu'il auroit repris le chemin de Maupertuis et qu'après une longue absence il seroit rentré dans ses anciens domaines. Son retour, ajoute-t-on, surprit un peu la bonne Hermeline qui déjà se considéroit comme veuve ; si bien qu'elle auroit eu besoin de toute sa vertu pour comprendre la réalité de ce bonheur inespéré. Quelques auteurs médisans ont même assuré qu'elle étoit au moment de contracter un second mariage avec le jeune Poncet, son cousin germain, quand Renart avoit abandonné l'abbaye; et pour rentrer dans Maupertuis, le faux religieux auroit pris un déguisement de jongleur anglois. C'est, entre nous, un méchant bruit qui, par malheur, n'a pas été démenti ; mais à Dieu ne plaise que nous voulions en noircir la réputation d'une bonne dame dont personne, jusques-là, ne s'étoit avisé de soupçonner la tendresse maternelle et la fidélité conjugale !

Le Translateur.

La fâcheuse légende des secondes noces de la prude femme Hermeline et du déguisement de damp Renart en jongleur devoit appartenir au troisième et dernier livre de cette histoire, dont nous n'avons retrouvé que des lambeaux décousus. J'en vais dire ici quelques mots.

Depuis son départ de l'abbaye des Blancs-moines ou Bernardins, Renart avoit grand sujet de craindre la justice du Roi et n'osa plus se montrer que sous un costume emprunté. Tour-à-tour il s'affubla du bonnet des docteurs, du mortier des juges, du béret des marchands, de la mitre des évêques, du chapeau des cardinaux ; il endossa la robe des médecins, la simarre des prévôts et la livrée des courtisans ; il adopta la guimpe des nonnes, le chaperon des bourgeoises, la ceinture dorée des chatelaines. Enfin, le vieux poëte ferme la série de ses transformations en racontant « COMENT IL FU EMPERERES. »

Sous chacun de ces nouveaux déguisemens,

l'ancien ennemi d'Ysengrin remplit encore le monde du bruit de ses hauts faits. C'étoit, en apparence, un profond politique, un sage moraliste, un admirable philosophe, un homme du bon Dieu; en réalité, c'étoit toujours le grand séducteur, le grand hypocrite, le grand ennemi de la paix, le grand parjure : si bien qu'on finissoit toujours par reconnoître le bout de sa longue queue et par crier AU RENART! *derrière et devant lui.*

Voilà pourquoi il n'ose plus reparoître aujourd'hui, et comment, dans notre France, on n'entend plus jamais parler de Renart; soit qu'il ait passé les monts, soit qu'il ait fait vœu sérieusement de renoncer au monde. Si pourtant quelqu'un venoit à découvrir sa retraite, nous le prions très-instamment de nous en avertir, pour nous donner les moyens d'ajouter de nouvelles aventures à celles que nous venons de raconter.

NOUVELLE ETUDE[1]

SUR

LE ROMAN DE RENART.

Je n'ai pas l'intention d'aborder ici tous les points qui touchent à la composition de cette fameuse légende; les savantes, ingénieuses ou profondes recherches de MM. Mone, Saint-Marc Girardin, J. Grimm, Willems, Rothe, Jonckbloet, Fauriel et du Meril m'en dispensent, et je ne veux pas m'exposer à mal redire ce qui a déjà été bien dit. Mais le sujet n'est pas épuisé : les questions d'origine ne sont pas encore résolues, et je crois qu'on peut expliquer, autrement que ne l'a fait M. J. Grimm lui-même, les noms attribués aux animaux dans l'action générale. C'est là ce que je vais essayer de traiter, aussi rapidement que possible. Au risque de ne rien changer à l'opinion reçue, je dirai celle que je me suis formée, après avoir lu et relu les différens

[1]. Lue à l'Académie des Inscriptions et Belles-lettres, dans la séance du 25 novembre 1860.

textes de Renart, et les dissertations dont ces textes ont été l'occasion.

On sait que le genre de fiction, qui consiste à prêter aux animaux les passions et le langage des hommes, remonte au premier âge de toutes les littératures. L'Apologue est hébreu, egyptien, indien, grec, françois : il appartient à tout le monde. Dans l'Apologue, et surtout dans celui de nos contrées, on voit figurer au premier rang le *Loup*, emblème de la violence et de la voracité, le *Goupil* (vulpes), emblème de la ruse et de la malice. Il n'y a pas d'enfant qui n'ait eu peur du loup, pas un qui n'ait pris un certain intérêt aux méchans tours du Renard. Tous savent par cœur comment maître Corbeau perdit son fromage. Avant La Fontaine on empruntoit ces récits aux Ysopets du moyen âge; avant les Ysopets à Phedre; avant Phedre à Esope. Notre horison littéraire ne va guère au delà.

Dès le jour où Rome cessa d'imposer sa langue à l'Europe, et quand surgirent de tous les côtés de nouveaux idiomes avides d'entrer au partage de la riche proie des lettres latines, on vit reparoître le fond des plus anciens apologues, sous une forme plus ou moins altérée. Et comme il y eut toujours dans les Gaules et dans une partie de la Germanie un enseignement et des écoles, les fables æsopiques furent un des premiers, des plus faciles et des plus agréables exercices des maîtres qui enseignoient, et des écoliers qui apprenoient les secrets de la langue dite *grammaticale*, à l'exclusion de toutes les autres. Ces exercices, on le pense bien, ne se bornoient pas à réduire les anciens apologues en mauvaise prose ou en vers plus méchans encore. On ajoutoit aux premiers récits des incidens particuliers, des réflexions, des moralités nouvelles : et quand le sujet s'y prêtoit, on le retournoit de cent façons, quelquefois au point de le rendre méconnoissable.

La ruse et la violence se sont toujours, ou presque toujours, disputé le monde. L'application des fables dans lesquelles le loup et le renard jouoient un rôle étoit donc assez facile autrefois et ne seroit pas encore impossible aujourd'hui. Un prince, un soldat, un prêtre faisoit tomber son ennemi dans une embuscade; c'étoit le Renard laissant dans le puits son compagnon. Il proposoit un traité d'alliance afin de mieux tromper ; c'étoit le baiser de paix offert à la mésange ou au vieux coq. Il cherchoit une mauvaise querelle afin de prendre ce qui ne lui appartenoit pas ; c'étoit le loup reprochant à l'agneau de troubler son breuvage. Il persuadoit aux foibles d'éloigner leurs naturels défenseurs ; c'étoit le troupeau de brebis chassant les chiens qui veilloient à sa garde. De ces rapprochemens, dont l'occasion étoit fréquente, à la pensée de donner à ceux qui les avoient provoqués les noms de *loup*, de *goupil* ou de *chat*, et de mettre sur le compte de ces emblêmes convenus de la violence et de la fraude ce qui appartenoit aux hommes auxquels on les avoit d'abord comparés, il n'y avoit qu'un pas à faire, et l'on peut croire qu'on ne tarda guère à le franchir.

Mais ces jeux d'esprit, ces représailles satiriques entrèrent assez rarement dans la grande légende du Renard et du Loup, et les écrivains qui détournèrent au profit de leurs ressentimens particuliers le courant des anciens apologues, ne réussirent que devant leurs voisins ou leurs contemporains : ils ne firent pas école. Quand les allusions à des évenemens passagers dominoient assez le récit pour ne rien laisser aux animaux dont on avoit emprunté le masque, elles étoient oubliées dès que les évenemens et les hommes, objets de l'allusion, cessoient d'être en présence. On en revenoit aux anciennes fables, en se contentant d'appliquer les exemples généraux aux évenemens particuliers. Ainsi du neuvième siècle au quatorzième, il se rencontra nombre de clercs dans les abbayes et dans les écoles, pour gourmander leurs ennemis ou leurs frères, sous les apparences du loup et du renard; mais ces compositions telles que *Renart couronné*, *Renart bestourné*, *Renart contrefait* ou *Renart le nouvel*, n'obtinrent jamais droit de bourgeoisie dans la société des récits qu'on ne cessoit d'imiter, de refaire et de remanier.

L'INTRODUCTION de la plupart des apologues, dans les littératures modernes, appartient aux latinistes. Les clers universitaires et monastiques durent, les premiers, composer des fables, dits ou dialogues, sur les gestes du loup et du goupil. De ces ouvrages toujours inspirés par de plus anciens, les meilleurs passoient ordinairement de la génération qui les avoit produits aux générations suivantes. Au premier rang de ces dérivations immédiates (qu'on me permette le mot) de l'apologue antique, je crois qu'il faut placer le *Pœnitentiarius*, ou les Animaux malades de la peste; l'*Isengrinus*, ou le Renard médecin ; le Renard et le Bouc dans le puits ; le Loup devenu moine, berger et pêcheur d'anguilles. Mais toutes ces pièces latines n'étoient réellement connues que dans les écoles, jusqu'à ce qu'un premier trouvère s'avisa d'en introduire le sujet dans le domaine de la poésie vulgaire.

Par là, je n'entends pas dire que les récits latins conservés soient nécessairement antérieurs à nos romans françois ; mais seulement que les récits latins ont été les avant-coureurs des récits vulgaires, et qu'il faut ajouter une foi sincère aux trouvères même les plus anciens, quand ils nous disent qu'ils parlent d'après le livre, d'après l'histoire écrite. Le livre existoit réellement, l'histoire avoit été réellement composée. Et, dans ces premiers temps, qui disoit *histoire* ou *livre* ne pouvoit entendre qu'histoire ou livre écrit en latin.

Trois grandes compositions, parvenues jusqu'à nous, ont partagé la critique moderne, qui tour à tour a réclamé pour chacune d'elles le mérite de l'antériorité. C'est le *Renart françois*, le *Reinardus vulpes* latin et le *Reineke fuchs* flamand ou allemand.

A la différence de ces deux derniers ouvrages, le Renart françois n'est pas un seul poëme composé par un seul auteur. C'est une réunion de récits faits en divers temps, en divers lieux et par deux ou trois poëtes qui, loin de s'entendre entre eux, cherchèrent à se faire oublier l'un l'autre. On conçoit que les trouvères et les jongleurs, souvent clercs ou moines manqués, et dont la profession étoit de parcourir en tous sens la France pour y dire chansons de geste ou légendes pieuses, aient de bonne heure cherché, dans les poésies latines dont les clercs se délectoient, une nouvelle source de contes agréables et de récits populaires. L'épreuve heureusement faite, ce fut à qui se fourniroit dans ce fécond arsenal, à qui sur le tronc latin grefferoit de nouvelles branches et dresseroit de nouveaux rejetons.

Je sais bien que nos trouvères, tout en ne réclamant jamais le mérite de l'invention, étoient de grands inventeurs; et que sans le vouloir et sans le chercher, ils ne manquoient pas de donner à tous les sujets qu'ils venoient à traiter une forme inattendue; mais je ne vois pas de quel droit on refuseroit la même faculté d'invention et de transformation aux clercs de l'Université, aux latinistes, qui avoient assurément précédé les trouvères; car enfin ces latinistes avoient essayé toutes les formes de la composition, longtemps avant que les trouvères et les jongleurs débitassent autre chose que des chansons de geste et des légendes de saints. Élégies, épitres, dialogues, satyres, poëmes héroïques, tout étoit de leur domaine, même avant le neuvième siècle. Comment alors ne pas admettre qu'ils aient également essayé l'imitation des anciens apologues et tiré, les premiers, de ce fonds commun des poésies nouvelles?

UNE création qui, dans tous les cas, ne doit rien à l'Antiquité, et qui fut généralement admise dans les domaines de la fiction littéraire, c'est l'antagonisme et la guerre du goupil appelé Renart, contre le loup appelé Ysengrin. Je ne pense pas qu'on en ait trouvé la trace bien caractérisée avant la dernière partie du onzième siècle ou le commencement du douzième. Mais quant à ces noms d'Ysengrin et de Renart, ils peuvent être plus anciens que l'histoire de leurs démêlés. La première date certaine du poëme qui les raconte est, comme je le prouverai tout à l'heure, l'année 1147 ; tandis qu'un passage célèbre de Guibert de Nogent, écrivain mort en 1124, nous apprend que déjà l'usage existoit en 1112 de donner au loup ce surnom d'Ysengrin [1]. Assurément le loup n'avoit pas besoin d'être en guerre avec le goupil pour se recommander à l'attention populaire. Il avoit, longtemps auparavant, pris la coule des moines, montré patte blanche, mangé l'agneau et, peut-être même, le petit Chaperon rouge. Et de damp Renart il en étoit de même : on savoit, avant l'histoire de ses relations criminelles avec la louve, comment il avoit trouvé les raisins trop verts, comment il avoit fait descendre le Bouc dans le puits, comment il avoit trompé le Corbeau et fait chanter le Coq. Mais en mettant en présence ces deux grands malfaiteurs, on répondoit, sans peut-être trop s'en rendre compte, au besoin d'introduire quelque unité dans un double courant de fables, et de placer dans le même cadre deux suites de récits également en vogue. C'étoit encore un moyen de mettre à leur compte plusieurs légendes éparpillées sous d'autres noms, dans les apologues. Quoi qu'il en soit, je le répète, l'invention de la guerre de Renart et d'Ysengrin appartient à la littérature du

---

1. Solebat episcopus Laudunensis Teudegaldum irridendo Ysengrinum vocare, propter lupinam scilicet speciem. Sic enim aliqui solent appellare lupos.

(*Guibert. novig. de vita sua*, lib. III, cap. ix.)

moyen âge, et je penche à croire que c'est à quelque versificateur latin de la première partie du douzième siècle qu'on en fut redevable. Que ce poëte ait été françois, allemand ou flamand, c'est ce qu'on ne pourra dire avec autorité, tant qu'on n'aura pas retrouvé l'œuvre originale; mais la première relation de cette guerre en langue vulgaire ayant la forme françoise, il y a bien quelque raison de penser que le modèle latin fut également l'œuvre d'un François.

Maintenant, je dirai qu'on ne peut sérieusement contester le mérite de l'avoir introduite dans le domaine de la poésie vulgaire à la France et au seul de nos trouvères qui en ait réclamé l'honneur. Voici le début du roman :

> Seigneurs oï avés maint conte
> Que maint conterres vous raconte;
> Coment Paris ravi Heleine,
> Les maus qu'il en ot et la peine;
> De Tristan qui la Chievre fist,
> Qui assez belement en dist;
> Fabliaus et chansons de geste,
> Roman du Lin et de la Beste
> Maint autre content par la terre;
> Mais onques n'oïstes la guerre
> Qui tant fu dure et grant et fin
> Entre Renart et Ysengrin
> Qui moult dura et moult fu dure.
> Des deus barons, ce est la pure,
> Que onc ne s'entr'amerent jour;
> Mainte mellée et maint estour
> Ot entre eus deus, ce est la voire.
> Dès or comencerai l'istoire
> Et de la noise et del content....
> Si com je l'ai trové lisant.

Et de suite, le trouvère designe le livre dans lequel il a vu tout ce qu'il va raconter. Ce livre se nommoit *Aucupre* :

> Un livre, Aucupre aveit à non;
> Là trovai-je mainte raison
> Et de Renart et d'autre chose....

Le livre qui portoit ce titre : *Aucupatorius*, ou *de Aucupio*, ne traitoit donc pas seulement de la *chasse aux oiseaux*, il touchoit apparemment aux autres chasses, ou bien il réunissoit plusieurs ouvrages distincts comme cela arrivoit fréquemment. Le poëte justifie cette conjecture, en ajoutant qu'à l'ouverture du précieux volume il étoit tombé sur une grande lettre vermeille, à partir de laquelle il avoit trouvé le fond des récits qu'il alloit enromancer.

En tout cas, les vers qu'on vient d'entendre accusent déjà une date ancienne. A la fin du douzième siècle et encore moins au treizième, quand les poëmes de Lambert le Cort, de Crestien de Troyes, de Richard de Fournival, de Jean Bodel et de tant d'autres étoient répandus et récités en tous lieux, il n'est pas vraisemblable qu'un poëte se fût borné à cette courte nomenclature des ouvrages que ses auditeurs pouvoient connoître. Examinons quels étoient ces ouvrages.

1. Coment Paris ravi Heleine....

C'est le premier épisode de la guerre de Troie. Au temps de notre poëte, on le récitoit sans doute en forme de lai (comme les lais de *Narcisse* ou de *Pyrame et Tisbé*), avant que les autres parties

de cette fameuse légende de Troie fussent roman-
cées. Ce qui me porte à le conjecturer, c'est qu'une
seconde allusion au même ordre de récits se trouve
dans une autre branche de Renart, et qu'elle se
rapporte encore à l'enlèvement d'Helène :

> Ainc Troien n'orent telle joie,
> Quant receurent Heleine à Troie.
> (Edition de Méon, vers 15077.)

Au reste Benoit de Sainte-Maure, auteur du grand
roman de Troie, florissoit au milieu du douzième
siècle ; et rien n'empêche de supposer que son
œuvre ait été connue même avant 1147.

2. De Tristan qui la Chievre fist.

La *Chievre*, c'est-à-dire le *Chèvrefeuille*. Un des
premiers lais, qui de la source bretonne se repan-
dirent en France, fut celui que Tristan de Léonois
passoit pour avoir composé : plus tard, Marie de
France devoit nous raconter quelle en avoit été l'occasion. Le héros, dans ce chant plaintif, comparoit
son amour à l'attachement du chèvrefeuille pour
le coudrier : et, dit Marie de France,

> Ce fu la somme de l'escrit
> Qu'il li avoit mandé et dit,
> Que ne pot nens vivre sans li.
> D'eus deux fu-il tot antresi
> Cume del chevrefoil estoit
> Qui à la codre se pernoit.
> Quant il est si laciés et pris,
> Et tot entor le fust s'est mis,
> Ensemble pooient bien durer ;
> Mais qui puis les volt desevrer,

> Li codres muert hastivement,
> Et li chievres *foil* ensemblement.
> Bele amie, si est de nus,
> Ne vus sans mei, ne mei sans vus.
> Pur les paroles remembrer
> Tristram qui bien saveit harper
> En aveit fet un nuvel lai,
> Assés briefment le numerai.
> Gottlef l'apelent en engleis,
> Chievre-*foil* le nument en franceis.

On remarquera que sur trois des vers où se trouve le mot chievrefoil, deux présentent une syllabe de trop, pour la mesure. Nous ne pouvons consulter le manuscrit original, mais il y a tout lieu de croire qu'on y lisoit ou qu'il y faudroit lire :

> Et li *chievres* ensemblement....
> *Chievres* le nument en françois.

Et cette lecture justifie parfaitement le sens donné au vers de *Renart*.

3. Roman du Lin et de la Beste.

Ici Méon a mal lu *du leu*. Le meilleur manuscrit (Cangé, n. 68) porte très-lisiblement *du lin et de la beste*, et les autres ne répugnent pas à cette lecture. Il y a plus : des quatre manuscrits qui donnent le préambule, il n'en est pas un qui autorise la leçon de Méon.

Or il faut entendre, par le roman du *Lin et de la Beste*, la traduction d'une longue pièce de vers d'Hermann Contractus, *de Lino et Ovi*, publiée pour la première fois, avec tout ce qui pouvoit le mieux en faciliter la lecture et éclaircir le texte, par M. Ed. du Méril (*Poésies populaires latines*, Paris, 1843, T,

p. 379). Ce poëme du milieu du onzième siècle, où disputent de leurs avantages le lin qui donne à l'homme ses vêtemens, et la bête ou brebis qui le nourrit, étoit trop agréablement écrit pour n'avoir pas reçu bientôt la forme françoise à laquelle on fait ici allusion.

Mais, à la fin du douzième siècle, on ne devoit plus guère lire les vers *du Lin et de la Beste;* au lieu des *lais du Chevrefoil* et *du Ravissement d'Héleine*, on écoutoit les romans de Crestien de Troyes et de Robert de Borron; on entendoit conter toutes les histoires de Troie. Enfin à cette époque l'Europe entière étoit déjà remplie du bruit de la querelle de Renart et Ysengrin. Un trouvère auroit donc mérité d'être raillé, s'il avoit alors promis d'apprendre ce que tout le monde connoissoit déjà; et j'en conclus qu'il faut accorder à notre préambule une date plus ancienne que la fin du douzième siècle.

Plusieurs autres rapprochemens vont, je l'espère, confirmer les inductions précédentes. Voici d'abord le plus incertain de ces témoignages.

Quand Primaut refuse de partager avec Renart l'oison qu'ils avoient gagné de compagnie, Renart justement indigné s'écrie :

> Primaut, par foi,
> Ne me portés pas bone foi.
> Foi que je doi mon fil Rovel,
> C'est la compaignie Tassel
> Que vous me fetes voirement.
>
> (Méon, vers 3819.)

Il est assez difficile d'expliquer quelle étoit cette compagnie Tassel. Je vois pourtant dans le *Roman de Rou* qu'en l'année 1105, Robert Courte-Heuse, duc de Normandie, mal assuré de la fidélité des bourgeois de Caen, ne voulut pas attendre dans cette ville l'arrivée du roi d'Angleterre Henry Ier, son compétiteur. Il en sortit à la nuit tombante, et quand il eut passé la porte Milet, les gens qui conduisoient ses bagages furent arrêtés et dépouillés par celui que le Duc avoit chargé de la garde des barrières; et cet homme se nommoit Taisson.

> A la porte Milet passeit,
> O grans maisnies qu'il menoit,
> Uns barriers qui ot non Taisson,
> Ne sai s'il avoit aultre non,
> Un chambrelen a encontré,
> D'une male l'a destrossé:
> Et li dus s'en ala avant,
> Ne vout retorner por itant.
> Li pautonnier qui ico virent,
> Ço que Taisson ot fet si firent;
> Les escuiers ont destrossé
> Et abatus et destorbez.
>
> (Wace, vers 1646.)

La *compagnie Tassel* dont parle notre Renart pourroit bien être celle dont le duc Robert avoit eu si juste occasion de se plaindre. De *Taisson* à *Tassel* il n'y a pas loin assurément, et tant qu'on n'aura pas trouvé une autre façon d'interpreter ce passage, je ne renoncerai pas à ma conjecture.

Je réunis deux autres indices de date. Quand Ysengrin se voit seul dans le puits, le trouvère fait un rapprochement entre sa position désespérée et celle des chrétiens qui gémissent dans les prisons d'Alep:

> Ysengrins est en male trape;
> Se il fust pris devant Halape,
> Ne fust-il pas si adolés.
>
> (Méon, vers 6209.)

Puis dans la branche du *Jugement*, quand Renart, condamné à faire le voyage de Terre sainte, rejette croix, écharpe et bourdon, il adresse au Roi ces insolentes railleries :

> Que Dieus confonde le musel
> Qui m'encombra de ceste frepe,
> Et du bourdon et de l'escherpe !
> En haut parole et dist au Roi :
> Sire, dit-il, entens à moi :
> Salus te mande Noradins
> Par moi que je sui pelerins.
> Si te criement li paien tuit,
> A poi que chascuns ne s'en fuit.
> (V. 11260.)

Il faut conclure de ces deux curieux passages que l'ouvrage fut composé dans le temps où le nom de Noureddin, fils et successeur de Zengui sultan d'Alep et prédécesseur du fameux Saladin, frappoit d'épouvante les chrétiens de Syrie, auxquels il venoit d'enlever la ville d'Edesse. La nouvelle de ses victoires décidoit le roi de France, Louis VII, à préférer les exhortations de saint Bernard promettant la reprise des lieux saints, à celles de Suger prévoyant les revers de l'expédition. Or, Noureddin regna de 1145 à 1161 ; et ce n'est pas après le retour du Roi qu'un trouvère françois se fût contenté d'une telle allusion au malheur de ceux qui s'étoient fait prendre devant Alep ; il auroit parlé du siège de Damas, de la surprise et de la destruction de l'armée françoise dans l'Asie Mineure. Mais au contraire, il étoit tout naturel que, dans le temps où l'on prêchoit la Croisade contre le sultan d'Alep, l'auteur de *Renart* comparât les craintes d'Ysengrin à celles des captifs de Noureddin ; qu'il fît prendre à son Renart le bourdon et la croix ; et fît donner au Roi l'assurance railleuse de l'effroi que son nom seul inspiroit déjà au Sultan. Ajoutons qu'il est impossible de ne pas reconnoître saint Bernard lui-même, parvenu vers 1147 au plus haut degré de l'influence morale qu'il exerça sur ses contemporains, dans le frère Bernart qui, au retour d'une visite aux religieux de Grandmont, obtient du Roi, accoutumé à ne rien lui refuser, le pardon de Renart et la liberté de le revêtir du blanc manteau, uniforme des moines de Clervaux. Il est peu probable qu'au retour de la funeste croisade, on eût ainsi parlé de l'influence souveraine de l'abbé de Clervaux sur le Roi : du moins, si on l'avoit fait, n'eût-on pas manqué d'ajouter que cette influence pouvoit avoir des résultats funestes.

Un autre indice d'ancienneté c'est assurément le rôle que joue, plusieurs fois dans le roman, la *Prêtresse* ou femme de Prêtre. Sans doute la discipline ecclésiastique défendit toujours aux prêtres de contracter mariage, et même de conserver, à partir de leur entrée dans les ordres, la femme qu'ils avoient épousée ; mais on n'insista vivement sur ces défenses qu'à partir de la fin du douzième siècle ; auparavant, quand le prêtre s'engageoit à ne plus voir qu'une sœur dans celle qu'il avoit auparavant épousée, on lui permettoit de la garder près de lui. La femme restoit même dans le presbytère, et le nom de *prêtresse* qu'on lui donnoit étoit accepté par elle comme un titre honorable. A plus forte raison, les femmes séparées de leurs époux devenus prêtres, se paroient-elles de ce nom de *prêtresse*, tout le reste de leur vie.

Voila ce que j'avois à dire pour établir la date au moins des premières branches conservées de notre *Renart* françois. Et ce premier point exposé, je passe au poëme latin publié par Mone en 1832, sous le nom de *Reinardus vulpes*, mais qu'on auroit avec plus de raison, comme l'a déjà fait remarquer M. Rhote, intitulé *Ysengrinus*.

Cet ouvrage est postérieur aux premiers poëmes de *Renart :* les critiques sont unanimes sur ce point. On reconnoît dans chaque vers l'amplificateur qui traite un sujet devenu lieu commun, pour y trouver un cadre à ses préoccupations monacales, à de laborieux efforts d'expression et de pensée. Il y a pourtant, au moins à la fin du second livre, une certaine intention de se rapprocher des règles de la poésie classique, et je ne puis m'empêcher d'en faire juges mes lecteurs :

Le roi Rufanus a recouvré la santé, grâce à la peau d'Ysengrin, qu'il s'est appliquée de par l'ordonnance du médecin Renart. Le bon prince veut abréger l'ennui de sa convalescence en écoutant d'agréables récits. Il invite donc Renart à lui raconter comment le malheureux Ysengrin étoit devenu moine, puis avoit quitté l'abbaye ; comment il avoit été accueilli dans l'hôtel de la Chèvre, et toutes les paroles échangées à cette occasion. « Renart, » ajoute-t-il en souriant, « ne se sou- « viendroit-il pas de certaine aventure dans la- « quelle le coq l'auroit trompé lui-même? » Renart s'excuse sur sa voix fatiguée ; mais on peut, dit-il, réclamer ces récits de Brun l'ours qui en a même fait le sujet d'un poëme. Le Roi envoie Guter où Couart le lièvre vers Brun ; Brun confie son manuscrit au sanglier, et le sanglier commence le mélodieux recit, au milieu du plus grand silence :

> Mox animi compos, rerum narramine dulci
> Tempora Reinardum tollere longa rogat :
> Ut lupus exierit claustrum aut intrarit, et hospes
> Ut fuerit capreæ transieritque redux,
> Factaque mutua, verba data atque relata vicissim,
> Aut cur aetatem dissimularit ibi.
> Addit et ut gallus Reinardum luserit ipsum,
> Rex subridendo scire quoque illud avens.
> Difficilis Reinardus erat, nam multa loquentem
> Sermo fatigarat continuatus eum ;
> Sed Brunona rogat sibi sæpe relata referre,
> At Bruno versus fecerat inde novos.
> Quos ubi rex an vellet eos audire rogatus,
> Mandat, it allatum Gutero, moxque redit.
> Datque urso, dedit ursus apro, legit ille ; silebat
> Dulcisonum auscultans curia tota melos.

Ce poëme, œuvre prétendue de l'ours, forme le troisième livre du *Reinardus vulpes*, et contient plusieurs aventures qui devoient précéder la vengeance d'Ysengrin, début du premier livre. Quand on ne devroit voir ici qu'un moyen de lier entre eux des récits composés d'abord sans aucun dessein de réunion, il faudroit encore reconnoître dans cet expédient une certaine connoissance des règles de la composition littéraire.

Au reste, sur les vingt-quatre aventures du *Reinardus vulpes*, il n'y en a que treize dont le fond se retrouve dans le Renart françois. Encore y sont-elles traitées avec de telles différences qu'elles ne laissent pas la faculté de supposer la plus légère imitation de l'une ou de l'autre, ni même que le latiniste ait pu connoître autrement que par ouï-dire l'existence des récits françois.

Mais, et cela nous intéressoit le plus, on doit rapporter la date du *Reinardus vulpes* à l'année 1148. Le poëme latin suivit donc de près la composition de la dernière branche du *Renart* françois, le *Jugement*. Quand un trouvère françois écrivit cette branche, Louis VII venoit de partir pour la croisade; quand fut achevé le poëme latin, Louis VII n'étoit pas encore revenu. Alors Roger, qui prit le titre de roi de Sicile en 1249, n'étoit encore que duc de Pouille; des bruits très-fâcheux circuloient sur la part qu'il avoit prise au mauvais succès du saint voyage, en décidant les deux souverains d'Allemagne et de France à choisir le chemin de Constantinople au lieu de suivre la voie de mer, qui de Messine les auroit conduits directement en Syrie. La calomnie n'épargnoit ni saint Bernard ni le pape Eugène III, qu'on présentoit comme le complice de Roger. L'auteur du *Reinardus vulpes* s'arrête sur l'accusation avec une insistance marquée, témoignant une fois de plus de la liberté qu'on laissoit alors aux écrivains de dire tout ce qu'ils vouloient, pourvu que la question dogmatique n'y fût pas intéressée.

« Le pape, artisan de fraude, a, « dit-il, » vendu les « chrétiens au duc de Sicile. Honte et douleur! un « seul moine, évitant pour lui le danger, a causé la « ruine de deux royaumes.... N'avons-nous pas vu « comment on avoit enflammé le zèle des chrétiens « contre les barbares, et quelles prospérités on avoit « promises à ceux qui feroient le voyage?... »

Et plus loin, Renart, sous ombre de répondre à ces imputations, vient ainsi les aggraver : « O per-« fide Salaure, ton intention, je le vois, est d'accu-« ser le pontife romain d'une connivence crimi-

« nelle. Cela, parce que le duc sicilien auroit
« redouté le passage des pelerins à travers ses do-
« maines, et parce que le Pape, alléché par l'or de
« ce prince, auroit déterminé les croisés à prendre
« le chemin de Grèce.... Malheureuse! tu ignores
« donc les vrais motifs de la conduite de ce bon
« pape? Je vais te les dire : Le vil peuple avoit l'ha-
« bitude de rogner les pièces de monnoie; il osoit
« couper en deux la croix dont elles sont marquées.
« C'étoit un péché mortel dont le pape gémissoit
« plus que personne. Si donc il a pris l'or sicilien,
« l'or des rois de France, d'Angleterre et de Dane-
« mark, ce fut pour ôter les occasions de péché. En
« attirant dans son épargne tant de pièces qui dès
« lors n'étoient plus en danger d'être coupées, il a
« diminué autant qu'il dépendoit de lui les occasions
« de profaner le signe de notre salut. Voilà pourquoi
« il a pris l'argent sicilien, et dans le même esprit
« de piété, il eût volontiers pris tout l'argent du
« monde. Non qu'il convoite le métal, rouge ou
« blanc, mais par charité pour le salut du troupeau
« qui lui est confié [1]. »

Ces indications chronologiques, dont on ne contestera pas la précision, sont confirmées par d'autres passages où l'auteur, moine de l'abbaye d'Egmont,

---

[1] . . . . Papa dolosus
Christicolas siculo vendidit aere duci.
Proh pudor in cœlo! dolor orbe! cachinnus Averno!
Regna duo monachus subruit unus iners....
Christicolae populi collectas novimus iras
Barbariem contra concaluisse procul.
Hic satis est nostras rumor perlatus ad aures,
Felicemque homines creditur isse viam....
Præscio quid penses; sceleris damnare dolique
Pontificem latium, perfida porca, cupis.

se rappelle à la bienveillance de Gauthier et de Baudouin : le premier, abbé d'Egmont, le second, abbé de Lisborn en Westphalie, qui tous deux occupèrent cette dignité dans le même espace de temps, c'est-à-dire de 1130 à 1160. Mone, Grimm, Bormans et tous les critiques ont accepté ces dates, il est donc inutile de les soumettre à l'épreuve d'une démonstration nouvelle. Ainsi, d'après les passages relatifs aux deux patrons vivans de l'auteur, le poëme latin fut écrit de 1130 à 1160 ; et d'après les allusions au départ des croisés, aux premiers revers de l'expédition prêchée par saint Bernard, sa juste date doit être l'année 1148.

Jusqu'a présent, je marche assez d'accord avec M. Grimm, tout en précisant, plus qu'il n'a voulu

> Dicere vis quia Jerosolmam aetneus ituros
>   Christicolas timuit per sua regna gradi ;
> Papa ergo siculi ducis aere illectus utroque
>   Argolicum populos carpere suasit iter....
> Improba! tu nescis hoc quare Papa benignus
>   Fecerit, ausculta, cognita dico tibi.
> Dimidiare solet numos ignobile vulgus,
>   Et dirimit sacram rustica turba crucem.
> Hoc scelus est ingens, hic mundi pessimus error,
>   Taliter errantes Papa perire dolet....
> Salvificare animas omnes vult Papa fidelis,
>   Cœlitus est illi creditus omnis homo.
> Idcirco aes siculi sumpsit francique tyranni,
>   Angligenae et Daci, et totius orbis avet....
> Materiam minuit signum cœleste secandi.
>   Quamvis non valeat tollere prorsus eam,
> Hoc tulit aes siculum pacto ut, pietatis eodem,
>   Totius immensas tolleret orbis opes ;
> Aes sibi non rutilum, non aes desiderat album,
>   Vult sibi commissum salvificare gregem.
>   (Lib. IV, v. 1015 et s.)

le faire, la date du *Reinardus vulpes*. Je reconnois avec lui que les trois textes conservés, latin, flamand et allemand supposent un original françois. Mais je me vois forcé de me séparer de l'illustre critique sur un point non moins important. Les poëmes étrangers sont bien, dit-il, fondés sur un roman françois ; mais ce roman est perdu. Les textes que Méon a publiés ne sont pas ceux que l'on a imités : ils ne présentent qu'un remaniement du treizième siècle ou même du quatorzième.

Cette opinion, que l'autorité du grand nom de M. Grimm a fait prévaloir, me paroît tout à fait dénuée de vérité et même de vraisemblance.

Pour la soutenir, il faudroit démontrer que les citations que je viens de réunir ne s'accommodent pas des inductions que j'en ai tirées.

Il faudroit signaler les branches et les passages du Renart françois qui révèlent la date de la fin du treizième siècle [1].

Il faudroit trouver les fragmens d'un texte plus

---

[1]. Peut-être alleguera-t-on ces deux vers de *Renart teinturier* :

> Foi que devez le séint martir
> Et saint Thomas de Chanterbir....
>
> (Méon, v. 12195.)

Mais Méon a choisi la leçon donnée par un seul manuscrit, le n° 7607⁵, le moins ancien des sept. Les cinq autres manuscrits qui contiennent la même branche (laquelle n'est pas des deux premiers auteurs, mais d'un trouvère des premières années du regne de Philippe Auguste) portent uniformément, et comme M. Chabaille l'a relevé :

> Par la foi que doi saint Martin
> Et saint Frobert et saint Quentin....
>
> (Suppl. au roman du Renart, p. 155.)

ancien, dont les textes de Méon n'offriroient que le remaniement.

Il faudroit justifier, ce qu'on répète à tort depuis longtems, que les manuscrits de Paris et tous les autres qui renferment le *Renart françois* sont de la fin du treizième siècle ou du quatorzième.

Pour moi, je crois pouvoir affirmer que sur les sept de Paris, il s'en trouve deux du quatorzième siècle (n°s 7607[s] de la Bib. imp., et 198[c] de l'Arsenal), trois du milieu du treizième siècle (n°s 7607, 98 Suppl. fr. et 198[b] de l'Arsenal), deux enfin qui peuvent très-bien remonter au douzième siècle (68[c] et 1989 Saint-Germain). De plus M. Hippeau vient de retrouver plusieurs branches de Renart dans un manuscrit du cabinet de S. A. R. Monsieur le duc d'Aumale ; ces branches suivoient des poëmes qui semblent bien tous remonter au douzième siècle, par exemple ceux de Crestien de Troyes. M. Hippeau ne détermine pas la date du précieux volume ; mais il est écrit sur trois colonnes, et cette disposition, autant que les ouvrages qu'on y trouve réunis, forme une grande présomption en faveur de la date du douzième siècle.

Enfin il faudroit prouver que les formes grammaticales du *Renart* conservé n'appartiennent plus au douzième siècle. Mais pourquoi se seroit-on avisé de refaire et de renouveler la langue d'un ou de plusieurs contemporains de Crestien de Troyes et d'Aimé de Varennes, quand alors elle étoit arrivée au point de perfection qu'elle ne devoit plus dépasser dans tout le cours du moyen âge? Les vers de Crestien sont pour le moins aussi faciles à entendre, aussi élégans que ceux de Rutebeuf et de Jean de Meun, et si l'on veut y faire attention, on retrouvera dans leur facture celle de la plupart des branches de *Renart*.

Je sais fort bien que les trouvères du treizième siècle ont retouché quelques anciens poëmes; mais ces poëmes remontoient au onzième siècle ou bien aux premières années du douzième. C'étoit la Chanson de gestes d'*Ogier*, ou celles de *Rolant*, de *Guillaume d'Orange*, et en dernier lieu d'*Antioche*; on les renouveloit parce qu'elles avoient un besoin réel de retouche, pour ne pas blesser l'oreille des contemporains de Philippe Auguste et de saint Louis : mais, en cinquante ans, la langue avoit fait d'immenses progrès. Crestien de Troyes, Benoit de Sainte-More et le Normand Wace lui-même, en dépit de son pauvre génie, en sont la preuve incontestable. Or Crestien, Benoit et Wace étoient contemporains de Pierre de Saint-Cloud et des anonymes auxquels on doit les différentes parties du *Renart*, bien réellement conservées.

C'est donc une pétition de principe de dire avec la critique étrangère : « On a trouvé des poëmes flamans et allemans de *Renart* qui semblent remonter au douzième siècle et qui sont évidemment puisés à une source françoise : mais la seule rédaction conservée d'un *Renart françois* appartenant à la fin du treizième siècle, il en faut conclure que les poëmes flamans et allemans, qui remontent encore au douzième siècle, se rapprochent le plus de l'original perdu. » Nous répondons : Cet original n'est pas perdu, et nos textes françois ne sont pas du treizième siècle ou du quatorzième, mais du second tiers ou de la seconde moitié du douzième.

On insiste : les textes françois conservés ne présentent pas une composition régulière, uniforme;

c'est une suite de récits détachés qu'il seroit impossible de coordonner. On y reconnoît les lambeaux dispersés ou interpolés d'un poëme original, et non ce poëme-là même.

Au lieu de répondre directement à cette objection, je vais dire comment il me semble qu'a dû se former le *Renart françois*.

Les fables æsopiques, imitées et continuées en vers latins et même en prose latine, sont, comme on a vu, les premières sources dans lesquelles aient puisé les trouvères françois.

Les fables le mieux accueillies se rapportant aux aventures du *Renart* et du *Loup*, les trouvères durent en faire le sujet de nombreux récits, tous plus ou moins éloignés des textes latins qu'ils avoient sous les yeux.

Ces *risées* et ces *gabets*, comme les appelle Pierre de Saint-Cloud, couroient déjà les provinces, quand, dans le second tiers du douzième siècle, un trouvère fit une sorte de révolution dans la légende populaire et françoise de Renart, en traitant pour la première fois le sujet de la grande guerre soulevée entre le goupil ou Renart, et le loup ou Ysengrin. On peut hésiter à penser que celui qui introduisit dans la poésie françoise ce nouvel element ait continué l'œuvre qu'il avoit commencée : mais, dans ce cas-là même, on peut assurer que le sujet fut immédiatement repris par un autre trouvère anonyme, auquel nous devrions la meilleure partie de ce qui plus tard forma le cycle de *Renart*.

Voici les raisons qu'on pourroit alléguer pour soutenir que l'anonyme, auteur de la première branche, n'a pas poursuivi le récit :

Ce premier anonyme donne à la femme de Renart

le nom de *Richeut*, et ce nom ne reparoît plus dans les autres branches. Il est vrai que dans les plus voisines, la dame est tout simplement appelée la *femme Renart* : mais à partir de la *Chasse* et du *Partage du lion*, elle reçoit le nom d'*Hermeline*, que bien des dames du moyen âge ont porté, qui rappelle la fourrure de l'animal, et dont la forme est plus douce et plus poétique.

On peut répondre que le premier nomenclateur, n'ayant pas trouvé l'occasion de faire jouer à Richeut le rôle que sembloit réclamer son nom, aura consenti sans peine à lui substituer celui d'*Hermeline*, que Pierre de Saint-Cloud avoit introduit. Mais, après tout, la question d'identité entre le premier anonyme et l'auteur de la plupart des branches suivantes est secondaire. Il suffit de maintenir que presque toutes les branches dont se compose le premier volume de Méon et une partie des deux autres ont été faites et répandues, les unes deux ou trois années avant le milieu du douzième siècle, les autres vingt, trente ou quarante ans plus tard.

Je reviens au premier anonyme : il dit au début de son œuvre (Méon, I, p. 5), que les noms de Renart et d'Ysengrin, d'Hersent et de Richeut ont été donnés au loup, à la louve, au goupil et à la goupille en raison d'une grande analogie de penchans et de vices entre ces animaux et les deux hommes et les deux femmes qui avoient porté le même nom dans le monde.

Pour ce qui est de *Renart* et d'*Ysengrin*, l'anonyme a dû seulement parler par ouy-dire. Ces noms, tout porte à le croire, figuroient bien avant lui dans les récits poétiques; mais il aura voulu remonter à leur origine, déjà bien ancienne, et sans vouloir tromper les autres il a pu se méprendre lui-même. J'ai suffisamment parlé du nom d'Ysengrin, déjà populaire en 1112; celui de Renart (*Reginaldus*) fut, comme on sait, porté par un grand nombre de personnages considérables. Laissons ici, j'en demande pardon à M. Grimm, les recherches sur le sens primitif de ces noms : surtout n'allons plus croire avec lui qu'on ait choisi celui de Renart parce qu'il est, en vieil allemand, synonyme de conseiller, celui d'*Ysengrin*, parce qu'il répond à peu près à *barre de fer*. Tout ce que j'accorderai, c'est que fréquemment portés par des hommes francs d'origine, ces noms ont une origine franque. Mais, à la place de Renart et d'Ysengrin, supposez tout autre nom également usité, comme Theodebert ou Tybert, Theodemer ou Tymer, Théodoric ou Thierry, Ysembert, Robert, Grimbert, Bernard, Rouard, etc., etc, vous trouverez dans les origines franco-germaniques la justification pour le moins aussi plausible du choix qu'on en auroit fait. N'avions nous pas en France, et depuis longtemps, sinon la couleur de l'*ysengrin* au moins celle de l'*ysembrun*, drap foncé, d'une teinte analogue à celle du gris de fer? D'ysembrun à ysengrin [1] il n'y a pas en vérité aussi loin que de ce dernier mot à tout l'échafaudage étymologique de M. Grimm.

A la différence de ces deux noms, ceux d'Hersent et de Richeut semblent bien la propriété exclusive de notre trouvère anonyme. Les poëmes latins conservés aujourd'hui dans les grandes biblio-

---

[1]. M. Grimm préfère l'orthographe *Ysengrimus*; mais il sait que *presque tous* les anciens manuscrits latins portent *Ysengrinus*.

thèques, comme le *Pœnitentiarius*, l'*Ysengrinus* et le *Reinardus vulpes* ne les connoissent pas. Une pièce de vers françois qu'on n'a pas assez remarquée et que Méon avoit cependant insérée dans le second volume de son *Nouveau recueil de fabliaux*, va peut-être éclairer ce point d'une façon inattendue.

Richeut ou Richout (en latin *Richildis*) étoit jadis une chanteuse ou ménestrelle dont la vie avoit été tellement scandaleuse, qu'après sa mort on en avoit fait une sorte de patronne des femmes folles de leur corps. Ce fut la *Canidie* ou, si on aime mieux, la *Macette* du moyen âge. Le dit du Recueil de Méon, *C'est de Richeut*, n'est pas achevé, mais il en reste plus de treize cents vers, et ce n'étoit pas le premier qu'on eût composé sur le même sujet; l'auteur le confesse tout d'abord :

> Soventes fois oï avés
> Conté sa vie.
> Maistresse fu de lecherie.
> Maintes femes ot en baillie ;
> Totes sevent de tricherie
> Communaument,
> Mais ce fu par l'enseignement
> Richeut, qui fu moult longuement
> Par tout le mont....

Notre pièce remonte pourtant encore au douzième siècle, témoin le passage suivant où l'on raconte les voyages de Sansonnet fils de Richeut :

> Puis s'en avança vers Saint-Gile,
> Droit à Tolose
> Que li rois Henris tant golose. (V. 989.)

Ce prince étoit Henry II, roi d'Angleterre, qui,

trois fois, entreprit le siége régulier de Toulouse, et vingt fois tenta de s'en emparer par moyens détournés, dans la période comprise entre les années 1158 à 1164. La paix définitive ne fut conclue entre le comte de Toulouse et Henry qu'en 1165. C'est donc vers 1160 que l'on peut placer la composition. du *dit de Richeut*.

Ainsi Richeut avoit, au moment où parut la première branche du *Renart* françois, un mauvais renom très-populaire. Dans le fabliau des *Deux bordéors ribaus*, qui ne doit pas être moins ancien de beaucoup, un des jongleurs se vante de connoître les deux romans :

    Si sai *Richalt,* si sai *Renart.*

Et dans un fragment conservé des anciens poëmes de Tristan, Brangien, la confidente de la reine Iseult, dit à sa maîtresse dans un moment de dépit :

    Or me dites reïne Isolt,
    Dès quant avés esté Richolt?
    Vos apréistes sun mister,...
    Et d'une caitive traïr[1].

                (Ed. de F. Michel, t. II, p. 3.)

Cette pièce n'est pas assez édifiante pour nous engager à l'analyser avec exactitude. Il suffit de rappeler qu'après bien des aventures fâcheuses Richeut se lie à une autre fille de son espèce, nommée, chose bien remarquable, Hersent ou *Herselot* diminutif. Les deux bonnes robes, tantôt en querelle,

---

1. M. Victor Le Clerc, dans une excellente notice sur les Fabliaux (*Hist. litt. de la France*, XXIII, p. 205), semble croire que la Richolt de ces vers est déjà la femme de Renart. J'y reconnois plutôt, aujourd'hui, l'héroïne du dit de Richeut.

tantôt en bon accord, trouvent moyen de mener joyeuse vie. Un fils né de Richeut, lequel ne dégénère pas, Sanson ou Sansonnet, a de grands points de ressemblance avec Renart; c'est le plus faux ami, le plus dangereux voisin, le plus effronté compère. Il se vante surtout de l'empire qu'il exerce sur les femmes :

> Un cotel a dont les escorce,
> C'est la losange.... (V. 831.)

Il est pourtant à la fin trompé lui-même par sa mère et par Hersent, qui se trouve l'intermédiaire de la fraude et dont Richeut désire que son fils devienne amoureux. Mais comme elle étoit devenue vieille, on l'affuble de superbes vêtemens, on dissimule ses cheveux gris, on cache les rides de son front et les plis de son cou sous une large *guimple*, on étend le rouge et le blanc sur ses joues flétries :

> De blanchet lui covre la face
> Et le menton;
> El vis assist le vermillon
> De sor le blanc,
> Por ce que del natural sanc
> Pou i aveit;
> Hersans part belle, pas n'estoit....
> (V. 1119.)

Je laisse, pour abréger, la fin de l'aventure, dont le beau Sansonnet n'a pas lieu de se féliciter. Ce qu'il importoit de constater, c'est l'ancienneté des récits où figuroient Richeut et Hersent; car dès lors, il n'y a plus besoin des glossaires germaniques pour justifier leur introduction dans le roman de *Renart* :

en choisissant de tels noms (*Richildis* et *Hermesendis*), nos trouvères n'ont voulu qu'indiquer le rôle assigné dans leurs vers aux épouses de leur Renart et de leur Ysengrin.

> Dame Hersent resenifie
> La leuve qui si est haïe.
> Qui si par est aigre d'embler
> Bien puet à Hersent ressembler.
> Moult furent tous les deux d'un cuer,
> L'une fu l'autre, ce cuis, suer....
> Por le gran engien et por l'art
> Ert la gorpille Richeut dite;
> Se l'une est chate, l'autre est mite....
>
> (V. 129.)

Les noms des autres animaux introduits dans *Renart* ou sont empruntés aux hommes, ou rappellent l'apparence, le caractère, la démarche ou la voix de ceux auxquels on les donne. Il n'y eut, dans le choix qu'on en fit, aucun système, aucun parti pris à l'avance ; comme il n'y en a pas dans celui que font de leurs personnages nos auteurs de comédies. Les premiers furent de pure fantaisie, ou le reflet d'une impression passagère : l'usage des sobriquets parmi les hommes étant aussi ancien que la société même, il a pu suffire qu'au temps de nos poëtes, des individus du nom de Theodebert ou Thibert, Grimbert, Bernard, Hubert, Wanemer, Brichemer, Thiecelin, Drouin, aient été surnommés le Chat, le Blaireau, l'Ane, l'Escoufle, le Porc, le Cerf, le Corbeau, le Moineau, pour que les auteurs de *Renart* aient retourné les surnoms en faveur des animaux qu'ils mettoient en scène. Ce ne fut plus l'archiprêtre Bernart qui fut appelé l'âne ; ce fut l'âne qui devint Bernart l'archiprêtre. De même pour le corbeau, le cerf, le pourceau, le blaireau, l'épervier, Mahaut la pie, que nous appelons aujourd'hui Margot. Il ne faut pas aller chercher bien loin ce qui de près s'explique naturellement.

Les autres furent parlans, c'est-à-dire indiquèrent un rapport saisissable entre le nom et l'objet nommé; le lion fut le *roi Noble;* la lionne *Orgueilleuse* ou *Fiere;* le léopard *Hardi;* l'éléphant *Fortin;* le bouc *Lussurieus;* le taureau *Bruiant;* le mouton *Belin;* l'ours *Brun;* le coq *Chantecler* ou *Vairet;* le limaçon *Tardif* ou *Tardieu;* l'écureuil *Roussel;* la chèvre *Barbue;* le lièvre *Couart;* l'agneau *Cornuel;* le rat *Pelé* ou *Pelet;* le loir *Somilleus;* le perroquet *Verdeau,* etc., etc. La plupart de ces noms, si ingénieusement trouvés, ont passé dans les imitations étrangères, mêlés à d'autres d'invention exotique et constamment malheureuse ; comme *Rufanus, Carcophas, Bertiliana, Corvigarus,* pour le lion, l'âne, la chèvre, le bélier, etc. Cependant on n'a pas craint de soutenir, avec un grand air d'autorité, que tous ces récits de Renart avoient une première origine germanique, attendu qu'un seul de ces noms, *Ysengrin,* étoit de forme essentiellement tudesque. Mais, encore une fois, depuis l'établissement des Francs dans les Gaules, ce nom, tudesque d'origine, n'avoit-il pas eu le temps de devenir françois? Et dès lors, ne pouvoit-on s'éviter l'ennui d'aller le rechercher au fond de l'Allemagne, d'où sans doute il étoit parti plusieurs siècles avant la naissance du roman de *Renart?*

Le nom de Primaus, frère d'Ysengrin, mérite une mention particulière. C'est le synonyme de *pri-*

mat, dignité ecclesiastique; plusieurs hommes le portèrent au treizième siècle (et par conséquent au douzième), entre autres le traducteur des *Chroniques de Saint-Denis* que Boccace nomme Primasso. Je croirois assez que, dans *Renart*, la légende de Primaus se rattache à des récits latins dans lesquels le loup, qui n'étoit pas encore Ysengrin, entroit dans les ordres et devenoit prélat. Primaut répondroit alors au *Praesul* ou *Dacus pontifex*, qualité du loup dans le *Reinardus vulpes*.

Il s'en faut de beaucoup peut-être qu'on ait conservé tous les récits qui pouvoient entrer dans le cycle de *Renart* : Méon en avoit négligé plusieurs qu'on a retrouvés depuis; Monsieur le duc d'Aumale possède, comme j'ai dit tout à l'heure, un manuscrit ancien, dans lequel on a reconnu plusieurs aventures inédites; d'autres ont pu de France, où on les jugeoit indignes d'entrer dans le Recueil ordinaire, passer en Allemagne et dans les Pays-Bas, où l'on se seroit empressé de les traduire et de les imiter. Voilà toute la concession que nous puissions, à la grande rigueur, faire à M. Grimm. Quant à ces aventures particulières, recueillies par le *Reineck*, le *Reinart* et le *Reinardus*, on peut assurer qu'elles n'ont pas le cachet de l'esprit françois. Jamais je ne croirai qu'un de nos trouvères ait imaginé de faire mourir Ysengrin, torturé, broyé par une truie, abbesse d'un couvent de porcs de tous les âges; que Renart ait évité le supplice, non plus en prenant la croix et le blanc manteau, mais en révélant à Noble le lion la place du trésor du roi Emmeric, et en accusant sottement de trahison son père défunt et tous ses meilleurs amis; nous ne prétendons rien à de telles imaginations, *velut ægri somnia*, et nous les abandonnons de grand cœur aux moines, aux poëtes flamans ou allemans qui les ont recueillies.

Ce qu'on appelle en françois le *roman de Renart* est une série de fabliaux originaux. C'est d'ailleurs le beau privilége de la littérature françoise du moyen âge, de n'avoir traduit ou imité que des ouvrages latins; tellement qu'on auroit grande peine à citer un seul de nos trouvères qui ait, avant le quinzième siècle, emprunté la moindre chose aux muses flamandes, allemandes, italiennes, espagnoles ou angloises. De la France, au contraire, le flot littéraire fécondoit toute l'Europe; et chaque nouvelle étude dans les domaines du moyen âge constate mieux cette vérité, que M. J. Grimm lui-même est bien près de reconnoître.

Les principaux auteurs de *Renart* sont l'anonyme auquel on doit le prologue, et Pierre de Saint-Cloud. Mais le succès de leurs récits ne pouvoit manquer d'exciter l'émulation des autres trouvères : les jongleurs demandoient à chacun de nouvelles aventures de Renart, et c'est ainsi que l'on fut conduit à faire, et le plus souvent à gâter et deshonorer, les inventions des deux premiers conteurs; les uns l'essayèrent avec l'espoir de faire mieux ou aussi bien, les autres pour répondre aux appétits de la plus méprisable populace. Tous ces récits, qu'ils soient originaux ou travestis, doivent pourtant appartenir au douzième siècle, et c'est je pense avant 1200 qu'on en fit des recueils dont un certain nombre nous est parvenu. Ce qui me porte à le croire, c'est que le *Renart couronné*, composé vers l'année 1252, le *Renart bestourné* de Rutebeuf, et le *Renart contrefait*, ne sont pas compris dans les volumes particulièrement nommés *roman de Renart*.

Nous conservons à Paris sept de ces anciens recueils; sur les sept, cinq commencent par la branche *du Jugement;* dans l'ordre des récits, ce devroit être la dernière. Les deux autres manuscrits laissent la première place aux branches qui sont en effet les premières de l'œuvre générale. Méon a du moins eu le bon esprit de commencer son édition par le véritable commencement; mais s'il eût préféré la disposition la plus ordinaire, qui donnoit au *Jugement* la première place, peut-être M. Grimm n'auroit-il pas eu l'idée de soutenir que le modèle des imitations allemandes étoit perdu. Il y avoit, comme on voit, cinq contre deux à parier que les étrangers connoîtroient la collection de nos fabliaux de *Renart* par les textes qui plaçoient au premier rang le *Jugement*. Voilà comment ils pourroient donc avoir été conduits à commencer leurs imitations par cette branche; d'autant mieux qu'elle leur permettoit d'intercaler plusieurs des aventures en vertu desquelles Renart étoit mis en accusation; et c'est ainsi que, sans le moindre effort, ils auroient introduit dans leurs imitations une régularité qui n'existoit pas dans l'original.

Mais je crois plutôt que les imitateurs etrangers du treizième siècle ou, si l'on veut, du douzième, ne connurent de notre *Renart* que la grande branche du *Jugement*. L'œuvre de Pierre de Saint-Cloud, si remarquable d'invention et de style, les branches de Chantecler, la vengeance de Drouineau, les épisodes de Primaut et de Tybert furent toujours pour eux lettre close. Au lieu de remplir les vides que laissoit le *Jugement* avec d'aussi charmantes compositions, ils essayèrent d'inventer à leur tour : je ne veux pas abuser de nos avantages, mais Dieu sait ce qu'ils imaginèrent.

AI-JE maintenant besoin de dire qu'on pourroit donner une édition préférable à celle de Méon? Le mérite de ce célèbre éditeur est d'avoir en général assez bien lu les manuscrits; mais il laissoit beaucoup à désirer du côté du sentiment critique. Dans *Renart* il n'a pas eu le moindre égard au caractère des récits; il n'a rien fait pour les disposer dans un ordre que les anciens jongleurs n'avoient jamais senti le besoin d'établir. Ce qui nous déroute le plus aujourd'hui, c'est que la plupart des aventures, surtout les bonnes, sont doubles, triples et même quadruples. La première partie d'un récit est quelquefois d'un trouvère qui n'a pas fait la dernière, et cette dernière partie jure avec ce qui précède. Telle est la belle branche du *Jugement*. On y lit d'abord avec un plaisir incomparable l'épisode du convoi de dame Copette; mais quelle fâcheuse surprise quand la fin de la même branche nous amène Pelé le rat et deux chauves-souris qui viennent recommencer la même scène! Les bons manuscrits ne portoient pas cette insupportable répétition.

La ferme de Constant Desnos devient, sous la plume de Pierre de Saint-Cloud, la ferme de Berton le Maire; mais au moins là, c'est un assaut d'invention et de génie. L'aventure du piége dans lequel un des animaux fait tomber son compagnon est quatre fois redite. Tybert et Primaus chantent la messe que rechantent plus loin Renart et Ysengrin et, plus loin encore, Renart et Tybert. Ce dernier dispute deux fois à Renart la même proie, et deux fois lutte avec un curé. Enfin le combat de Renart et d'Ysengrin recommence entre Renart et Rooniaus, puis entre Renart et Chantecler.

Voilà ce que Méon, s'il ne le faisoit pas remarquer lui-même, auroit aisément permis de reconnoître, s'il eût placé les imitations en regard des modèles présumés, au lieu de les distribuer à de longs intervalles; comme si toutes concouroient également au progrès de l'histoire genérale.

En ne tenant aucun compte des doubles ou triples récits, et des additions postérieures, voici l'ordre que je proposerois pour le véritable Renart :

1. Naissance d'Ysengrin et de Renart.
2. Les bacons d'Ysengrin.
3. La ferme de Constant Desnos et Chantecler.
4. Renart et le Corbeau.
5. Renart et la Mesange.
6. Renart, Tybert et le piège.
7. Renart et la queue du chat.
8. Renart, Tybert et l'andouille.
9. Tybert et les deux prêtres.
10. Renart et les marchands de poisson.
11. Ysengrin fait moine.
12. La pêche aux anguilles.
13. Le double adultère d'Hersent.
14. Ysengrin, la Cour et le serment.
15. La chasse et le partage du lion.
16. Ysengrin dans le puits.
17. Le jugement Renart.

J'ai dit que je penchois à croire que l'anonyme, auteur de la première branche, avoit fait aussi les douze suivantes, dans l'ordre qui vient de leur être assigné : il ne faut pas oublier, en effet, que si le nom de Richeut est seulement dans le Prologue, la goupille n'est désignée dans les branches suivantes que sous le nom de *la femme Renart*. Ce fut donc Pierre de Saint-Cloud, auteur incontesté du *Partage du lion*, qui me semble avoir, le premier, introduit le nom d'Hermeline, que l'anonyme peut avoir adopté pour les récits qu'il a poursuivis. C'est assurément à tort que Legrand d'Aussy, Méon et Fauriel ont attribué les premières branches à Pierre de Saint-Cloud ; tout nous avertit du contraire. Pierre tenoit à se faire bien connoître ; il s'est nommé dans l'œuvre qu'il a véritablement composée, le *Partage du lion* :

> Pierres qui de saint Clou fu nés
> S'est tant travailliés et penés,
> Par proiere de ses amis,
> Que il vous a en rime mis
> Une risée et un gabet
> De Renart....

Puis à la fin :

> Ichi fet Perrins remanoir
> Le conte où voulut travailler.
>
> (Msc de l'Arsenal, n° 195 B, f° 165.)

Un auteur si curieux de recommander son nom n'eût pas manqué de l'écrire au moins une fois dans les branches précédentes. Surtout, il n'eût pas, au commencement du *Partage du lion*, conduit Renart dans la ferme de Berton le maire, après l'avoir conduit précédemment dans la ferme de Constant Desnes. Il est donc assez naturel de penser que Pierre de Saint-Cloud n'aura pas été fâché de lutter avec l'auteur des premières branches de *Renart*, et qu'il l'aura fait avec un légitime succès dans le *Partage du lion*, sans empêcher cependant le premier auteur de compléter l'œuvre qu'il avoit commencée. C'est à cet auteur que revient encore assurément la branche du *Jugement Renart,* dont voici le début :

« Pierre, qui mit tout ce qu'il avoit d'esprit à
« composer des vers sur Ysengrin et Renart, a
« pourtant négligé le meilleur de son sujet. C'est le
« procès et le jugement de Renart devant la cour
« du Roi. — Je vais vous le raconter :

> Pierre qui son engien et s'art
> Mist en vers faire de Renart
> Et d'Ysengrin son chier compere,
> Lessa les mieus de la matere,
> Quant il entr'oblia les plais
> Et le jugement qui fu fais
> En la cort Noble le lion....
>
> (Méon, II, p. 1.)

C'est, comme on a vu, la fameuse branche sur laquelle les trouvères allemans et flamans ont réglé leurs imitations.

Après le *Jugement* il est d'autres aventures moins anciennes dans lesquelles on trouveroit encore certains détails agréables. Telles sont le *Renart mucié aus peaus,* et le *Vilain Lietart* que fit un prêtre de la Croix-en-Brie. Telle est même l'histoire de Tybert *Comment il sonna les cloches et chanta matines.* Ici l'auteur s'est nommé : c'est Richart de Lison. L'aventure se passe en effet près du village de Lison en Normandie, au-dessous de Bayeux; entre la forêt du Vernay, le Breuil et Saint-Martin de Blagny; au temps de Guillaume Tornebu, évêque de Coutances, c'est-à-dire de 1189 à 1198. Mais ces récits ne se lient plus à la querelle de

Renart et d'Ysengrin; ce sont des fabliaux ajoutés plus tard, de même que le *Renart miré*, dont la donnée latine est assurément plus ancienne, mais qu'un trouvère françois a gâté dans un récit entièrement dépourvu d'agrément et de mesure. La plupart des autres branches ne méritent pas d'être nommées, si ce n'est le *Renart empereur*, que recommande le charmant épisode de la *Vengeance de Drouineau*.

Ces pauvres jongleurs du moyen âge, obligés de prévoir tous les goûts et de satisfaire toutes les classes de la société, chacune à son tour, réunissoient dans leurs volumes les pièces les plus dissemblables : récits de premier ordre, destinés aux honnêtes gens; parodies grossières, honteux caprices d'imagination, réservés pour les jours et les réunions carnavalesques.

Les recueils faits sur le sujet de *Renart* ne pouvoient échapper à ce fâcheux mélange des plus ingénieuses compositions et des plus méprisables débauches d'esprit. Mais quand un certain talent d'invention ou de style ne rachète pas les gravelures, il n'est guère à propos de les reproduire, et l'on a compris sans doute que, dans l'essai que je viens de tenter, je n'en aie pas tenu le moindre compte.

P. P.

10 novembre 1860.

Post-Scriptum. Ces pages étoient imprimées, quand Monsieur le duc d'Aumale voulut bien répondre lui-même à la lettre que j'avois pris la liberté de Lui adresser, dans l'espoir d'obtenir de Son bibliothécaire quelques nouveaux éclaircissemens sur le manuscrit dont M. Hippeau avoit obtenu la gracieuse communication. Mais le Bibliothécaire de S. A. R. étoit le Prince lui-même, et j'ose espérer qu'Il me pardonnera, si, ne pouvant aussi bien dire, je rappelle ici les propres termes de Sa réponse.

« Monsieur, j'ai fait part à mon bibliothécaire
« de la lettre que vous m'avez adressée; elle l'a
« jeté dans un certain embarras. Mon bibliothécaire
« a fait ses études comme tout le monde; il a été
« ensuite soldat, administrateur; sa carrière ayant
« été brusquement interrompue, la recherche,
« j'oserai presque dire l'étude des vieux livres, est
« devenue l'amusement et la consolation de son
« exil. Mais il n'a pas la moindre prétention à pas-
« ser pour érudit, et surtout il n'est rien moins
« que paléographe. Cette réserve posée, voici ce
« qu'il peut, tant bien que mal, répondre à vos
« questions :

« Le manuscrit qui fait l'objet de votre lettre a
« été exactement décrit. Seulement, l'éditeur du
« *Beau descogneu* se trompe, quand il m'attribue
« l'acquisition de ce volume. Il faisoit partie de la
« Collection de Condé dont il porte les armes sur
« les plats. Bien qu'il ait conservé les traces d'un
« fréquent usage et de quelques mutilations, il peut
« passer pour bien conservé. L'encre est intacte, il
« est d'une lecture facile pour ceux qui sont habitués
« à la langue du moyen âge, à l'écriture cursive et
« aux abréviations usitées à cette époque. La reliure
« en veau racine est du siècle dernier ; on lit au dos :
« *La connoissance de toutes choses*. 1250. Rien n'in-

« dique qui a déterminé cette date ni fourni ce titre
« qui ne paroît pas avoir de rapport avec le contenu
« du volume. L'une et l'autre semblent arbitraires;
« il y a sans doute là quelque erreur ou quelque
« fantaisie du très-ignorant bibliothécaire qui a fait
« relier ces manuscrits. Le successeur actuel de ce
« malheureux *garde-livres* se pique d'avoir un peu
« plus de goût; mais il lui est impossible de fixer
« avec précision l'âge de notre volume. Son opinion
« est que ledit volume peut avoir été écrit aussi
« bien au douzième qu'au treizième siècle.

« Tous les poëmes mentionnés par l'éditeur du
« *Beau descogneu* sont comme il le dit, écrits sur
« trois colonnes. Le roman en prose est sur deux co-
« lonnes.... Puis viennent les branches du *Roman de*
« *Renart* écrites aussi sur trois colonnes à 156 vers
« par pages, avec ce simple titre en lettres rouges et
« bleues : *De Renart*. Le manuscrit commence par
« les 22 vers qui sont aussi les premiers de l'édition
« Méon, suivis des branches intitulées par Méon :
« 1º Si come Renart prist Chantecler le coq. — 2º Le
« desputement de la mesange. — 3º De Tybert le
« chat et les deux prestres. — 4º De Renart com il
« conchia le corbel de fromage. — 5º De Renart et
« Ysengrin com il issirent de la mer, avec la ren-
« contre de Renart et dame Hersent. — Dans notre
« manuscrit, cette branche commence au vers 336
« de l'édition Méon (tom. I, p. 13). Est-ce celle
« que l'éditeur du *Beau descogneu* croyoit inédite ?
« En voici les vingt-deux premiers vers avec l'or-
« tographe reproduite au mieux de mon bibliothé-
« caire :

« Cil plait fu ensi afines
« Que R. s'est acemines

« Trestout parmi le bos fendant
« Par une coche en I pendant
« Ains ne fina quequ'il s'esgaie
« Qu'il senbati en .I. haie
« Par desus .I. fosse oscure
« La li avint. I. aventure
« De coi li anuia et poisse
« Ke par ce comencha la noisse
« Par mal pechie et par dyable
« Vers Ysengrin le conestable
« Quant il vit le carée roce
« .I. petitet avant s'aproce
« Et por enquerre et por savoir
« Ou il peust repos avoir
« Ains ne sot mot quant il avale
« Qu'il se trova en mi la sale
« Dant Y. sen anemi
« .IIII. lovel gisent en mi
« Et Madame Hersent la leuve
« Qui ses louvials norist et keuve....

« 6° Si con Ysengrin s'alla plaindre de Renart à la
« cort le Roi. — 7° C'est la bataille de Renart et
« Ysengrin. — 8° Si com Renart voult mangier son
« confesseur. — 9° Si com Renart fist avaler Ysen-
« grin dans le puits; (interrompue après le vers 6644
« du texte imprimé).... »

Ainsi, d'après ces précieuses et savantes indications, on voit que l'éditeur du *Beau descogneu* s'est mépris en croyant reconnoître une branche inédite de Renart dans le manuscrit qu'il avoit sous les yeux. Il s'est, je pense, également trompé, en rejetant au treizième siècle le poëme du siècle précédent qu'il publioit à son retour en France. Mais ce que nous devions constater, c'est que le sentiment de Monseigneur le duc d'Aumale donne une nouvelle force à ce que je disois plus haut de l'ancienneté de composition et même de transcription de notre *Renart* françois.

ERRATUM.

Page 43, ligne 10 : Au lieu de *Mais*], lisez : *Mais*.

Page 101, ligne 4 : Au lieu de *Et que Renart mangea*, lisez : *Et que Renart ne mangea pas*.

Page 355, ligne 24 : Au lieu de *Et c'est ainsi que l'on fut conduit à faire*, lisez : *Et c'est ainsi que l'on fut conduit à contrefaire*.

TABLE DES MATIERES.

PROLOGUE.

Où l'on voit comment le Goupil et le Loup vinrent au monde, et pourquoi le premier s'appellera Renart, le second Ysengrin.......................... Page 1

LIVRE PREMIER.

Aventure premiere. Comment Renart emporta de nuit les bacons d'Ysengrin............................... 9
Deuxieme aventure. Comment Renart entra dans la ferme de Constant Desnois ; comment il emporta Chantecler et comment il ne le mangea pas...................... 12
Troisieme aventure. Comment Berton le Maire fut trompé par Renart, et comment Renart fut trompé par Noiret. 23
Quatrieme aventure. Comment Tiecelin le corbeau prit un fromage à la vielle et comment Renart le prit à Tiecelin... 35
Cinquieme aventure. Comment Renart ne put obtenir de la Mésange le baiser de paix...................... 40
Sixieme aventure. Comment le Frère convers ne détacha pas les chiens................................. 43
Septieme aventure. Comment Renart fit rencontre des Marchands de poisson, et comment il eut sa part des harengs et des anguilles............................ 45

Huitieme aventure. Où l'on voit comment Ysengrin eut envie de se convertir, et comme il fut ordonné moine de l'abbaye de Tyron.................................... Page 49

Neuvieme aventure. Où l'on verra comment Renart conduisit son compère à la pêche aux anguilles.............. 55

Dixieme aventure. Comment Renart trouva la boîte aux oublies, et comment Primaut, ordonné prêtre, voulut sonner les cloches et chanter la messe : ce que l'on estima fort étrange............................... 59

Onzieme aventure. Comment Renart et Primaut allèrent à la foire, et du bon marché qu'ils firent en chemin...... 71

Douzième aventure. Comment l'oison ne demeura pas à qui l'avoit acheté, et comment Primaut ne put attendrir Mouflard le vautour.......................... 75

Treizieme aventure. Comment Renart eut vengeance de Primaut, et comment il le fit battre par les harengers... 77

Quatorzieme aventure. Comment Renart conduisit Primaut dans le lardier du vilain, et ce qui en résulta pour le vilain et pour lui................................. 85

Quinzieme aventure. Comment Primaut fut de nouveau gabé par Renart, et comme il fut, par beau miracle, retenu sur le tombeau d'un saint martyr............... 89

Seizieme aventure. Comment Tybert prit les soudées de Renart, et comme il en cuit de s'attaquer à un vieux chat.. 95

Dix-septieme aventure. Comment Renart et Tybert, redevenus bons amis, font la découverte d'une andouille que Tybert emporta et que Renart ne mangea pas........ 101

Dix-huitieme aventure. Comment deux prouvères chevauchoient allant au Synode ; comment ils firent rencontre de Tybert et comment Tybert rentra dans le presbytère, monté sur le palefroi............................. 109

Dix-neuvieme aventure. Comment Roussel et Tybert, Blanche et Fremont jouoient aux marelles, et comment Renart mangea l'andouille.................................. 113

Vingtieme aventure. De la chevauchée de Renart et de Tybert dans la maison d'un vilain, et comment Tybert y dut laisser sa queue en gage........................ 117

Vingt-et-unieme aventure. De l'arrivée de Renart chez dame Hersent durant l'absence d'Ysengrin, et comment la guerre prit commencement entre les deux barons............ 122

Vingt-deuxieme aventure. Comment Renart eut un songe

effrayant qui fut expliqué par Hermeline, et comment il
déçut la Corneille.......................... Page 127
Vingt-troisieme aventure. Comment Ysengrin voulut se
venger de Renart, et comme il en eut regret.......... 129
Vingt-quatrieme aventure. Comment Renart déçut le vilain,
et comment Ysengrin emporta le bacon, lequel il ne
voulut partager................................ 133
Vingt-cinquieme aventure. Comment Renart devenu pélerin fait rencontre de damp Frobert le grillon, lequel
disoit ses heures; et comment il ne put le décider à lui
donner son livre............................... 137
Vingt-sixieme aventure. Comment Renart fit rencontre de
Noble le roi et d'Ysengrin, et comment les deux barons
se donnèrent le baiser de paix.................... 140
Vingt-septieme aventure. Comment le roi Noble, Ysengrin
et Renart se mirent en chasse, et de la rencontre d'un
vilain que Renart fit noyer...................... 144
Vingt-huitieme aventure. Comment Ysengrin ne fut pas
aussi bon partageur que Renart................... 149
Vingt-neuvieme aventure. Comment Renart entra et sortit heureusement du Puits; comment Ysengrin y entra,
mais en sortit à son grand dommage............... 155
Trentieme aventure. De la nouvelle infortune arrivée à dame
Hersent, et de la résolution d'Ysengrin d'aller porter
plainte à la cour du Roi........................ 168

LIVRE DEUXIEME.

LE PROCÈS.

Trente-et-unieme aventure. Comment le connétable Ysengrin
et dame Hersent firent leur clameur à la cour du Roi.. 183
Trente-deuxieme aventure. Comment messire Chameau, le
légat, fit sur la clameur d'Ysengrin un savant discours
qui ne fut pas compris de tout le monde. Et du conseil
secret des barons, dans lequel furent entendus Brichemer,
Brun, Baucent, Plateau le daim et Cointereau le singe. 188
Trente-troisieme aventure. Comment Brichemer le Senechal rendit compte au roi Noble des conclusions du
Conseil; et comment Grimbert fut chargé de semondre
Renart....................................... 200
Trente-quatrieme aventure. De la visite intéressée d'Ysengrin à Roonians le matin........................ 203

Trente-cinquieme aventure. Du parlement d'Ysengrin avec tous ses parens et amis, et de l'arrivée des deux barons et de leurs alliés, en présence de saint Rooniaus. Page 205

Trente-sixieme aventure. Comment damp Renart eut des scrupules de conscience, et ne voulut pas jurer sur la dent de saint Rooniaus. 207

Trente-septieme aventure. Comment les amis de saint Rooniaus, indignés de la fuite de damp Renart, le poursuivent, et comment le connétable Ysengrin jure de renouveler sa clameur aux prochaines assises........... 210

Trente-huitieme aventure. Comment le roi Noble tint cour plenière, et comment Ysengrin fit une seconde clameur contre Renart.. 213

Trente-neuvieme aventure. Comment Chantecler, dame Pinte et ses trois sœurs vinrent demander justice pour dame Copette, méchamment mise à mort par Renart.. 223

Quarantieme aventure. Où l'on voit les honneurs rendus à dame Copette, et son épitaphe; comment sire Brun fut envoyé semondre damp Renart, et des beaux miracles accomplis sur la tombe de sainte Copette............ 226

Quarante-et-unieme aventure. De l'arrivée de damp Brun à Maupertuis, et comment il ne trouva pas doux le miel que Renart lui fit goûter........................... 229

Quarante-deuxieme aventure. Comment le roi Noble envoie Tybert le chat semondre Renart, pour la seconde fois; et des souris qui ne passèrent pas la gorge de Tybert... 235

Quarante-troisieme aventure. Comment Grimbert porta la troisième semonce à damp Renart, et comment Renart après s'être confessé fut absous de ses péchés......... 241

Quarante-quatrieme aventure. De la chevauchée de damp Renart et de Grimbert, et comme ils arrivèrent à la cour du Roi... 246

Quarante-cinquieme aventure. Comment damp Renard, messire Noble le roy et Grimbert firent de beaux discours qui ne persuadèrent personne, et comment messire Noble donna connoissance à damp Renart de l'acte d'accusation.. 249

Quarante-sixieme aventure. Comment un preux chevalier vit plusieurs fois damp Renart, et fut marri de ne pouvoir l'atteindre....................................... 255

Quarante-septieme aventure. De la visite annoncée au Chevalier, et de la chasse au cerf et au porc sanglier..... 261

DES MATIERES. 371

Quarante-huitieme aventure. De l'arrivée du père et des frères du Chevalier; d'un beau nain qui les accompagnoit, et comment on découvrit damp Renart... Page 266

Quarante-neuvieme aventure. Comment Pinçart le Héron pêchoit en rivière, et comment damp Renart pêcha le pêcheur... 271

Cinquantieme aventure. D'un meulon de foin sur lequel Renart passa la nuit, et comme il céda la place au vilain qui le vouloit prendre... 274

Cinquante-et-unieme aventure. Comment Renart fit rencontre de Drouineau, et comment un bienfait est quelquefois perdu... 277

Cinquante-deuxieme aventure. Comment Drouineau cherche qui le venge de Renart, et comment il fit la connoissance de Morhou le bon Mâtin... 282

Cinquante-troisieme aventure. Comment Drouineau parvint à procurer à Morhou le repas qu'il souhaitoit... 284

Cinquante-quatrieme aventure. De la visite que Drouineau rendit à damp Renart, et comment on voit par l'exemple de Morhou qu'un bienfait est quelquefois récompensé. 287

Cinquante-cinquieme aventure. Comment Renart fut, par jugement des Pairs, condamné à être pendu. Comment il ne le fut pas, et comment il rentra dans Maupertuis. 291

Cinquante-sixieme aventure. De la dispute de Renart contre Ysengrin, et comment le combat fut ordonné entre eux... 299

Cinquante-septieme aventure. Quels furent les ôtages mis entre les mains du Roi, et comment furent nommés les juges du camp... 305

Cinquante-huitieme aventure. Comment les Juges du camp firent un dernier effort pour appaiser la querelle, et comment les sermens furent prononcés par Renart et démentis par Ysengrin... 308

Cinquante-neuvieme aventure. Du grand et mémorable combat de damp Renart et de messire Ysengrin; et comment le jugement de Dieu donna gain de cause à qui avoit le droit... 312

Soixantieme et derniere aventure. Comment Renart, confessé par Belin, fut sauvé de la hart, et comment frère Bernart, un saint homme, voulut en faire un bon moine... 317

NOUVELLE ETUDE SUR LE ROMAN DE RENART dans laquelle on cherche à prouver 1° que les premiers récits de la guerre du Loup et du Renart sont latins. 2° Que les premiers poëmes composés sur le même sujet en langue vulgaire sont françois. 3° Que ces premiers poëmes françois ont été conservés. 4° Qu'ils remontent au milieu du douzième siècle. 5° Que les poëmes flamands et allemands de *Reinart* et de *Reneck* sont imités d'une branche conservée des poëmes françois. 6° Enfin, que les noms de Renart, Hersent, Tybert, etc., peuvent autrement s'entendre que ne l'ont fait les savans étrangers................. 323

Paris.— Imp. de Ch. Lahure et Cie, rue de Fleurus, 9.

www.ingramcontent.com/pod-product-compliance
Lightning Source LLC
Chambersburg PA
CBHW052038230426
43671CB00011B/1699